U0840187

CHUANTONG WENHUA CHANQUANZHIDU YANJIU

中国法学会部级科研项目“传统文化产权研究”最终成果

传统文化产权制度研究

田 艳／著

China Minzu University Press

图书在版编目（CIP）数据

传统文化产权制度研究／田艳著. —北京：中央民族大学出版社，2011.2

ISBN 978-7-81108-962-2

Ⅰ.①传… Ⅱ.①田… Ⅲ.①传统文化—知识产权—研究—中国 Ⅳ.①D923.404

中国版本图书馆CIP数据核字（2011）第025223号

传统文化产权制度研究

作　　者	田　艳
责任编辑	黄修义
封面设计	布拉格
出 版 者	中央民族大学出版社 北京市海淀区中关村南大街27号　邮编：100081 电话：68472815（发行部）传真：68932751（发行部） 68932218（总编室）　68932447（办公室）
发 行 者	全国各地新华书店
印 刷 者	北京宏伟双华印刷有限公司
开　　本	880×1230（毫米）　1/32　印张：9
字　　数	230千字
版　　次	2011年3月第1版　2011年3月第1次印刷
书　　号	ISBN 978-7-81108-962-2
定　　价	26.00元

总　　序

《民族法理论探索》丛书是中央民族大学“985 工程”中国当代民族问题战略研究哲学社会科学创新基地民族法研究中心的主要研究成果，并且由国家“985 工程”专项经费资助出版。我们立足于将民族法学的基础理论与当前国家关于民族问题的相关立法、民族政策以及民族地区社会主义法制建设实际相联系，既注重理论的丰富与发展，也关注民族地区法制建设实际。在研究过程中，我们邀请了国内民族法学界较有影响的专家学者共同开展项目研究。

国内民族法理论研究已有 20 余年，有了一定的学术积累，产生了一批有影响的成果，也形成了一支专业学术队伍。中国已经建立起具有中国特色的民族区域自治法律制度和民族区域自治理论体系。目前我们面临着在全球化、现代化背景下如何应对发展与创新的挑战，如何应对全球化和城市化进程中出现的新问题，如何结合形势发展，实现我国民族区域自治理论研究的与时俱进，如何通过推出高水平的研究成果，为国家民族法制建设提供政策咨询意见，如何通过研究和交流，增进世界各国对中国民族政策和民族法制建设的了解，这既是民族法研究中心的重要任务，也是本丛书的基本价值取向。

本丛书主要涉及如下研究方向：（一）民族区域自治法的实践与民族区域自治制度创新研究，主要内容包括：西部大开发与民族地区经济法制建设，民族自治地方刑事法律制度研究，民族自治地方财政法制建设研究，民族自治地方环境资源法制研究，广西瑶族地区的自治制度研究，民族经济法律制度研究，俄罗斯民族文化自治与人权保障，自治条例和单行条例研究；（二）中国少数民族自治历史研究，主要内容包括：中国古代至清代少数民族“自治”研究，近代少数民族“自治”研究，新中国成立以后民族区域自治制度的历史发展研究；（三）少数民族权益保障研究，主要内容包括：少数民族权益保障基础理论研究，以及民族教育、少数民族文化保护和对少数民族权利的司法保护等具体的少数民族权益保障研究。

长期以来，中央民族大学一直以研究民族问题见长，但是，如何使学科优势转化为社会经济效益，为将中央民族大学建设成为世界一流的民族大学，成为促进我国各项民族事业发展的重要理论研究基地以及党和国家民族问题决策的思想库，通过改革管理体制和运行机制做到资源整合、学科整合、人才整合、项目整合，提升科研创新能力和核心竞争力，依然需要更多的投入和做更多的努力。

中央民族大学有着良好的学术传统、深厚的人文底蕴，在国内外有广泛的学术影响，应当肩负起中国民族法学的教学、科研重任，应当支撑起民族法学学科在中国法学学科中的应有地位，并在国际人权（特别是少数人权利保障）、国际上民族纠纷的法律解决机制、民族区域自治与其他类型自治的比较研究等方面展开积极的对话，为我国党和政府正确处理国内民族问题提供切合国情的理论依据和有益借鉴。中央民族大学法学院在未来几年内将具备更加良好的办学条件，形成一支结构合理、教学科研力量雄厚的师资队伍，培养出一批民族法制理论研究和应用的高级人才，为推进民族法理论建设做出应有贡献。

在研究方法上，本丛书力图将人类学（民族学）的田野调查、社会学定量分析等社会科学研究方法与法学的规范实证分析方法相结合，充分发挥我校人类学、民族学和社会学研究的优良传统，并将其相关研究成果应用到法学研究上，既注重田野调查第一手材料的搜集，也加强从法学角度对人类学（民族学）田野调查材料进行分析，力图使本丛书的研究建立在坚实而丰富的资料基础上，做到立足中国实际，理论与实际相结合。

本丛书在当前和今后一个时期具有广阔的应用前景。首先，力求探索一条适合我国国情的坚持和完善我国民族区域自治与少数民族权益保障制度的道路，为解决中国当前民族工作面临的各种问题做出理论尝试，而这对各民族长期的、稳定的、可持续的发展，促进民族团结、维护国家统一具有重要的意义。第二，有助于向世界展示我国各少数民族在社会主义现代化建设中政治、经济、生活方面的成就，展示我国各少数民族所享有的权利和自由，展示我国党和政府为促进少数民族发展与保障人权方面所做的努力，使外国人民，尤其是相关领域的专家学者和国际组织了解中国包括少数民族在内的人权的真实状况，有力回击某些西方国家的无端攻击。第三，有利于加强民族法学学科的自身建设，培养造就一支有较高理论素养、较强科研能力和敬业精神的科学研究队伍，并将形成广泛的国际国内学术联系，能持续地为国家输送高质量人才，以及为国家和政府各部门提供决策和咨询服务等，其效益、持续力是广泛久远的。第四，本丛书努力突出理论和需求的适应性，其对民族区域自治与少数民族权益保障等重大现实问题的研究，将直接为立法、司法、执法部门提供决策咨询服务，提供参考意见和材料。第五，通过本丛书的出版和发行，整合有利资源，突出学科优势，提升学科的核心竞争力，同时强化基础设施建设和办学条件的改善，使我校学生能够将强烈的使命感、对民族问题研究的浓厚兴趣与自身的学术功底相结合，为我国各民族的共同繁荣提供法律人才保证和智力支持。

徐中起

2008 年 5 月

目　　录

导　论

一、选题意义

（一）传统文化的主体不明，是当前以非物质文化遗产为主的传统文化法律保护的“瓶颈”问题。一般认为，文化遗产（传统文化）基本上可以分为有形文化遗产和无形文化遗产；也有学者认为，一般可以分为物质文化遗产和非物质文化遗产，它们的基本内涵是一致的。中国于2004年8月加入了《保护非物质文化遗产公约》，目前该公约已经正式生效。中国的非物质文化遗产的保护将融入国际社会对文化的尊重与保护的洪流中。由于传统文化的特殊性，比如没有明确的作者，作品创作完成的时间不确定，在本社区范围内早已公开等一系列特点导致现行知识财产制度不足以很好地保护传统文化尤其是少数民族传统文化。这势必造成传统文化产权主体不明，文化产业缺乏持续发展的动力，也会引发一系列的社会问题（如利益分配机制有欠科学，保护与开发的关系难以协调，现行管理体制与传统文化保护的冲突等），本书关于传统文化产权制度的研究意在解决这一难题。简单地讲，本书要解决的是“传统文化归谁所有”这一困扰当前法律实践的核心问题。

（二）明晰传统文化产权是保护其所在社区群体集体人权的重要手段。少数民族基本文化权利，主要指中国内部的各个少数民族集体保持其传统生活方式①的权利，这是因为生活方式在人们的整个文化中居于核心地位。传统文化尤其是非物质文化遗产的开发是当前以及未来相当长的时期内经济发展的强大助推器，这势必牵扯传统文化产权问题，牵扯这些传统文化所有者——传统文化所归属的社区或民族的经济利益与文化利益，对传统文化进行保护就是保护传统文化所在社区的群体的集体人权。

（三）传统文化产权制度是维护我国文化安全、促进文化多样性的重要措施。2005 年第 33 届联合国教科文组织大会通过了《保护和促进文化表现形式多样性公约》（2007 年 3 月 18 日生效，以下简称《文化多样性公约》）。这表明国际社会充分认识到了保护文化多样性的迫切性。文化传统保护与文化发展选择是国家文化主权的基本内容；保护文化多样性的权利和自由属于基本人权的范畴；知识产权对文化创造参与者的支持和激励具有重要意义。该公约以主权和人权作为文化多样性保护的基本举措，并以对艺术家的知识产权保护作为补充措施，由此构建了一个保护文化多样性的多元权利形态。简单地讲，该公约意在从三个角度来保护文化的多样性，即作为主权的文化、作为人权的文化与作为私权的文化。该制度是在文化的商业开发领域或传统文化产业领域中对传统文化所在社区进行文化补偿的制度依托，是保护和促进文化多样性的动力与源泉，进而有利于我国文化安全战略的实现。

（四）丰富我国的无形财产权法律体系。自从吴汉东教授提出无形财产权制度这一超越知识产权制度的关于财产法的理论构

---

① 生活方式是主体凭借一定的社会条件把生命纳入一定的文化模式而呈现的稳定的活动，活动的内容可以划分为四个方面，即劳动生活方式、物资消费生活方式、社会政治生活方式和文化娱乐生活方式，参见高丙中、纳日碧力戈等：《现代化与民族生活方式的变迁》，天津人民出版社 1997 年版，第 72 页。

想，得到多数学人的认可。本人认为，随着现代科技以及新兴传播手段的发展，新的无形财产权的类型将会不断出现，它应成为一个开放的体系。现代法制认为，一切有价值的东西都应受到法律的保护。本书所研究的传统文化产权制度就是无形财产权家族的一个新成员。传统文化产权指传统社区对其文化所享有的民法意义上的财产权，它是无形财产权的一种，是无形财产权家族的新成员。

二、研究现状

目前研究传统文化产权的专著还没有，在知识产权研究方面有所涉及，主要有郑成思主编的《知识产权文丛》文集中有一些文章与传统文化产权制度有一定关联，主要是关于民间文学艺术的法律保护研究，该套丛书由方正出版社出版。吴汉东主编的《知识产权年刊》中也有一些文章与传统文化产权制度有一定关联，该套丛书由北京大学出版社出版。该领域的研究论文也不是很多，主要包括马晓京的《旅游开发与传统文化保护的主体》，载《青海民族研究》2003 年第 1 期；杨勇胜的《少数民族的传统文化产权》，载《民族论坛》2003 年第 11 期；张钧的《文化权法律保护研究——少数民族地区旅游开发中的文化保护》，载《思想战线》2005 年第 4 期等。各位研究者的主要观点如下：

吴宗金认为，少数民族权益的类型，从主体上看，有少数民族个体的权益；有少数民族族体的权益；有少数民族群体的权益；有少数民族法人的权益；还有民族国家的特定权益等。其权益内容还有“确定”与“宽泛”之概念，“确定”即只能法定而不能臆定，“宽泛”即是一个包含多元权益内容的权益统一综合体，包括政治、经济、社会文化、财产和人身等项权益，各类权益又派生出系列的子权益。[①]

王鹏认为，民族民间文化权益应该包括如下几个方面：……持有使用权，即经认定的持有人或持有群体可以使用民族民间文化成果，包括获得报酬的合法使用。权益间接实现权，即主体不能确定的民族民间文化成果权利可以通过立法取得特殊的实现途径，如通过行政途径实现或通过立法授予特殊机构或公益组织，对特定的民族民间文化成果代位行使使用许可和获得收益的权利。应该强调的是，通过这些途径获得的经济收益，应该专门用于民族民间文化的保护和传承事业。[②]

曹新明则提出以“无形文化标志权”来保护非物质文化遗产，所谓的“无形文化标志”是指某一种无形文化样态来自于某一个特定国家、民族、群体、团体或者区域，而且与这个国家特定的国家、民族、群体、团体或者地区的民风习俗、文化实践、生活方式、行为惯例、仪式庆典和文化空间直接相关联，被这个特定国家、民族、群体、团体或者地区认定为非物质文化遗产。“无形文化标志权”则是指由无形文化标志依法产生的一种专有权利，而且不受期限的限制。[③]

杨勇胜认为，少数民族作为传统文化的集体创造者，有权以集体的名义对其智力成果享有文化产权，并将文化产权归结为以下6个方面：（1）包括版权在内的知识产权；（2）保真权利，又可细分为要求真实标记权和维护正确使用的权利；（3）回归

---

① 吴宗金、张晓辉主编：《中国民族法学》（第2版），法律出版社2004年版，第346－348页。

② 王鹏：《立法为民族民间文化成果保驾护航》，载《2004年山东省群众文化学会“全省优秀论文评选”一等奖获奖论文集》，2004年印。

③ 曹新明：《非物质文化遗产保护与知识产权的对接点——兼论无形文化标志权》，载吴汉东主编：《知识产权年刊》（2007年号），北京大学出版社2008年版，第49页。

权；（4）继承权与发展权；（5）许可使用权；（6）法律救济权。[①] 不言而喻，少数民族对他们的传统文化拥有“文化产权”。现实的状况是，少数民族的文化产权制度尚未确立，少数民族对传统文化的展示、传承和发展就因而得不到产权制度的保障，文化经营商和旅游公司可以随意利用民族文化资源而没有受到应有的制约。

张钧认为，文化权的内容包括文化自决权以及使用、让予等积极权能和制止被盗用、滥用等抵抗侵害的消极权能。除了自决权外，一个少数民族应当有权使用自己的文化，这不仅包括自己民族的使用，还应包括以让予使用权、许可使用等方式实现自己的文化权。从这个意义而言，文化权在性质上类同于所有权、著作权等具有财产性质的权利，也就是说，文化权具有物质内容。未经该少数民族中大部分群众的同意或认同，借用其文化因子用于营利而不支付相应对价，或者在使用中歪曲、贬低该少数民族的文化，应被界定为盗用、滥用文化权的行为，该少数民族应有权加以制止，必要时可寻求行政或司法救助。[②]

国外传统文化保护方面的相关研究主要集中在文化遗产、非物质文化遗产、文化多样性的保护以及原住民权利保护方面，主要有：Nions，Helen：Minority Rights Protection In International Law；Skrentny，John David：The minority rights revolution；David W. Elliott：Law and aboriginal peoples in Canada（fifth edition）。

目前该领域的研究主要集中在传统文化的具体保护措施与制度设计上，多数研究者对所面临的问题有深刻的认识，甚至希望

---

① 杨勇胜：《少数民族的传统文化产权》，载《民族论坛》2003 年第 11 期，第 60－61 页。

② 张钧：《文化权法律保护研究——少数民族地区旅游开发中的文化保护》，载《思想战线》2005 年第 4 期，第 30 页。

改造现有的知识产权制度以适应传统文化保护的需要，但可操作性差。

此外，目前国内有些关于文化权利方面的研究对这一问题略有涉及，即艺衡、任珺、杨立青著《文化权利：回溯与解读》[①]，该书主要对文化权利的内涵、起源、历史、现状、实践等进行了梳理，或论及文化权利实现的手段，或涉及文化权利的法律保护，或分析文化权利意识的觉醒，或讲述对文化权利这一概念的争论等，但没有涉及对少数民族的文化权利的分析。

另外还有一本论文集《全球化背景下的文化权利》[②]，主要探讨经济全球化、信息全球化、媒介全球化所带来的文化权利与语言问题及其应对措施，也在其中的“国际法中的文化权利”部分论述了作为人权的文化权利及对文化遗产的保护，该论文集侧重的是如何在全球化背景下加强对本土文化的保护，与国际人权法中的少数人文化权利保护还有一定的距离。

David W. Elliott, Law and aboriginal peoples in Canada (fifth edition)[③]，该书从原住民的界定、原住民权利保障的历史进程与现状、原住民权利保障的司法实践、宪法对原住民权利保障的贡献、现阶段原住民的权利诉求与自治等多方面详细地介绍了加拿大对原住民权利进行保障所采取的各种有力措施及所取得的巨大成效，其中一些行之有效的政策与措施非常值得我们借鉴。该书作者在国际法学界也一直非常有影响，虽然在我国不存在原住民问题，但其相关的具体制度与措施对我国传统文化产权制度研究

① 艺衡、任珺、杨立青：《文化权利：回溯与解读》，社会科学文献出版社2005年版。

② ［新］阿努拉·古纳锡克拉、［荷］塞斯·汉弥林克、［英］文卡特·耶尔：《全球化背景下的文化权利》，张毓强等译，中国传媒大学出版社2006年版。

③ David W. Elliott, Law and aboriginal peoples in Canada (fifth edition), Ontario: Captus press Inc, 2005.

具有参考价值。

三、研究方法

总体来讲，我国开展传统文化相关法律研究还较晚，整体还处于学科初创阶段。民族法学学者除了关注传统法学方法以外，对人类学与民族学的田野调查方法、社会学方法都给予了高度的重视。传统文化保护研究作为民族法研究的一个领域，其研究方法具有交叉学科的特点，主要是法律释义方法，社会研究方法和人类学、民族学的方法，以及历史研究方法，本书主要采用法律释义法、田野调查法和多学科比较分析法，这里做一个简单的阐述。

（一）法律解释法

法律解释法：通过解释法律文本，探求立法者意图及法律文本的含义。解释的对象通常是权威文本，如宗教经典，法典等。法律适用是通过法律推理完成的，法律推理有三个要素，一是法律规定，二是案件事实，三是裁决。自从古代有法律以来，法学的主要任务之一就是对立法进行释义。解释学在欧洲是源于宗教。宗教人员对圣经的含义进行说明，形成了宗教解释学。古代罗马法时期，对立法文本的说明形成了法律解释学。在现代法的意义上，法律解释是司法人员为完成案件办理过程中的法律推理，尤其是在处理疑难案件时，对法律和事实所作的说明，这种说明往往会超出法律立法文本的本意范围。其主要方法如扩张解释、限缩解释、当然解释、类推解释等。法律解释是不可以随心所欲进行的。法律解释只是在立法文本的基础上为按照立法者目的处理案件而做的有限创新，所做的解释受到立法文本、立法者目的的限制。法律制定的目的在于应用，或者说是为了解决立法者希望解决的问题。因此，法学研究也很重视该方法的运用。法律解释法的作用在于以法律体系整体为参照，能够保证法律体系内在的统一性，把握法律原则的精神所在。

研究传统文化产权制度，首要的研究方法仍然是法律解释法，即对有关传统文化产权和传统文化保护的法律规定进行释义。其中应特别重视体系解释方法的运用，具体地讲，指分析某一法律规范与其他法律规范的联系，以及它所属的法律制度、部门和体系及其地位和作用，以便系统地理解和阐明法律规范的内容和含义，确定法律规范的效力等级和法律规范之间的逻辑联系。法律解释法的作用在于以法律体系整体为参照，能够保证法律体系内在的统一性，把握法律原则的精神所在。本书对国内外有关传统文化产权方面的立法及文件进行全面的收集整理，以期准确地把握立法目的，从体系上总体把握立法原意，并以此为基础，建立具有法律释义学基础的传统文化产权的理论框架。法律解释研究的意义还在于为文化多样性保护方面的法律适用提供理论支持。

（二）田野调查法

19 世纪的欧洲成为新方法的策源地，如分析法学、纯粹法学、历史法学派、欧洲大陆的概念法学，以及 20 世纪的自由主义法学、现实主义法学等，还产生了具有交叉学科特点的新学科。这是我们必须指出的一个显而易见的特点，也是经常被忽略了的特点是这些学派的影响主要是在法理学领域，但是我们也应该看到，其他学科的方法也在影响着部门法及其理论。这些新的理论主要是社会学、经济学，甚至自然科学技术等。

社会科学涉及了法律的制定和适用的多个领域。美国于 19 世纪末，在反垄断法和劳动法领域中提出了新的请求以及新的观点。在保护女工的诉讼请求中，律师用了一些统计数据说明限制女工每天工作时间的重要性。但是这些诉讼请求被州最高法院和联邦最高法院以违反契约自由原则，并推论违宪而遭到拒绝。而当时霍姆斯、布兰代斯和庞德已对此进行了批判，并倡导注重法律与社会的关系，注重法律与公共政策的关系，客观上推动了社会科学在法律实践中的运用。①

田野调查是源于民族学（人类学）的调查方法。它是指观察者根据研究课题、有目的地直接或间接地对研究对象进行观察，尤其强调主位观察以取得有关资料的方法。本书主要采用以实地调查为主的调查方法（访谈调查和深度访谈相结合），注重参与性观察与参与性体验，主要调取内蒙古和黑龙江的若干个案进行分析，同时十分注重第二手材料的收集，注意研究他人所做过的相关调查，从一个侧面研究目前中国少数民族文化权益保障的现状及所面临的挑战，并对其做一个整体性研究。

本书著者曾于2005年、2006年和2009年的暑期用了两个多月的时间对内蒙古的鄂伦春自治旗、黑龙江省同江市的街津口赫哲族民族乡渔业村、云南省丽江市进行了调查，2009年暑假在云南省西双版纳景洪市傣族园和勐海县曼恩村进行了调查，其中的一个主要方面就是对这几个民族的文化权益保障的现状以及可能的提升路径进行调查，其中包括传统文化产权问题。我们事先准备了调查提纲，采用提问式的方法，以入户访谈为主，以座谈会的形式为辅，收集到了许多真实的第一手资料，了解到了这些少数民族的文化权益意识，并对一些当地人熟知但未进入学者视野的一些现象从法学角度进行了分析，并在此基础上形成了调查报告。本书选取了调查报告中的一些典型个案进行分析。

（三）多学科比较分析法

本书充分利用横向比较（此地与彼地的有关传统文化产权制度的立法状况）和纵向比较（以历史演变为线索研究传统文化产权法律制度的变迁情况）相结合的方法，以期从多角度全面透

---

① ［美］约翰·英纳什、劳伦斯·沃克：《法律中的社会科学》，何美欢、樊志斌、黄博译，法律出版社2007年版，第1－3页。

视传统文化产权制度问题。同时，在本书的写作中，注重微观与宏观视角的结合，客观与主观的结合，自下而上与自上而下的结合，尤其是比较重视交叉学科研究。民族法学客观上涉及多个学科，主要是人类学、社会学、民族学、民族政策与民族理论、史学等学科。我们在写作及相关问题的研究中，除了注重与传统文化产权制度有关的法律文本的释义，开展实地调查外，也非常注重相关学科对民族民间文化的研究，从中学习借鉴有关的理论与方法。

四、主要观点及创新之处

本书具有一定的开创性研究特点，突破了多数学者主张的通过改造现有的知识产权制度来保护传统文化的做法，并对这些学者的观点进行了深入的分析。由于传统文化的特殊性，现行知识财产制度不足以很好地保护传统文化尤其是少数民族传统文化，已经成为该领域的瓶颈问题。这势必造成传统文化产权主体不明，文化产业缺乏持续发展的动力，也会引发一系列的社会问题（如利益分配机制有欠科学，保护与开发的关系难以协调，现行管理体制与传统文化保护的冲突等）。本书首先从立法与实施的角度对我国传统文化法律保护的现状进行了深入的探讨，从中总结出当前我国传统文化法律保护领域的瓶颈问题——缺少传统文化产权制度。接着，在分析了传统文化产权设立的必要性和可行性的基础上，对国际及其他一些国家少数民族（少数人）文化权益保障的成功经验与历史教训进行对比，从中总结出我国可借鉴的经验。最后，我们在参照现有的相关成果的同时，阐述了传统文化产权制度的构建特别是传统文化产权主体的界定以及传统文化产权的实施等，这些都是本书的创新之处。

笔者认为，传统文化产权的主体应采用“双重主体说”，传统文化产权的权利主体是其所在社区的群体（包括少数民族），即传统文化所依托的社区的群体是其传统文化产权的享有者；传统文化产权的管理主体是国家，即由国家设立专门的机构来统筹传统文化产权的运行，成立类似于“传统文化产权集体管理组织”的民间团体，在其下可以按照传统文化的具体内容设置若干分委员会。对于精神性权利，一般由传统文化所在社区的群体自己行使，当该类权利受到侵害时，则须由管理主体向司法机关请求救济；对于物质性权利，则由“传统文化产权集体管理组织”这样的民间团体行使，用所得收益设立专项基金，用于保护、开发、推广、发扬本区域的传统文化。该委员会的设置绝不排斥其他民间的传统文化保护团体，以及按照地域或民族来设立的文化遗产保护团体，只是这些团体不享有对传统文化的相关管理权以及其他类似权力。但是这并不排除民间成立其他的类似机构来从事其他保护传统文化的具体事项，只是具体职责上有区别。

笔者认为，在传统文化产权领域，今后有待解决的问题主要是将传统文化产权制度纳入我们现行的无形财产权制度框架内，作为一种与知识产权制度相并列的民事财产权制度，凸显中国民法的特色。在执行层面，将类似于“传统文化产权集体管理组织”这样的组织在中国传统文化保护特别是非物质文化遗产法律保护领域加以推广，切实地保护传统社区的文化利益与经济利益，激发其保护传统文化的积极性和主动性。

第一章　传统文化法律保护的现状研究

传统文化的法律保护一直是民族学、法学等学科研究的核心问题之一，其在现代化进程中具有特殊的重要意义。法学、民族学、行政学等专业的众多学者多年以来为此进行了艰苦的努力和不懈的探索。长期以来，对传统文化尤其是少数民族传统文化的开发和利用，譬如收集、整理、改编等，常常被误认为原始创作，而真正的少数民族文化的所有者、传承者却很难从中受益。随着市场经济的发展和国际文化贸易的增长，在对传统文化的使用中，传统文化的拥有群体（传统社区）和使用者之间的利益矛盾会越来越突出，这已经成为困扰民族地区传统文化开发的瓶颈问题。

第一节　《乌苏里船歌》案

一、《乌苏里船歌》案的案情介绍

该案的原告是黑龙江省饶河县四排赫哲族乡人民政府，被告是郭颂、中央电视台和北京北辰购物中心。该案的具体情况如下：

《想情郎》是一首世代流传在乌苏里江流域赫哲族中的民间曲调，已无法考证该曲调的最初形成时间和创作人。1962 年，郭颂、汪云才、胡小石到乌苏里江流域的赫哲族聚居区进行采风，收集到了包括《想情郎》等在内的赫哲族民间曲调。在此基础上，郭颂、汪云才、胡小石共同创作完成了《乌苏里船歌》音乐作品。《乌苏里船歌》的主部即中部主题曲调与《想情郎》、《狩猎的哥哥回来了》的曲调相同，《乌苏里船歌》的引子及尾声为创作。①

原告赫哲族乡政府诉称：《乌苏里船歌》是赫哲族民歌，属于中国著作权法保护的民间文学艺术作品，赫哲族人民依法应享有署名权等精神权利和获得报酬权等经济权利。1999 年 11 月 12 日，在“南宁国际民歌艺术节”晚会上，中央电视台称《乌苏里船歌》系汪云才、郭颂创作而非赫哲族民歌，侵害了原告的权利。此后，该晚会被录制成 VCD 向全国发行，使侵权行为的影响进一步扩大。北辰购物中心销售了含有原告享有著作权的《乌苏里船歌》的侵权 CD、图书和磁带，亦侵犯著作权，请求判令：(1) 在中央电视台播放《乌苏里船歌》数次，说明其为赫哲族民歌，并对其侵权行为做出道歉；(2) 赔偿原告经济损失人民币 40 万元，精神损失人民币 10 万元；(3) 承担本案诉讼费以及因诉讼支出的费用 8305.43 元。

被告辩称：原告没有证据证明其有权代表所有赫哲族人民就有关民间文学艺术作品主张权利；对于民间文学艺术作品的保护，中国著作权法只作出了原则性的规定，缺乏具体的内容，迄今国务院尚未出台相关法规，因此，著作权法有关著作权人及其权利归属等相关规定并不适用于民间文学艺术作品。中央电视台播出的节目中有关《乌苏里船歌》的署名完全是在尊重历史事实的基础上，经多方查阅资料而得出的结论，迄今未发现与该署

① 徐万邦：《为〈乌苏里船歌〉给黄永玉讲道理》，载《大连大学学报》2006 年第 3 期。

名相抵触的权威性资料，作为播出单位其已经尽到了审查义务。晚会主持人表述只是议论客观事实，并未侵犯原告的著作权。原告诉称该晚会节目被录制成 VCD 向全国发行没有任何证据，因为该艺术节组委会录制的 VCD 数量仅有 8000 套，且不公开发行，只是作为资料和礼品赠送，并没有以此进行营利活动。

法院在审理过程中，根据双方当事人的申请，委托中国音乐著作权协会从作曲的专业角度对音乐作品《乌苏里船歌》与《想情郎》等曲调进行技术分析鉴定。鉴定报告结论是：《乌苏里船歌》是在《想情郎》等赫哲族民歌的曲调基础上编曲或改编而成。一审法院经审理认为，赫哲族世代传承的民间曲调，是赫哲族民间文学艺术的组成部分，也是赫哲族群体共同创作和每一个成员享有的精神文化财富。它不归属于赫哲族的某一成员，但又与每一个赫哲族成员的权益有关。因此，该民族中的每一个群体、每一个成员都有维护本民族民间文学艺术不受侵害的权利。原告作为依照宪法和法律在少数民族聚居区内设立的乡级地方国家政权，既是赫哲族部分群体的政治代表，也是赫哲族部分群体公共利益的代表。在赫哲族民间文学艺术可能受到侵害时，鉴于权利主体状态的特殊性，为维护本区域内赫哲族公众的利益，原告以自己的名义提起诉讼，符合宪法和法律确立的民族区域自治法律制度，且不违反法律的禁止性规定。被告关于原告不具有诉讼主体资格的抗辩主张，不予采纳。被告郭颂也并不否认在创作《乌苏里船歌》主曲调时使用了部分《想情郎》曲调，中国音乐著作权协会所作鉴定结论也表明该音乐作品主部即中部主题曲调与《想情郎》、《狩猎的哥哥回来了》的曲调相同。因此，应认定《乌苏里船歌》主曲调是郭颂等人在赫哲族民间音乐曲调《想情郎》的基础上，进行了艺术再创作，改编完成的作品。郭颂、中央电视台关于《乌苏里船歌》属原创作品的主张，不予采纳。[①]

据此，2002 年 12 月，北京市第二中级人民法院对黑龙江省饶河县四排赫哲族乡政府诉郭颂、中央电视台、北京北辰购物中心侵犯民间文学艺术作品著作权纠纷，做出认定《乌苏里船歌》系根据赫哲族民间曲调改编而成的一审判决。判决主要内容为：郭颂、中央电视台以任何方式再使用音乐作品《乌苏里船歌》时，应当注明“根据赫哲族民间曲调改编”；郭颂、中央电视台在《法制日报》上发表音乐作品《乌苏里船歌》系根据赫哲族民间曲调改编的声明；驳回原告的其他诉讼请求。被告郭颂及中央电视台不服一审判决，提出上诉。[②] 2003 年 12 月 17 日，北京市高法终审维持了二中院的一审判决。[③]

该案是中国第一起民间文学艺术作品著作权纠纷案，也是中国第一起少数民族文化权利纠纷方面的司法案例，在法律界和音乐界引起了法律上、道义上、学术上的激烈争论。社会各界特别是音乐界、法学界的不少人士都自发参与到该案的讨论中来，人们关心的不仅仅是原被告之间的版权纠葛，更是对少数民族文化权利的主体的疑惑。究竟谁是少数民族文化权利的主体？原告能否代表赫哲族人民？赫哲族人民的文化权利应该如何来行使？

二、赫哲族文化权利的主体问题

本案争论的焦点之一就是原告是否有权代表赫哲族来提起诉讼。有学者认为，赫哲族人是赫哲族民歌《想情郎》事实上的

---

① 《最高人民法院公报》2004 年第 7 期。

② 邵明艳：《由〈乌苏里船歌〉纠纷案谈民间文学艺术作品的法律保护》，载《人民法院报》2005 - 10 - 11。

③ 中国法院网 2003 - 12 - 22，千龙网 2003 - 12 - 21.

权利主体。在本案中，原告根据《宪法》第119条、《民族区域自治法》、《民族乡行政工作条例》以及地方政府制定的《民族乡条例》的相关规定，代表少数民族利益的民族自治地方政府或民族乡有管理、保护民族文化遗产的权利，是适格的诉讼主体。① 由于我国缺少以少数民族为单位的或者代表少数民族利益的社会团体，因而对于谁能代表赫哲族的问题也成为本案的诉讼焦点之一。

在我国，赫哲族成建制的民族乡有三个，分别是黑龙江省同江市街津口赫哲族民族乡、同江市八岔赫哲族民族乡以及作为本案原告的饶河县四排赫哲族民族乡，是否需要三个民族乡共同起诉来代表赫哲族的利益呢？还是所有的赫哲族群众共同起诉来代表赫哲族的利益？正如原审法院所认为的，原告作为民族乡政府既是赫哲族部分群体的政治代表，也是赫哲族部分群体公共利益的代表。在赫哲族民间文学艺术可能受到侵害时，鉴于权利主体状态的特殊性，为维护本区域内的赫哲族公众的权益，原告可以以自己的名义提起诉讼。

审判该案的北京市第二中级人民法院认为，《乌苏里船歌》应归国家和赫哲族共同所有，二者共同作为《乌苏里船歌》的双重主体。当《乌苏里船歌》的著作权受到侵害时，由类似“少数民族传统文化保护委员会”这样的民间团体来行使追究类似侵权行为的职责。这样，就有效地解决了少数民族民间文学艺术表达的主体缺位问题。

三、《乌苏里船歌》是作曲还是编曲

本案争论的另一个焦点就是《乌苏里船歌》究竟是作曲还

---

① 张革新：《〈乌苏里船歌〉案若干法律问题评析》，载《法学杂志》2004年第3期。

是编曲。田联韬教授①也撰文指出：翻阅过去的资料，《乌苏里船歌》最初在1964年由百花文艺出版社出版的《红色的歌》（6）上发表时，作者署名的方式是“东北赫哲族民歌，郭颂、胡小石词，汪云才、郭颂编曲”。据有关可靠资料，其后多年，作者在多种刊物上发表此歌，在电台录音和公开演出时，均是采用以上署名方式。这说明汪云才和郭颂曾在较长时期内承认这首歌曲是根据赫哲族民歌改编的作品。②

中央民族大学的徐万邦教授多年来一直从事少数民族传统文化研究，为此案也专门撰文，举出与《乌苏里船歌》相关的众多史料作为有力的论据，详细论证了《乌苏里船歌》是赫哲族传统民歌。1958年和1959年，赫哲族民歌《想情郎》和《狩猎的哥哥回来了》就已公开发表。《想情郎》载于1958年刊印的《赫哲族文学艺术概论》；《狩猎的哥哥回来了》载于1959年第12期《歌曲》杂志，并注明是“赫哲族民歌”，“金才演唱，吕聂记录整理”。1963年12月28日，在中央人民广播电台录制郭颂演唱的《乌苏里船歌》记录上，“作者”一栏明确写着“东北赫哲族民歌”。此录制档案至今仍在中央人民广播电台完好保存。1964年10月，百花文艺出版社出版的《红色的歌》（6）刊载了歌曲《乌苏里船歌》，在署名时也明确注为“赫哲族民歌”，汪云才、郭颂编曲。③

中国音乐学院黎英海教授、中央音乐学院田联韬教授、中央民族大学吕绍恩教授等一批音乐界知名人士呼吁加强对民间艺术

---

① 田联韬，中央音乐学院音乐研究所研究员、博士生导师、中国少数民族音乐学会副会长、中国传统音乐学会常务理事。

② 田联韬：《评〈乌苏里船歌〉与赫哲族民歌的著作权诉讼》，载《人民音乐》2003年第3期。

③ 徐万邦：《为〈乌苏里船歌〉给黄永玉讲道理》，载《大连大学学报》2006年第3期。

的保护，并尽快制定《民间艺术著作权保护法》。他们认为，民间艺术是全民所有的，著作权归全民所有，不能被个人所占有。但是，中国许多音乐界人士到民间采风后，把民间艺术进行改编后就以自己创作的形式出现。“作曲”与“编曲”虽然只有一字之差，但影响却大不相同。首先，如果个人拥有了民间艺术的著作权，其他人再改编民间艺术，就要征求这个人的同意并付费，否则就是侵犯了他的著作权。其次，“作曲”和“编曲”在稿酬和版税上相差数倍。专家们认为，《乌苏里船歌》的终审判决表明，民间文艺作品是公共产品，是多年锤炼集体创作而成，但不等于它们的著作权不受保护。[①] 总之，以音乐学家为阵营的观点：依靠赫哲族民歌《嫁令阔》音调来支撑的《乌苏里船歌》不论改编者投入过多少劳动，表现出多少作曲方面的才华，仍然得认定此曲是改编曲而非创作曲。人类口头和非物质文化遗产保护是国际性的，因此立法是必然的，有关法律的出台不会像有些作曲家担忧的那样，会阻碍音乐的发展，相反会有利于音乐的创作。

也有相反的观点存在，例如，李卫红在《郭颂的〈乌苏里船歌〉是否侵权》一文中认为，《乌苏里船歌》是创作作品。2003 年 1 月 26 日，中国轻音乐学会和黑龙江省音乐家协会特就“《乌苏里船歌》是改编还是创作”这一焦点问题组织音乐界的专家从专业角度进行讨论。出席这次“继承发展民族民间音乐创作研讨会”的专家中不但有音乐理论家还有音乐作曲家。吴祖强、时乐濛、苏夏、杜鸣心、石夫、汪立三、张丕基、徐沛东、胡小石、沈尊光及王羊均发表了各自的意见。另外，赵季平、丁鸣及陈受谦等三位专家提交了书面意见。与会专家经过对涉案相

---

① 杨昌平：《郭颂败诉〈乌苏里船歌〉属于人民》，http：//www. qianlong. com/2003 -12 -21。

关作品进行研究，共同探讨，认为：《乌苏里船歌》是创作而非改编。另外，从国内外音乐创作发展的角度来看，《乌苏里船歌》是创作而非编曲。作曲家贝多芬的第九交响乐《欢乐颂》采用了法国民歌还吸收了法国革命歌曲。俄罗斯交响乐之父格林卡取两首民歌为主题写了30多个变奏的“卡玛林斯卡亚”幻想曲。中国作曲家也有类似的典范之作。马可、瞿维、张鲁作曲的《白毛女》歌剧采用河北民歌《小白菜》等作为主题音乐。小提琴协奏曲《梁祝》是何占豪、陈刚综合了越剧中各派最具感染力的唱腔写成主题。把民族音乐与现代作曲技法相结合永远是各国进步作曲家追求、探索的重要目标。[①] 总之，以作曲家为阵营的观点：《乌苏里船歌》绝不是简单的改编，它继承发扬了原民间音调的精髓，并给予了新的生命。艺术家创造性的劳动应当得到保护与尊重，否则会扼杀艺术家的创造力。

四、赫哲族人对《乌苏里船歌》案的看法

本人于2006年8月对赫哲族聚居地之一的黑龙江省同江市街津口乡渔业村进行了基本文化权利保障方面的调查，其中就包括赫哲族人对《乌苏里船歌》案的看法及知道自己的权利受到侵害时的内心感受。为什么要选择街津口乡而没有选择四排乡进行调查？这是因为四排乡政府是该案的原告，四排乡的赫哲族人与该案有直接的利害关系，他们所谈的关于该案的感受可能会带有倾向性。虽然街津口乡也与该案有利害关系，但相比前者要弱得多，我们希望能了解赫哲族人内心的真实感受，因而选取了一个没有参与该案起诉的街津口乡进行调查。我们对渔业村的约20%的住户（共19户）进行了入户访谈，这19户是根据渔业村

---

① 李卫红：《郭颂的〈乌苏里船歌〉是否侵权》，http://www.yuecheng.com/al_shownews.asp?news_id=26。

的实际情况进行认真选择的，年龄层次涵盖了老年、中年和青年；包含了村里比较有影响的、有威望的人；民族传统手工艺的主要传承者；妇女；女婿户等。下面是其中与该案有关问题的访谈结果：

本人访谈的第19个问题是“您知道《乌苏里船歌》案吗?”有15人回答“知道”，这表明他们对本民族的切身利益非常关注，而且本人调查中得知，当地人曾自发地组织过关于该案的辩论，气氛非常热烈。

第20个问题是“您知道《乌苏里船歌》署名为‘汪云才、郭颂作曲’时的感受如何?”有三个人认为“不应该起诉，郭颂对赫哲族是有贡献的”，有一人认为“无所谓”，其余的15人都觉得很气人或很气愤，应该起诉他们。在我解释了案件的整个起诉过程后，有一人认为“将《乌苏里船歌》认定为民歌缺乏依据”，其余的两个人改变了看法，认为郭颂做得很不应该。

第23个问题是“您认为郭颂和中央电视台等应该对赫哲族进行赔偿吗?”有5个人认为“不应该赔偿，我们起诉的目的不是为了赔偿，只要法院判决这首歌是我们赫哲族的就可以了”。

从以上的访谈结果可以看出，可能当地的赫哲族人并不知道基本文化权利的概念，他们的心情是矛盾的，一方面是民族的文化遗产，祖祖辈辈留下来的东西让人占有；另一方面是自己的“恩人”，究竟该怎么办?但他们明白这首歌是赫哲族世世代代流传下来的，郭颂是我们“赫哲族荣誉渔民”，对赫哲族有很大的贡献，是我们的恩人，我们予以肯定。但也绝不允许这些艺术家侵犯我们的民族权利。这表明，他们是有很强的权利意识的，知道自己的权利受到了侵犯，也知道应该拿起法律武器保护自己民族的东西。

五、本书观点

有学者指出，《乌苏里船歌》一案判决依据的仅仅是《民法通则》的公平原则和《著作权法》的相关原则，凸显出中国在有关民族文化纠纷审判实践中具体可操作性条款的缺乏已经无法回避。[①] 有关该案的若干观点都集中在民间文艺作品著作权的法律保护上，这是正确的，也是必要的。但问题还有另外一个方面，众所周知，少数民族文化是中华文化不可分割的组成部分。从中华文化发展的历史来看，少数民族在推动中华文化发展的过程中做出了巨大的贡献。正如费孝通先生所言，中华民族在长期的历史发展过程中形成了多元一体格局，[②] 可见，少数民族文化权利的保障是弘扬中华民族文化的题中应有之义。而文艺作品是少数民族传统文化的重要组成部分，是其文化特性与固有生活方式的表达，《乌苏里船歌》正是赫哲族生活方式的写照。《乌苏里船歌》案同样反映出我们在少数民族文化权利保障问题上的缺憾与面临的挑战。当然，著作权与基本文化权利不是截然分开的，二者只是角度不同，著作权是保障少数民族文化权利的重要手段之一，我们在此强调赫哲族的基本文化权利，只是想将该问题放在一个更广阔的视角中做一个综合的分析。

少数民族文化权利保障是国际性的，因此有关该方面的立法是必然的，对于中国这样一个文化资源丰富的大国来说尤显急迫。有关法律的出台不会像有些人担忧的那样，会阻碍文化的发展，相反会有利于文化的创作。立法要制止侵犯少数民族文化权

---

① 吴烈俊：《中国民族民间文学艺术的法律保护》，载《西南民族学院学报》2003 年第 3 期。

② 费孝通等：《中华民族多元一体格局》，中央民族学院出版社 1989 年版，第 1－36 页。

利的不正当行为，有效抵制外来文化的侵蚀，同时也有利于规范文化领域的创作活动，促进该领域的健康发展。这也是《经济、社会和文化权利国际公约》对缔约国提出的要求。

第二节 传统文化产权不明的消极后果

1986年，乌尔里希·贝克出版了《风险社会》一书，他将现代社会解释为风险社会，标志着风险社会理论的诞生。贝克分析了风险产生的原因并讨论了现代社会财富分配和风险分配逻辑的矛盾性，指出现代社会财富的制造者在制造大量财富的同时也制造大的风险，制造的财富分配于内部，而其制造的风险却让整个社会来承担。[①] 贝克指出了人类知识的局限导致了大量风险的产生，也因此掩盖许多还没有认识到风险的存在。同时，风险的产生也不仅仅是知识的局限问题，其实还有知识政策的问题。因为一旦知识政策的形成，就会因政治的、社会的等种种原因而延续知识风险，并进而进行新的风险的制造。[②] 特别需要强调指出的是，贝克在该书的第二部分“社会不平等的个体化：生活形式和传统的消亡”中指出，风险社会带来的结果不仅仅是因工业生产导致的环境恶化风险以及种种技术风险，更为重要的是，风险社会脱离并重塑了工业社会内在的社会结构及其基本的生活行为的确定性——社会阶级（等级）、家庭模式、性别身份、婚姻、亲子关系和职业。反思现代化实质上解体了“集体化”而催生

① ［德］乌尔里希·贝克：《风险社会》，何博闻译，译林出版社2004年版，第28页。

② ［德］乌尔里希·贝克：《风险社会》，何博闻译，译林出版社2004年版，第88页。

了“个体化”，由此导致了生活形式和传统的消亡。在西方福利国家，反思现代化消解了工业社会的传统参数：阶级文化、性别和家庭角色，它消解了这些工业社会的社会和政治的组织制度所依赖和参照的集体意识的形式，这些“去传统化”发生在一种个体化的社会潮流中。[①] 贝克在第二部分特别是第五章中所谈到的“生活形式和传统的消亡”，依笔者看来，所指的就是传统生活方式，[②] 是传统文化的核心，更是少数民族文化最核心的内容。现代化进程中少数民族文化所面临的各种风险的内在原因，正如贝克所言，是风险社会所造成的少数民族“生活形式和传统的消亡”，是少数民族以集体为单位的各种社会结构、文化传统、生活观念等的“去传统化”，而“个体化”在很多民族地区尚未真正形成，本文正是在这一基础上展开的，集中探讨由传统文化产权不明而导致的文化风险及其影响。

一、文化群体的尊严被漠视

在2004年美国格莱美颁奖典礼上，一个叫OUT KAST的流行二人组合，在用印第安风格轻柔的旋律表演完一首名叫《HEY YA》的歌曲后，赢得了满堂喝彩。在一段充满宁静和神秘色彩的旋律后，台上马上奏响了低音并徐徐降下了一个类似宇宙飞船的物体，随之OUT KAST两个成员和一群衣衫单薄的舞蹈演员出

---

① ［德］乌尔里希·贝克：《风险社会》，何博闻译，译林出版社2004年版，第106页。

② 这里的“生活方式”，根据《中国大百科全书·社会学卷》“生活方式”条目，是指不同的个人、群体或社会成员在一定的社会条件制约和价值观指导下，所形成的满足自身生活需要的全部活动形式与行为特征的体系。也有学者指出，生活方式是主体凭借一定的社会条件把生命纳入一定的文化模式而呈现的稳定的活动，活动的内容可以划分为四个方面，即劳动生活方式、物资消费生活方式、社会政治生活方式和文化娱乐生活方式，参见高丙中、纳日碧力戈等：《现代化与民族生活方式的变迁》，天津人民出版社1997年版，第72页。

现在了台上。他们的旁边是南加利福尼亚大学的乐队（他们戴的帽子上都装饰着羽毛），在乐队的伴奏下，OUT KAST 高声唱完了这支流行单曲。颁奖典礼的当晚，这对二人组合总共囊括了三项格莱美大奖，其中包括年度最佳唱片奖。在整个表演期间，现场观众反应异常热烈，他们都站起来大声喝彩，尤其在观看后面舞蹈演员的精彩表演时更加的兴奋——这些舞蹈演员绝大多数都是非裔美国女人——她们在场上跳起活泼奔放的舞蹈，身穿软毛制作的比基尼，长长的穗带，头上还别着羽毛。他们的舞蹈编排中包括用平坦的手掌拍击张开嘴的动作，这是模仿一次传统平原部落战争中哭喊的情景。第 46 届格莱美颁奖典礼因为有 OUT KAST 的精彩表演，获得了极大的成功。然而不久之后，印第安报社（之后还有一些更大的媒体机构）报道了土著群体针对 OUT KAST 表演行为的强烈抗议。印第安人认为这些表演滥用了印第安人仅为仪式所用的象征物，如羽毛和战争绘画，有人则为表演使用了“印第安战斧和 TIPI 模型”而感到愤怒。而最让人震惊的是，印第安民族揭露出《HEY YA》的前奏旋律是 NAVAJO（DINE）的圣歌“BEAUTY WAY”。根据 NAVAJO（DINE），歌曲意味着“恢复和平与和谐”，不适合为娱乐的目的而使用。①

无独有偶，中国台湾南部高山族有一个阿美人的群体，非常喜欢唱山歌，有一对原住民郭英南夫妇特别喜欢唱《老人饮酒歌》，唱得非常好，在那一带很有名。1988 年，郭英男受法国文化之家邀请到法国演唱。法国人听了他的歌非常感动，于是盛情邀请他到录音室把这些歌录制保存下来。这首歌不仅法国人喜欢，德国人、美国人也喜欢。1993 年，德国谜乐团在他们的一

① Angela R. Riley, Straight stealing: Towards an Indigenous System of Cultural Property Protection, Washington law Review 80, Wash. L. Rev. 69, 2005. p1 -2, 转引自张耕:《民间文学艺术的知识产权保护研究》，法律出版社 2007 年版，第 81 -82 页。

首歌中撷取了《饮酒欢乐歌》的原音，大受欢迎，创下了数百万张碟的惊人销售数量。但遗憾的是，没有人知道这美丽的旋律竟来自中国台湾阿美人的郭英男。1996年，亚特兰大奥运会主题曲选用了德国Enigma乐团的《回归纯真》（Return To Innocence），当乐曲响起的时候，高山族的村民们就从电视里听到了，一听，这不是郭英男的歌吗？他们就很欣喜地跑到他家里，表示祝贺，说：你的歌唱得好啊，到国际奥运会上给我们争光了。都觉得是一种莫大的荣耀。郭英男夫妇当时就懵了，感觉不对啊，后来七想八想，才猛然发觉：这首歌的旋律，就是自己1988年在法国录下的《老人饮酒歌》——Enigma乐团撷取了郭英男的原音，填上了歌词，就变成了自己的《回归纯真》。等到郭英男发现时，距离《回归纯真》首发已经3年，唱片已经卖出上百万张。开始村民们都觉得是他们的荣耀，高山族的民歌走向奥运会，走向世界了。后来，郭英男才想到：他们采用我的曲子和声音怎么也不通知我一声啊，这不是剽窃吗？于是，村民鼓励郭英男夫妇同他们打官司，讨回公道。1993年，在台湾唱片界友人协助下，郭英男夫妇对国际奥委会、EMI公司等提出侵权诉讼。经历三年的波折，这场国际诉讼终于在1999年7月2日达成和解，美国EMI公司派代表来台，颁赠白金唱片给郭英男夫妇，奥委会主席萨马兰奇也以自己的名义写一封道歉函给郭氏夫妇，当时，这场官司在国际上非常有名。最后，郭英男夫妇还是打赢了，得到了一大笔款子，可以不用种田，足够他们下半辈子的生活。[①] 刘江彬说，郭英男一案反映出，先进工业国家与原住民族之间的冲突，不仅仅在于非物质文化遗产的取得及运用，商业化后的庞大利益分配、权利归属才是后续的一大问题，也凸显

① 阎喜琴：《论民俗旅游对旅游地民俗文化的“污染”与防治》，载《贵州民族研究》2006年第1期。

了现行法律规范的不足之处。原住民歌很长时间都被娱乐观光化，他们很悲哀。郭英男对 Enigma 的诉讼和奥运会的侧面鼓励，让台湾原住民音乐开始被全世界范围关注，台湾唱片公司也开始觉醒，他们把原住民集合起来，投入资金做“自己土地上的歌”，让民歌走向商业化走向大众。作为参与郭英男一案的法律专家、台湾政治大学知识产权研究所副教授孙元钊随后补充说到，郭英男夫妇得到补偿后，那些族人们觉得不对劲了：这首歌曲不是我们阿美人的吗？怎么变成你的了，还发了一大笔财？于是族人们又开始不高兴了，在台湾阿美人内部又产生了新的纷争：《饮酒欢乐歌》的权属究竟属于郭英男还是属于整个台湾阿美人？权属关系不厘清，保护又从何谈起？[①]

类似的例子在世界各国都屡见不鲜，少数民族的文化权益保障问题进入人们的视野并引起广泛的重视与前述这些事件的频繁发生有很大的关系。少数民族应该享有哪些文化权益？这些权益的主体是谁？少数民族的文化权益与他们的生存状态和未来发展之间是什么关系？少数民族的文化权益与公民文化权益乃至整个国家的文化安全具有怎样的联系？他们应该受到什么样的保护？我们应该采取什么样的方式去保护他们的传统文化及文化权益？……这一系列的问题不能不引起每一个人的深思，也是本书成书的起因之一。

二、争夺传统文化使用权与开发权

试举一例。

湘西土家族依山傍水而居，到处可见“吊脚楼”，湘西苗族多居山顶，形成规模较大的“山寨”村落，两个民族比肩而居，

① http：//www. ihchina. cn/inc/detail. jsp? info_ id =367。

在建筑风格方面相互影响，苗族有人居住吊脚楼，土家族有人建山寨。过去谁也不会追问“吊脚楼”或者“山寨”是哪个民族发明创造的，至今谁也回答不了“吊脚楼”或者“山寨”最初是由谁修建的。可是自从20世纪80年代以来，“吊脚楼”和“山寨”具有旅游开发价值，人们便将它们提升到引人自豪的民族文化的高度来看待，两个民族的文化精英们即开始为“吊脚楼”和“山寨”的民族文化的归属争论起来了。[①] 类似的争论还有很多，甚至在同一民族内部也会发生类似争论。

“吊脚楼”和“山寨”这两种建筑样式是少数民族的物质消费生活方式的重要组成部分，这样的权利冲突在很多民族地区甚至同一民族内部均时有发生，一旦发生，几乎没有什么好的解决办法。在这个问题上比较有代表性的一个案例是“成吉思汗陵的旅游开发”，成吉思汗陵园的各种祭祀活动，每年要进行30多次，其中有4次是四时大祭典，分别在每年农历的三月二十一、五月十五、九月十二、十月初三进行。成吉思汗陵祭奠有着古老的传统祭奠程序，如祭天、敬献花束、敬献哈达、敬献鲜奶、祭灯、祭酒、献羊背子等。有固定祭词，同时还要朗诵《出征歌》和《苏力德歌》，以表达蒙古族人民群众对成吉思汗的无限敬仰和怀念之情。在祭奠仪式之后，除举行摔跤、射箭、赛马活动之外，还举办那达慕大会，演出民族歌舞，开展物资交流活动。500户达尔哈特人的后代认为只能由他们来搞这项旅游，历史上他们一直就是为成吉思汗守灵的，达尔哈特人是蒙古族的一个支系，历史上他们为成吉思汗守灵的故事也可谓家喻户晓，他们的任务是专门管理成吉思汗陵的守护和祭奠事宜，他们按照成吉思

① 该案例摘自朱兴文：《权利冲突论》，中国法制出版社2004年版，第196页，在此向朱兴文老师表示感谢。

汗遗训，永远不担任任何官职，也不负担官差徭役。达尔哈特的行政机构、组织状况、生产方式等和当地蒙古族群众有着明显的区别。一般蒙古人是以传统畜牧业进行生产活动，而达尔哈特人除了在成吉思汗陵周围的草原上进行一部分畜牧业生产外，他们的生活来源主要来自参加祭奠成吉思汗陵的蒙古人的施舍。其他蒙古族人则认为成吉思汗是整个蒙古族的英雄，是全民族文化的不可缺少的一部分。因此，整个蒙古族的人都可以从事成吉思汗陵的旅游开发。这就引起了相当大的争论。目前，成吉思汗的祭典仍由达尔哈特人主持，成吉思汗陵园周围的旅游开发则由管理部门承包给商户经营。但是今天达尔哈特人已经达到 5000 多人，只有 30 户达尔哈特人专门从事成吉思汗陵的守陵和祭祀活动。[①] 2001 年 5 月 23 日，鄂尔多斯市委、市政府经过多方面研究决定，确立该市东联集团为成陵旅游开发区之业主单位。东联集团注册资金 3000 万元，注册成立了内蒙古成陵旅游有限责任公司。该公司历经三年，一期投资 3.4 亿元建设了旅游区，旅游区艺术团精心编排的以《圣地古韵》为代表的一系列反映成吉思汗文化、蒙古族历史文化、鄂尔多斯文化的精品文艺节目。旅游区 2005 年的营业额达到 1230 万元，2006 年突破 2000 万元。可是，到目前为止，内蒙古成陵旅游有限责任公司的旅游区和成吉思汗陵园区之间还有阻挡人和车直接通行的栅栏障碍。[②]

无独有偶，同其他任何少数民族一样，由于其传统文化及所处社会环境的复杂性，对传统文化的保护与开发必然“仁者见仁，智者见智”。赫哲族也同样如此，大家对“传统文化应如何

---

① 该材料引自 2007 年 3 月 27 日对著名蒙古族作家阿云嘎先生的访谈记录，张文香老师翻译，在此一并表示感谢。

② 奇海林、张志华：《鄂尔多斯成吉思汗陵的旅游开发》，载周勇、马丽雅主编《民族、自治与发展：中国民族区域自治制度研究》，法律出版社 2008 年版，第 100－101页。

发展”还没有完全达成共识，尚需要在实践中进一步探索。在同江市街津口乡渔业村，我入户访谈的第四个问题就是“您认为汉族人可以从事本民族文化方面的旅游活动吗?”接受访谈的19户中，有11户认为“不可以”，并且他们心理非常不舒服，有1户认为“不归我们管”，显得很无奈，其实也是反对，有7户认为“可以，为了民族团结、发展民族文化需要其他民族帮助”、“本民族有的人不喜欢”等。对于以上及类似以上情况，当地人认为是一种“假冒行为”，如果不是赫哲族人在经营，不应使用“赫哲”或“赫哲族”字样，侵犯了赫哲族的合法权益，应该制止。尤其是在民族风情园内，这种行为更应该制止，否则，为什么叫“赫哲族民族风情园”呢?赫哲族人认为，近十年来，国家对当地的投入有四五千万元，但没有使赫哲族人从中获得应得的利益，相反，其他人却使用赫哲族的传统文化去发财，赫哲族文化没有给本民族的人带来好处使其他人从中获利，应出台保护赫哲族民族文化的民族政策。

目前，在我国的多数民族地区，都是动员社会一切积极因素共同参与到少数民族传统文化保护的事业中来，允许其他民族的成员来从事少数民族相关文化制品的经营与开发，而没有赋予少数民族以独占经营权。原因是多方面的，在目前的法律体系中，当少数民族的相关文化制品成为一项文化产业的时候，我们只能遵守市场经济中的“经济自由”原则，而不能在市场进入方面给予特别的保护。而且在赫哲族中也同样缺少善于经营以及有一定资本的人员。在民族法制快速发展并走向成熟的今天，“是否应该赋予少数民族对其传统文化的独占开发权”是一个值得深入探讨的问题。

在很多情况下，谁掌控传统文化的使用权谁就能从中获得巨大的经济利益，这在近些年来逐渐升温的非物质文化遗产旅游热以及民族旅游热中清楚地显现出来，各民族觉醒的文化权利意识的确在市场经济环境中发生某些冲突，如何正确处理这些冲突便成为摆在我们面前的时代课题。

三、争夺传统文化解释权

以广西昭平县黄姚古镇为例，黄姚古镇，位于广西贺州昭平县东北部，与昭平县城及贺州市均相距40公里左右（直线距离），距桂林200公里。黄姚古镇是有着近千年历史的古镇，发祥于宋朝年间，兴建于明朝万历年间，鼎盛于清朝乾隆年间。由于镇上以黄、姚两姓居多，故名“黄姚古镇”。全镇居民600多户，八条街道，房屋多数保持明清风格，由于黄姚古镇所处特殊的地理位置，四面皆山，易守难攻，而且交通不便，所以村镇处于半封闭状态，使得古老的民居、众多的文物得以保存。抗日时期，这里被定为敌后根据地，大批爱国人士从桂林到黄姚古镇，这些文物、故居至今仍被完好保存着，如韩愈、柳宗元墨迹，中共广西省工委旧址纪念馆、钱兴烈士塑像、何香凝、高士其、千家驹等文化名人寓所，以及许多诗联碑刻。黄姚古镇盛产豆豉、黄精、酸梅等。黄姚古镇豆豉在清朝被列为皇帝贡品，在民国时，远销东南亚。豆豉宴，是黄姚古镇的一大特色菜系，游客到此如不品尝，实为遗憾。近年来，黄姚古镇的绮丽风光吸引了大批的国内外游客，现已被列为省级风景名胜区。从物质层面来讲，黄姚古镇的街巷门楼、亭台楼阁、寺观庙宇等公共建筑，均是由世居于此的古镇居民集资修建而成，世代共有、共用。非物质层面的节日习俗等，也由当地居民共同创造并传承至今。这些资源并不能具体归属于某个家庭或个人，而是作为一种集体性存在，在整个社区生活中发挥作用。

在对文化资源的使用和解释上，旅游公司和当地人有各自不同的逻辑：旅游公司通过与当地政府签订协议，获得经营开发权而取得了对当地传统文化资源进行包装后转换成为一种旅游产品，它所看重的是旅游产品的经济效益而不是当地文化的原真性。对当地居民来说，旅游公司编写导游词是在没有获得当地人同意的前提下对黄姚古镇文化进行的主观臆造和想象，这既是对当地文化的不尊重，也是对当地人的不尊重。当地居民通过强调自己的本地人身份，在文化解释上以不同于旅游公司的叙说方式，来否认公司对当地文化的解释权、经营权、使用权的合法性，从而申明自己对本土文化的解释和使用才具有正当性和合法性。其实，旅游公司与当地居民对传统文化解释权的争夺最终目的仍然是对传统文化产权的争夺，目标指向依旧是对传统文化开发所获得的利益。

在这些现象的背后，还有一些值得我们思考的内涵。国家历史资产和古迹所宣传的往往是那些对构成核心的民族故事发挥主要作用的神话事件。地方性的传统文化所宣传的文化旅游资产则往往彰显地方文化或少数民族文化的独特之处以及它们与核心文化的差异，解释地方性文化或少数民族文化如何面对各种强大的奇特事物而保持其活力；或者宣传与这些群体相关但是可能与史学通说有冲突的不同的历史。这些都在一定程度上反映了各地方或各少数民族的“文化自觉”，他们已经充分认识到了自己文化的价值。

四、因产权不明引发的冲突逐渐升级

以西双版纳的傣族园为例，自从1999年正式开发以来已经走过10年的历程，在政府的引导下，公司以极其低廉的价格租到了村民的林地19.25亩，田地452.4亩，每年公司付给村民的土地补偿金是23.1万元，但公司的电瓶车承包费、泼水广场租赁费和允许外地人来园内搞“傣族婚俗展示”这三个项目一年的收入就在30万元以上。目前，公司已投资4600万元建成景区大门、迎宾广场、泼水广场、民族歌舞剧场、旅游厕所、水电地

下管线、游览道路、主体绿化等基础设施的建设。这种“公司+农户”的经营模式也经历了众多考验，自始至终都伴随着公司与农户之间的利益纠纷。为了深入了解傣族园公司与村民在利益分配上的冲突及其可能的解决途径，我于2009年7月对傣族园进行了田野调查，主要采用了参与观察和入户访谈的方法。以下是部分调查结果：

在资源投入上，农户提供的是傣族村民在长期生活劳作中所创造的绚丽多姿的民族文化和美丽的自然风光，确切地说，公司看中的正是这里独特典型的竹楼院落、佛寺、傣族节日、日常生活风情、自然环境等文化资源和自然资源。但是，在农户收益方面，其实村民们为公司打工，或者卖一点儿水果和烧烤，赚到的钱并不多。村民认为公司的作用是双重的，一方面公司的宣传扩大了傣族园的知名度，让更多的游客来到了傣族园，但是一般团队都只安排两三个小时游览傣族园，不会在里面食宿，所以总的来讲村民的收入是有限的；另一方面，到傣族园吃饭的有相当部分是当地人，如景洪人或者勐罕镇的人，考虑到进傣族园要收门票，他们只是在有熟人朋友介绍的情况下才会来，所以，公司的存在也阻挡了一些想到傣族园吃饭但又没法绕过门票的客人。村民认为公司自己也承认傣族园最大的卖点是傣家竹楼，世代生活在傣族园里的村民及其创造并保存发展的传统傣族文化，既然景区有价值的资源都属村民所有，那么村民就应该参与门票分成。2009年傣族园的普通门票价格是100元，团体50元，本地人20元，黄金周150元，因而傣族园公司的实际收益是很可观的。

通过此次调查，我们也了解到，傣族园内的五个村寨的村长每年都同公司商谈利益分享的问题，但多年来都没有解决。在我进行入户访谈的时候，还了解到一个案例：

目前傣族园的很多村民都有私家车，岩香叫也不例外。2009

年6月的一天，岩香叫想利用自己的私家车拉几个客人进入傣族园，这样就可以躲过傣族园公司的门票，岩香叫本人也可从中获得与客人预先商谈好的额外收入，这类事情近些年来在傣族园也经常发生。但这次公司的保安拦住了岩香叫的车，请求他为车上的客人买票进入园区，进而双方发生争执，岩香叫打电话叫来三个朋友帮忙，他们四人一起殴打保安，致保安受轻伤，岩香叫因此被当地公安机关判处劳动教养三个月的处罚。

透过前述案例，我们可以看出，目前傣族园内的村民与公司之间因为利益分配而引发的冲突已经白热化，如果不能及时得到妥善处理，可能还有进一步升级的趋势。

五、传统文化流失严重

传统文化的流失首先体现在一些民族地区的传统文化（如苗族刺绣）遭到国外掠夺性抢购。20世纪80年代，黔东南的交通远不如现在便利，经济状况也相当落后。那时候，国外的人类文化学者常常来到黔东南地区，当他们在朴实的苗族老乡家里发现他们代代相传的苗族服饰的时候，仿佛发现了稀世之宝。那造型独特的图案、那精致的银饰、那艳丽的色彩，以及那图案承载的历史和文化内涵，都让他们对这个古老而神秘的民族充满了好奇，遂以高价将其收购。随着经济的发展，交通的便捷，黔东南地区那些修了公路的村寨逐渐看到了越来越多的外国人，他们的到来似乎也给这里生活的人们带来了致富的机会，因为他们总是会以让村民们惊得睁大了眼睛的价格将这些普通苗族人家里几代人穿过的衣服买下。近几年来，外国人对苗族服饰已经从最初的私人收藏转变成了商品买卖，一件有价值的苗族衣服，他可以花几千元钱在黔东南收购，然后在国际市场上卖到十几倍的价格。黔东南苗族侗族自治州民族研究所副研究员雷秀武在与法国巴黎一家私立民俗博物馆馆长交流时，曾经了解到，这家法国私立博物馆目前已收藏了180多套苗族服饰，其中，黔东南的苗族服饰就有108套，贵州月亮山地区的极具文物价值和文化价值的民族服饰——祭祀服“百鸟衣”就有15套，超过了贵州省内的收藏。[①] 类似的现象还有很多。作为民间文化形式之一的少数民族古籍正以每年上千册（卷）的速度流失，由于对文献古籍缺乏认识以及受利益的驱动，贝叶经在西双版纳曾被一叶一叶地卖给旅游者作纪念品。新平县平甸乡李自强的父亲是彝族毕摩，存有上百册彝文古籍。数年前毕摩去世时，其家人把全部彝文古籍搬出门外堆放在屋檐下，不久便散失殆尽。该乡张朝顺的父亲也是当地有名的毕摩，存有60部彝文古籍，数年前毕摩去世后，其家人将古籍当做随葬品全部焚毁在坟旁。[②]

传统文化的流失还体现在传承人的权益没有得到很好的保护，致使传承面临众多困难。正是由于我们对传统文化保护的切入点有偏差，才导致我们对传统文化传承人的关心、帮助不够。传承人是创造我国古老文明的精英，更是异彩纷呈的传统文化的重要载体。客观地讲，我们的各种传统文化，特别是非物质文化遗产，主要靠传承人世代口传心授，才得以千古流传。当前的传承人保护问题实在严峻，一是数量、分布及传承潜力等情况不明朗；二是不少传承经年中断，且后继乏人。

六、对前述现象成因的初步分析

（一）社会原因

尽管政府和民间都在传统文化保护方面进行了不懈的努力，

---

① 兰世秋：《海外收购团蜂拥入黔　苗族千年服饰遭掠夺性抢购》，http：//www. tjzmj. com/info_ Show. asp？ArticleID＝470。

② 林庆：《民族记忆的背影——云南少数民族非物质文化遗产研究》，云南大学出版社2007年版，第77页。

但我国传统文化保护特别是少数民族的传统文化保护的状况仍然不容乐观，造成这种状况的原因各地基本相似，概括起来，主要有以下几个方面：①

1. 民族地区的经济仍然比较落后。很多民族地区当前面临的主要问题仍然是经济发展问题，改善当地少数民族落后的经济状态。由于地方财力匮乏，被称为“吃饭财政”。于是，地方财政对文化少投资或不投资，似乎也就成为“正当”理由。少数民族地区与其他地区仍然存在着事实上的不平等，这种不平等主要体现在经济方面，这使得民族地区无暇顾及少数民族文化权益的保护。

2. 现代化进程中外来文化的冲击破坏了少数民族传统文化得以产生和生存发展的物质基础，被动地承受着强势文化的挤压，影响了少数民族对其民族文化价值的判断。

3. 少数民族传统文化传承方式落后和低效，使得大量传统文化产品在继承和发展上无法获得相应的社会支持，加之缺乏政府相关部门和机构的支持和保护措施，一旦老艺人去世，很多传统技艺便成为绝技。

4. 年轻人大量外出打工，接受外界文化的影响和现代传媒及娱乐方式的熏染，以及我们在学校教育和社会教育方面缺少对少数民族传统文化的教育，使他们容易产生对民族文化的自卑心理，失去民族文化上的自信，不愿或不再下工夫去学习和传承少数民族传统文化，从而造成少数民族传统文化传承上的危机。

5. 经济方式的改变和单纯对经济利益的追求，使少数民族传统文化的相当部分形态从其历史和传统中剥离出来，成为纯粹的工艺或表演，已不再负载其原生形态所蕴涵的诸多历史文化信

---

① 该部分参考了谢彬如等：《文化艺术生态保护与民族地区社会发展》，贵州民族出版社 2004 年版，第 65－66 页。

息，即本书所说的“文化贬低”，这种变异直接导致少数民族传统文化的断层和变异。

有些民族文化的产权很难判断。数千年来，各个民族相邻而居，在政治环境较宽松的时期，相互往来，有时甚至相互通婚，各民族的传统文化相互影响，有时还发生融合，很难判别它们最先是由哪个民族创造的。而且人的本性中是有相同的价值追求存在的，人类社会的发展是有规律的，即使两个不同民族的群体，历史上从未有过文化上的联系，也可以发现他们在许多方面具有相同或相似的内容，这可以从民族史和民族学（人类学）的许多研究中得到证实。

（二）制度原因

粗略地讲，文化权利的冲突可以分成两类：一是文化权利的外部冲突，即文化权利主体的无限性需求与文化产品的有限性供给之间的矛盾。这是因为随着人们物质生活的改善，其对文化生活的需求将大为提高，中国已经将文化产业作为重点发展的产业之一，为此还特意制定了《十一五文化发展纲要》，以促进中国文化事业的进一步繁荣与发展，满足人民群众日益增长的文化生活需要，这也是社会主义社会生产的主要目的之一。二是文化权利的内部冲突，即不同文化权利主体之间的冲突，例如，个人与个人之间，群体与群体之间，国家与国家之间就构成了不同的文化权利主体，他们之间的冲突就是文化权利的内部冲突。这两种类型的冲突都不像经济利益和政治利益的冲突那样直接与容易显现，而是相对表现比较温和与间接，但是在现代化进程中，少数民族传统文化的开发利用，带来了巨大的经济价值，如果文化权利的冲突长期得不到解决，那么势必对民族地区社会的长治久安，对人的全面发展以及文化的传承极具危害性。

当前，中国各民族的传统文化在多元文化背景下仍然保持着相对的独立，具有明显的分割性，虽然各民族文化也互相影响和渗透，但仅仅只是限定在量的范围内，在多民族混居地区，各民族之间的权利行使完全依据自觉地约束来达到平衡，只要某一个民族的权利在扩张，那么原有的和谐和平衡便会被破坏，[①] 这是与和谐社会的理念相背离，但任何事情都是发展变化的，我们必须针对新出现的问题进行制度创新，从而达到新的和谐与平衡。根据世界知识产权组织的归纳，传统社区、原住民在传统文化表达形式的保护问题上有以下几种诉求：一是保护传统文学艺术表达的相关产品和手工艺品，制止未经授权复制、改编、传播、表演和其他类似行为的发生；二是防止对前述主体精神上的侮辱性、贬损性和冒犯性使用传统文化表现形式；三是防止对其来源和真实性的虚假、误导性声明或不承认来源；四是防止未经当地社会、原住民的同意对传统标记和符号进行注册商标等使用。[②]

此外，不同民族之间或同一民族内部不同群体之间文化权利冲突的重要原因是中国历来的产权制度缺失现象在少数民族传统文化领域的一个体现，也就是少数民族传统文化产权的边界不明确导致的权利主体不明确。我们应对少数民族“对个人进行文化艺术创造所产生的精神上和物质上的利益享有受保护权”这一文化权利做扩大解释，使这一权利的主体包括少数民族集体在内，将文化产权的概念包含在其中，这对解决不同少数民族之间文化权利的冲突尤其是民间文学艺术表达方面的冲突非常必要。文化产权在此也表现出一定的层次性，包括家庭、小群体（如家族、宗族、队群等）和集体的文化权利，而不局限于个人的层面。少数民族文化权利的边界不明确，文化权利边界是民族文化进行区

① 朱兴文：《权利冲突论》，中国法制出版社 2004 年版，第 196 页。

② WIPO Secretariat. Intellectual Property Needs and Expression of Traditional Knowledge Holders: WIPO Report on Fact - Finding Mission on Intellectual Property and Traditional Knowledge (1998 ~ 1999).

分的界限，通常与民族居住区域的边界是重合的，但由于长期的文化接触，各地的民族传统文化很难再成为具体民族独有的文化特质，成为某地区共有的文化资源。正如有的学者所言，民族传统文化边界不断漂移。[①] 如“花儿”这种演唱形式，类似的现象还有很多。这种状态本身即非常容易引起不必要的冲突，也更加凸显了现代化进程中采取必要措施包括立法来加强少数民族文化权利保障的迫切性。

由于文化遗产是稀有的、唯一的、脆弱的、不可再生的特殊资源，是文化的载体，后人通过观赏文化遗产，感受人类祖先的伟大创造力，将带给人们无与伦比的精神享受，在此期间也深受教育和鼓舞。所以，文化遗产的利用最主要的形式就是发展旅游。少数民族的文化遗产也同样如此，由于地域和历史的原因，少数民族文化遗产在各地的保护与开发过程中仍然面临着各种各样的考验，因而管理者就更应立足于本地实际，将西方发达国家的现代管理方式与我国各少数民族的传统管理经验结合起来，探索一条适合民族地区实际的文化遗产管理模式，其中包括组织制度、人力资源、财务审计、监督监控等，力求根据我国少数民族文化遗产的独特特性和国际公约的规定进行有效的保护和合理开发利用。

第三节　传统文化保护的相关立法

对于传统文化保护的法治化问题，一直是一个有争议的问

① 李自然：《试谈民族传统文化的本质、特点及其保护与发展对策》，载伍精华、杨建新：《民族理论论集》（第八次全国民族理论研讨会论文集），民族出版社 2005 年版，第 483 页。

题，争议的焦点不在于是否要给予法律保护，而是在多大范围内给予保护，给予何种权利保护，发达国家和发展中国家的态度和立场是有很大不同的。中国作为发展中国家，又是传统文化丰富的大国，一直倡导采取积极的立场来对传统文化进行保护，目前的相关立法主要集中在公法领域。

一、中央立法

（一）对文化权利进行原则性规定

中国现行《宪法》序言中规定，中华人民共和国是全国各族人民共同缔造的统一的多民族国家。平等、团结、互助的社会主义民族关系已经确立，并将继续加强。在维护民族团结的斗争中，要反对大民族主义，主要是大汉族主义，也要反对地方民族主义。国家尽一切努力，促进全国各民族共同繁荣。《宪法》第4条规定，中华人民共和国各民族一律平等。国家保障各少数民族的合法的权利和利益，维护和发展各民族的平等、团结、互助关系。禁止对任何民族的歧视和压迫，禁止破坏民族团结和制造民族分裂的行为。国家根据各少数民族的特点和需要，帮助各少数民族地区加速经济和文化的发展……各民族都有使用和发展自己的语言文字的自由，都有保持或者改革自己的风俗习惯的自由。

新中国成立以来的文化权利保障的历史告诉我们，通过民族区域自治制度来保障民族自治地方少数民族的合法权益包括文化权利，在民族区域自治的实践中得到证明。现行《宪法》将民族区域自治制度作为我们国家的一项政治制度，并在第119条中规定，民族自治地方的自治机关自主地管理本地方的教育、科学、文化、卫生、体育事业，保护和整理民族的文化遗产，发展和繁荣民族文化。

《民族区域自治法》是在宪法规定的基本原则基础上使民族

区域自治制度进一步系统化，从中可以看出，民族区域自治制度是保障少数民族合法权益的制度设计，民族区域自治是手段，保障少数民族的合法权益包括文化权利才是目的。该法序言中指出，民族区域自治是在国家统一领导下，各少数民族聚居的地方实行区域自治，设立自治机关，行使自治权。实行民族区域自治，体现了国家充分尊重和保障各少数民族管理本民族内部事务权利的精神，体现了国家坚持实行各民族平等、团结和共同繁荣的原则。

（二）对文化权利进行立法确认

少数民族的文化平等权受到了党和政府的高度重视，从前述的《中国人民政治协商会议共同纲领》到《民族区域自治实施纲要》，再到 1954 年的《宪法》，都明确规定了少数民族平等地发展其文化的权利。同时，政府采取一切可能的措施，纠正民族文化关系中的歧视、敌意和隔阂状态，加强了各民族之间的文化联系，发展了少数民族优秀的传统文化，少数民族的风俗习惯得到尊重，各民族的传统节日得到尊重。少数民族文化平等权、参与文化生活的权利、享受文化成果的权利、开展文化创造的权利都获得法律保障，并逐步实现。

1952 年政务院发布《关于保障一切散居少数民族成分享有民族平等权利的决定》（以下简称《决定》），在《决定》中规定了散居少数民族的各项权利，保障散居少数民族权益的各项原则也适用于散居在各少数民族自治区的其他少数民族成分和汉族成分。这其中也包含一些对少数民族文化权利保障的规定。

对国家与民族之间的关系进行调整无疑应是宪法的一个重要职能，中国现行《宪法》不惜笔墨，多处规定了国家处理民族关系的原则，少数民族在各方面的平等权利，少数民族的文化权利（尤其是文化发展权）、语言文字权、风俗习惯权等都已上升为一项宪法权利，日益受到重视。

尤其值得一提的是，《宪法》第47条中规定，中华人民共和国公民有进行科学研究、文学艺术创作和其他文化活动的自由。国家对于从事教育、科学、技术、文学、艺术和其他文化事业的公民的有益于人民的创造性工作，给予鼓励和帮助。该条第一款说的是公民进行文化活动的自由，这是自由权意义上的文化权利。第二款则是宪法对受益权意义上的文化权利的确认。简言之，该条确认了公民的文化权利这一基本的宪法权利。但这种意义上的文化权利的内容（也可称之为范围或外延）明显过于狭窄，与《经济、社会和文化权利国际公约》相比，它并不包括每个公民都有权享受科学技术及其应用所产生的利益这层含义，也不当然包括对所有少数民族文化生活自由的尊重。虽然如此，但这毕竟是将基本文化权利定义为一项宪法的公民基本权利，极大地促进了文化权利的保护，少数民族的文化权利更是首当其冲。

（三）采取各种措施保障文化权利的实现

《民族区域自治法》以自治权的形式在多处规定了保障少数民族文化权利的具体措施，特别是其关于文化管理自治权的规定。例如，第38条中规定，民族自治地方的自治机关自主地发展具有民族形式和民族特点的文学、艺术、新闻、出版、广播、电影、电视等民族文化事业，加大对文化事业的投入，加强文化设施建设，加快各项文化事业的发展。民族自治地方的自治机关组织、支持有关单位和部门搜集、整理、翻译和出版民族历史文化书籍，保护民族的名胜古迹、珍贵文物和其他重要历史文化遗产，继承和发展优秀的民族传统文化。第42条中规定，民族自治地方的自治机关积极开展和其他地方的教育、科学技术、文化艺术、卫生、体育等方面的交流和协作。自治区、自治州的自治机关依照国家规定，可以和国外进行教育、科学技术、文化艺术、卫生、体育等方面的交流。同时，该法还以专章规定了上级国家机关的职责，以法律形式确认了对少数民族文化权利的保障已经成为政府工作的一个重要组成部分。这些规定，都为少数民族充分实现其文化权利提供了可能。

《国务院实施〈民族区域自治法〉若干规定》专门规定了民族自治地方自治机关的文化管理方面的自治权，这些权力规定的目的是赋予自治机关采取多种方式保障少数民族文化权利的职权。其中，第24条规定，上级人民政府从政策和资金上支持民族自治地方少数民族文化事业发展，加强文化基础设施建设，重点扶持具有民族形式和民族特点的公益性文化事业，加强民族自治地方的公共文化服务体系建设，培育和发展民族文化产业。国家重视少数民族优秀传统文化的继承和发展，定期举办少数民族传统体育运动会、少数民族文艺会演，繁荣民族文艺创作，丰富各民族群众的文化生活。第25条中规定，上级人民政府支持对少数民族非物质文化遗产和名胜古迹、文物等物质文化遗产的保护和抢救，支持对少数民族古籍的搜集、整理、出版。所有这些规定都进一步强调了政府在少数民族文化权利保障领域的职责，使中国少数民族文化权利的保护事业步入法制化轨道。

《文物保护法》第2条对文物的界定包括具有历史、艺术、科学价值的古文化遗址、古墓葬、古建筑、石窟寺和石刻、壁画；与重大历史事件、革命运动或者著名人物有关的以及具有重要纪念意义、教育意义或者史料价值的近代现代重要史迹、实物、代表性建筑；历史上各时代珍贵的艺术品、工艺美术品；历史上各时代重要的文献资料以及具有历史、艺术、科学价值的手稿和图书资料等；反映历史上各时代、各民族社会制度、社会生产、社会生活的代表性实物。虽然该法主要是从国家对文物的管理方面进行的立法，但受该法保护的文物的一个重要组成部分就是少数民族文物。文物是少数民族传统文化的一个重要组成部分，是各少数民族给我们留下的珍贵的文化遗产。前述《文物保护法》对文物保护的范围都包含在联合国教科文组织 1970 年通过的《关于禁止和防止非法进出口文化财产和非法转让其所有权的方法的公约》[①] 对文化财产的界定中。云南省还曾经制定了该法的实施办法，其对少数民族文物的界定，比该法的界定更加全面、具体，而且设专章规定了少数民族文物。少数民族文物是少数民族文化权利的重要物质客体之一，加强对少数民族文物的保护无疑是少数民族实际享有的文化权利进一步扩大的一个体现。

1997 年 5 月，国务院发布了《传统工艺美术保护条例》，保护的范围包括：百年以上，历史悠久，技艺精湛，世代相传，有完整的工艺流程，采用天然原材料制作，具有鲜明的民族风格和地方特色，在国内外享有盛誉的手工艺品种和技艺。国家对传统工艺美术品种、技艺、珍品实行认定制度。具体保护措施包括：搜集、整理、建立档案；征集、收藏优秀代表作品；对其工艺技术秘密确定密级，依法实施保密；资助研究，培养人才。该条例的相关规定可以用于保护少数民族的传统工艺美术，传统工艺美术也是第一章中分析的“传统知识”的一个重要范畴。

2006 年 11 月 14 日，《世界文化遗产保护管理办法》正式颁布实施。其中第 12 条规定，省级人民政府应当为世界文化遗产建立保护记录档案，并由其文物主管部门报国家文物局备案。国家文物局应当建立全国的世界文化遗产保护记录档案库，并利用高新技术建立世界文化遗产管理动态信息系统和预警系统。第 13 条规定，省级人民政府应当为世界文化遗产确定保护机构。第 15 条规定，在参观游览区内设置服务项目，应当符合世界文

---

① 中国已于 1989 年加入该公约，其主要宗旨就是保护缔约国的文化财产免受偷盗、秘密发掘和非法出口的危险。中国还于 1999 年加入了《关于发生武装冲突时保护文化财产的公约》及其《议定书》；1997 年加入了《国际统一私法协会关于被盗或者非法出口文物的公约》。

化遗产保护规划的管理要求，并与世界文化遗产的历史和文化属性相协调。服务项目由世界文化遗产保护机构负责具体实施。实施服务项目，应当遵循公开、公平、公正和公共利益优先的原则，并维护当地居民的权益。第16条规定，各级文物主管部门和世界文化遗产保护机构应当组织开展文化旅游的调查和研究工作，发掘并展示世界文化遗产的历史和文化价值，保护并利用世界文化遗产工作中积累的知识产权。

2006年9月6日，《风景名胜区条例》经国务院第149次常务会议通过并公布，其中规定，本条例所称风景名胜区，是指具有观赏、文化或者科学价值，自然景观、人文景观比较集中，环境优美，可供人们游览或者进行科学、文化活动的区域。第9条规定，申请设立风景名胜区应当提交包含下列内容的有关材料：（一）风景名胜资源的基本状况；（二）拟设立风景名胜区的范围以及核心景区的范围；（三）拟设立风景名胜区的性质和保护目标；（四）拟设立风景名胜区的游览条件；（五）与拟设立风景名胜区内的土地、森林等自然资源和房屋等财产的所有权人、使用权人协商的内容和结果。第34条规定，风景名胜区内宗教活动场所的管理，依照国家有关宗教活动场所管理的规定执行。风景名胜区内涉及自然资源保护、利用、管理和文物保护以及自然保护区管理的，还应当执行国家有关法律、法规的规定。第38条规定，风景名胜区的门票收入和风景名胜资源有偿使用费，实行收支两条线管理。风景名胜区的门票收入和风景名胜资源有偿使用费应当专门用于风景名胜资源的保护和管理，以及风景名胜区内财产的所有权人、使用权人损失的补偿。具体管理办法，由国务院财政部门、价格主管部门会同国务院建设主管部门等有关部门制定。

2000年2月，文化部和国家民委共同下发了《关于进一步加强少数民族文化工作的意见》，该文件对做好少数民族文化工作做了全面要求，其中包括，加快中西部民族地区文化建设，加强民族地区文化基础设施建设，搞好重点文化工程建设，繁荣少数民族文艺创作，加强民族地区文化队伍建设，加强少数民族传统文化的保护和利用，扶持优秀的少数民族文化，落实和完善文化经济政策，增加民族地区文化建设的投入，加强少数民族文化工作，等等。2005 年 12 月 22 日，国务院下发的《关于加强文化遗产保护工作的通知》决定，其中规定了加强文化遗产保护工作的指导思想、方针、总体目标、非物质文化遗产名录、文化生态区等，这些都已经成为保护少数民族传统文化的有力措施。

2006 年 9 月 13 日，中国发布了《国家“十一五”时期文化发展规划纲要》，其第七部分专门规定了“民族文化保护”，从六个方面规定了民族文化保护的具体措施，使民族文化的保护成为全民的共识和政府的重要工作目标。主要包括：编纂出版文化典籍，发挥重要节庆和习俗的积极作用，重视中华优秀传统文化教育和传统经典、技艺的传承，规范和保护国家、民族语言文字，加强重要文化遗产保护，抢救濒危文化遗产等。具体措施包括：完成全国文化遗产普查，高度重视重要革命历史文物的收集、整理和重点革命历史遗迹的保护，加强世界文化遗产、大遗址、历史文化名城（街区、村镇）和文物保护单位的保护管理，制定并实施不可移动文物保护规划，完善重大建设工程中的文物保护工作，严格项目审批、核准和备案制度，建立非物质文化遗产名录体系，绘制国家非物质文化遗产资源分布图，确立非物质文化遗产传承人谱系，制定传承人资助办法，采取有效措施，保护濒危的民族文化遗产，继续实施文物保护维修重点工程，排除文物保护单位重大险情，建设抢救性文物保护设施，完善文物保护单位和博物馆安全消防设施设备，做好基本建设中的抢救性考古发掘和文物保护，加强对民间文学、民俗文化、民间音乐舞蹈、少数民族史诗等若干非物质文化遗产项目的抢救等。

（四）对违反少数民族传统文化的行为进行惩处

《刑法》第249条规定了煽动民族仇恨、民族歧视罪，第250条规定了出版歧视、侮辱少数民族作品罪，第251条规定了非法剥夺公民宗教信仰自由罪和侵犯少数民族风俗习惯罪。这些都是从国家刑事立法的角度规定的对侵害少数民族文化权利的行为进行惩处，也是从事后惩罚与补救的角度规定对少数民族文化权利的保障。

此外，《出版管理条例》第26条中规定了任何出版物不得含有煽动民族仇恨、民族歧视，破坏民族团结，或者侵害民族风俗、习惯以及危害民族优秀文化传统的内容。第56、第57条中规定了对上述行为及其相关行为的具体惩罚措施。这也是从国家对出版行业的行政管理的角度规定对少数民族文化权利的保障。

二、地方立法

在中国少数民族传统文化的国家法保护紧锣密鼓地进行之时，正如上文提到的《云南省实施〈中华人民共和国文物保护法〉办法》一样，有一些地方立法已经在此领域进行了有益的探索，并取得了良好的效果。这些立法都在开篇就规定了本省民族民间传统文化的保护范围，大同小异，在此不一一列举。此外，这些地方立法还规定了专门的文化权利保障机关、传统文化的传承人和传承单位、传统文化之乡、传统文化保护区等特别措施来加强对少数民族文化权利的保障，在很多方面具有开拓性，也为该领域的国家立法提前进行了探索。

（一）概括性规定

对少数民族文化权利保障的概括性规定主要指中国目前已经制定的134个自治条例中对少数民族文化权利保障的相关规定，具体表述不是很一致，但从内容上看，一般都是有专门的条款对该事项做出了原则性规定。例如，《三都水族自治县自治条例》

的第45条中规定，自治县的自治机关加大资金投入，保护名胜古迹、文物、民族文化遗产和烈士陵园，加强文化生态博物馆、民族民间传统文化之乡和民族文化村寨的保护和建设；发掘民族民间文化资源，培养民族民间文化传承人，支持民族民间文化进校园。该条例利用一个条款专门规定了水族文化权利保障的多方面内容。

此外，中国部分省市所制定的少数民族权益保障条例或散居少数民族权益保障条例也对此做出了概括性的规定。例如，《浙江省少数民族权益保障条例》第18条中规定，各级人民政府及有关部门应当扶持发展少数民族文化、体育事业，保护、发掘、整理少数民族优秀文化遗产，培养少数民族文艺、体育人才。

（二）规定民族民间文化的范围

《云南省民族民间传统文化保护条例》、《福建省民族民间文化保护条例》和《贵州省民族民间文化保护条例》中规定的民族民间文化的范围大致相同，《青海省实施〈文物保护法〉办法》中特别以专章的形式规定了少数民族文物和宗教文物，《内蒙古自治区文物保护条例》也以专章的形式规定了民族文物。这些条例中规定的民族民间文化主要包括：少数民族的语言、文字；具有代表性的民族民间文学、戏剧、曲艺、诗歌、音乐、舞蹈、绘画、工艺美术等；民族民间文化传承人及其所掌握的传统工艺制作技术和技艺；集中反映各民族生产、生活习俗和历史发展的民居、服饰、器具、用具等；具有民族民间文化特色的代表性建筑物、设施、标识以及在节日和庆典活动中使用的特定自然场所；保存比较完整的民族民间文化生态区域；具有学术、史料、艺术价值的手稿、经卷、典籍、文献、契约、谱牒、碑碣、楹联等；具有民族民间代表性的传统节日、庆典活动、民族体育和民间游艺活动以及具有研究价值的民俗活动；民族民间文化的其他表现形式。广西、苏州、湖南省的湘西土家族苗族自治州、长阳土家族自治县等也都制定了各自的民族民间文化保护方面的地方立法。

正是由于我们目前没有能力也没有必要对所有的传统文化进行保护，这些规定科学地界定了文化权利保障的范围，对地方立法的实施以及整个法制运行环节都具有重要指导意义。

（三）规定专门的传统文化保护机关

《云南省民族民间传统文化保护条例》、《福建省民族民间文化保护条例》和《贵州省民族民间文化保护条例》中都规定，县级以上人民政府的文化行政部门主管本行政区域内民族民间传统文化的保护工作。《云南省纳西族东巴文化保护条例》第五条规定，丽江市和有关县（市、区）人民政府文化行政部门是纳西族东巴文化保护工作的主管部门。这些部门的职责大致相同，主要是：宣传、贯彻国家有关保护民族民间传统文化的法律、法规和方针、政策；会同有关部门制定本行政区域内民族民间传统文化保护工作规划，并组织实施；对民族民间传统文化的保护工作进行指导和监督；管理民族民间传统文化保护经费；对违反本条例的行为进行处罚。民族事务、教育、旅游、规划、建设、新闻及其他有关部门应当在各自的职责范围内，协助文化行政部门共同做好民族民间传统文化保护工作。

虽然根据以上关于文化行政部门职责的规定以及其他相关条款的规定，这些地方性法规主要通过行政管理的手段对民族民间传统文化予以保护，而没有将其作为一种与财产权利相关的客体来进行保护，没有明确所有者与使用者的关系。但这些条例毕竟是在该领域的开拓性立法，具体制度设计非常合理也比较完善，照顾到了民族民间传统文化保护的许多因素，具有积极的实践意义。

（四）规定民族民间传统文化传承人和传承单位

《云南省民族民间传统文化保护条例》第十五条规定了云南

省民族民间传统文化传承人的认定条件：本地区、本民族群众公认为通晓民族民间传统文化活动内涵、形式、组织规程的代表人物；熟练掌握民族民间传统文化技艺的艺人；大量掌握和保存民族民间传统文化原始文献和其他实物、资料的公民。

《福建省民族民间文化保护条例》第十一条规定了民族民间文化传承人的条件：在本行政区域或者一定地域范围内被公认为通晓某一民族民间文化形态；熟练掌握某一民族民间文化传统工艺或者制作技艺，在当地有较大影响；保存某一民族民间文化的原始资料、实物，并且有一定研究成果。第十二条规定了民族民间文化传承单位的条件：以保护民族民间文化为宗旨，经常开展以民族民间文化为内容的活动；掌握某一民族民间文化表现形态、传统工艺或者制作技艺；保存某一民族民间文化的原始资料、实物，并且有一定研究成果。

该规定有利于动员一切积极因素，鼓励民间社会团体、非政府组织以及少数民族公民组织起来参与对少数民族传统文化以及民间文化的保护工作。由于“单位”的概念不明确，不是一个规范的法律术语，应使用“组织”一词，称为“民族民间文化传承组织”更科学、更规范。

《福建省民族民间文化保护条例》第十四条和第十五条规定，传承人和传承单位享有以下权利：开展传艺、讲学以及艺术创作、学术研究等活动并取得报酬；可以向他人有偿提供其掌握的知识和技艺以及有关的原始资料、实物、建筑物、场所；经济困难的传承人和传承单位，可以获得县级以上地方人民政府的资助。传承人和传承单位应当履行以下义务：完整地保存所掌握的知识和技艺以及有关的原始资料、实物、建筑物、场所；按照师承形式或者其他方式选择、培养新的传人；依照法律法规规定开展传播、展示等经常性活动。该两条对传承人和传承单位权利义务的规定更是有开创性的，《云南省民族民间传统文化保护条例》中没有规定该方面的内容。虽然该规定还不是特别具体，还没有涉及民族民间文化的所有者这一根本性问题，但规定了传承人和传承单位的权利义务，更具可操作性。

《贵州省民族民间文化保护条例》第十五条规定了民族民间文化传承人的条件：熟练掌握某种民间传统技艺，在当地有较大影响或者被公认为技艺精湛的；在一定区域内被群众公认为通晓本民族或者本区域民族民间文化形式和内涵的；形成了只有本人和徒弟才有的特殊技艺的；大量掌握和保存本民族民间传统文化原始文献、资料和实物，并且有一定研究成果的。第十六条规定了民族民间文化传承单位的条件：掌握某一民族民间文化表现形式的技能或者开展相关研究；以弘扬该民族民间文化表现形式为活动宗旨；坚持经常开展以民族民间文化为内容的活动；保存关于该民族民间文化表现形式的资料或者实物的。比较说来，云南省和贵州省对民族民间文化传承人和传承单位的规定比福建省的规定要宽松，这也是两省本着实事求是的精神，从本省少数民族众多、文化素质相对较低的现实出发做出的规定。

《宁夏回族自治区非物质文化遗产保护条例》规定，符合下列条件之一的公民，可以申请或者被推荐为非物质文化遗产传承人：（1）在一定地域范围内被公认为通晓某一非物质文化形态的；（2）熟练掌握某一非物质文化传统工艺或者制作技艺，在当地有较大影响或者被公认为技艺精湛的；（3）只有本人及其徒弟才有的特殊技艺的；（4）通晓并保存有某一非物质文化遗产的原始文献资料、实物的。

《江苏省非物质文化遗产保护条例》规定，非物质文化遗产代表性传承单位应该具备的条件：（1）有掌握某种非物质文化遗产代表作表现形态或者技艺的传承人，并对该非物质文化遗产展开研究；（2）以传承、发展非物质文化遗产为宗旨，并坚持开展相关活动；（3）保存某项非物质文化遗产的原始资料或者代表性实物。

（五）规定民族民间传统文化之乡

《云南省民族民间传统文化保护条例》第十七条规定了云南省民族民间传统文化之乡的命名、设立条件等方面的相关规定。其中包括：历史悠久，世代相传，技艺精湛，有较高艺术性、观赏性的；有鲜明的民族风格和地方特色，在国内外享有盛誉的；在当地有普遍群众基础或者有较高开发利用价值的。第十九条规定，命名云南省民族民间传统文化之乡、设立云南省民族传统文化保护区，应当尊重当地各民族公民意愿。

该条例在全国范围内首次对民族民间传统文化传承人、民族民间传统文化之乡、民族传统文化保护区做了相应规定，在云南这样一个多民族聚居的大省，使少数民族传统文化保护纳入法制轨道，取得了良好的社会效果，并为其他地区的立法提供了范例，推动了传统文化保障观念的深入人心。立法者在加强对民族民间传统文化保护的同时，注意到了应当尊重当地各民族公民意愿。这是对少数民族作为民族民间传统文化的权利主体意志的尊重，有利于调动当地各民族公民的积极性，加入到保护行动中来。

《贵州省民族民间文化保护条例》第十九条规定了民族民间文化之乡的条件：具有历史悠久、民族或者地方特色鲜明、世代传承的文化艺术，并且在国内外享有盛誉；形成独一的文化艺术种类，并且有广泛的群众基础和较高的旅游、经济开发价值；有代表性的民族建筑和典型的民居建筑群。

（六）规定民族传统文化保护区

《云南省民族民间传统文化保护条例》第十八条规定了设立云南省民族传统文化保护区的条件，主要包括：能够集中反映原生形态少数民族传统文化的；民居建筑民族风格特点突出并有一定规模的；民族生产生活习俗较有特色的。

《福建省民族民间文化保护条例》第十六条规定，民族民间文化形态保存较完整、并具有特殊价值、特色鲜明的民族聚居村落和特定区域，可以命名为福建省文化生态保护区。具有历史悠久、地方特色的民族民间文化表现形态、传统工艺和制作技艺，并有广泛群众基础的区域，可以命名为福建省民间文化艺术之乡。该条规定文化生态保护区的做法，也是值得称颂的，因为立法者有了“文化生态”的概念，已经意识到民族民间传统文化的保护不能离开其原生地，与其生长环境是一个整体。可以说，这是传统文化保障理念方面的一个进步。

《贵州省民族民间文化保护条例》第二十条也规定了民族文化生态保护区的条件：居住相对集中，民族、语言相同；传统生产、生活方式相同或者相近；传统民居建筑风格以及民俗相同或者相近；传统文化艺术以及手工工艺技术一脉相承。

虽然对以设立类似民族文化保护区的方式来保护少数民族的传统文化的做法还存在一些争议，但三个条例都肯定了其积极作用，以地方立法的形式对设立条件做了具体规定。在“十一五”期间，中国将确定10个国家级民族民间文化生态保护区。[①]

（七）其他规定

前面几项内容是地方立法中保护传统文化的主要规定，除此之外，还有一些规定也是非常重要并且具有地方特色的。例如，《贵州省民族民间文化保护条例》第十三条和第十四条规定，国外、境外团体、个人以研究或者营利为目的，到本省进行民族民间文化考察活动的，应当报省人民政府文化行政部门批准。经省人民政府文化行政部门认定的具有重要历史、艺术、科学价值的民族民间文化资料和实物，除经依法批准的以外，一律不得出境。该两条规定了对民族民间文化的出境保护，这也是针对前些

---

① 《国家“十一五”文化发展纲要》。

年贵州传统的民族服饰、器具等大量流失的现状而做出的规定，同时也表明了立法者权利意识的增强。

《贵州省民族民间文化保护条例》第十八条规定了建立民族文化生态博物馆或者民族文化村寨博物馆的条件：自然生态环境整体保存较好；具有民族文化典型特征；民族传统文化保存较好；历史悠久、建筑典型、民风古朴，具有代表性的民族村寨。该条规定是该法的一大特色，因为贵州在国内最早建立了梭嘎生态博物馆并在国内外获得了良好的反响，该规定也是建立在这一成功实践的基础上。

《延边朝鲜族自治州朝鲜族文化工作条例》第四章还以专章的形式规定了群众文化，规定特别的措施保障群众参加文化生活的权利。第五章以专章的形式规定了图书和文物，特别强调对民族文物的保护，这些规定虽然还比较原则，但其在国内比较早地规定了政府在民族文化工作方面的义务，以及采取措施促进群众对文化生活的参与，是比较罕见的。

特别说明的是，《贵州省民族民间文化保护条例》第二十八条规定了民族民间文化保护经费的筹集和用途。主要由政府拨款、社会捐助和接受国内外捐赠等多渠道筹集，主要用于民族民间文化重大项目的保护、研究和开发；征集、搜集、整理、研究、保护和开发民族民间文化珍品、文献、典籍和实物；贫困地区民族民间优秀文化项目的保护和开发；民族文化生态博物馆和民族文化村寨博物馆的建设与管理；其他民族民间文化保护工作。《云南省纳西族东巴文化保护条例》第五条也规定了东巴文化保护经费的来源及主要用途。

三、对我国传统文化法律保护立法的反思

从以上关于传统文化法律保护的中央立法和地方立法中可以看出，传统文化是公共资源，政府负有不可推卸的保护责任，我

国该领域的现有立法主要集中在国家对传统文化的管理上，再扩展一步，最多也就是从公法视角来加强对传统文化的法律保护，而私法视角的传统文化法律保护则几乎没有。正如已故著名知识产权法专家郑成思教授所言："现有知识产权制度对生物技术等高技术成果的专利、商业秘密的保护，促进了发明创造；对计算机软件、文学作品的版权保护，促进了工业与文化领域的智力创作。但它在保护各种智力创作与创造之'流'时，在相当长的时间里忽视了对'源'的知识产权保护。这不能不说是一个缺陷。而传统知识，尤其是民间文学的表达成果，正是这个'源'的重要组成部分。"① 但长期以来我们把这些传统文化作为公共产品随便加以利用，在其背后，我们忽略了作为传统文化主人的当地社区或少数民族的文化利益。对传统文化的产权进行法律保护，就是对各种智力成果的"源"进行保护的一种方式。传统文化就是包括知识产权在内的智力成果的"源"的一种，真的无法计算有多少音乐作品、舞蹈作品、摄影作品、美术作品、影视作品中含有传统文化的"影子"。

权利形态是传统文化法律保护制度构建的核心理论范畴。在权利模式的立法选择方面，主要有如下几种观点：第一，公权保护说，即规定政府或国家在保护非物质文化遗产方面的职责或行为，如普查、建档、研究、保存、传承、弘扬等，以及为实现这些保护行为而提供的财政、政策、技术等措施，而不涉及平等主体就某一财产的归属、利用、转让等产生的权利义务关系。② 目前传统文化的公法保护主要存在着如下一些形式：一是利用现代传媒手段将传统文化以有形的载体形式保存起来；二是在传统文

① 郑成思：《知识产权文丛》（第8卷），方正出版社2002年版，第3页。

② 王鹤云、高绍安：《中国非物质文化遗产保护法律机制研究》，知识产权出版社2008年版，第194页。

化所在的社区建立文化生态保护区或文化生态村寨，通过这些社区的群体，将活态的传统文化传承下来；三是恢复或重建已经消失或即将消失的传统文化；四是鼓励在传统的基础上创造或再创造传统文化的表现形式或内容；五是对传统的技艺和艺术形式进行适当的商业利用和开发来促进保护；六是集中专家学者进行中国民族民间文艺集成志书编纂工作；七是在全国实施了中国民族民间文化保护工程。第二，知识产权保护说，即采用知识产权法律或改造现有的知识产权法律来规范和调整传统文化在其利用和传播中所发生的社会关系，主要解决的是在非物质文化遗产的利用中所产生的问题，旨在保障相关知识产权人精神权利和财产权利的实现。[①] 通过创设私权，鼓励传统文化来源社区与传承人自觉维系传统文化的存续与发展，并依托他们的习惯法与其自身的努力来实现传统文化的可持续发展，实现文化自觉。第三，综合保护说，即由于传统文化的复杂性，对它的保护需要依赖综合性措施，知识产权不能成为保护传统文化的主要手段，应采取融公法和私法于一体，多种保护手段相配合的综合性法律制度。[②] 本人赞同第三种观点，传统文化是一国的文化资源，又是其民族精神的凝结，保护传统文化首先是政府的公共职能之一；同时，传统文化又涉及其主体在平等的民事关系中对传统文化进行开发与利用的私法上的权利义务关系，因而应采取综合保护说。这是因为，如果不将传统文化视为传统社区的民事权利，仅以国家公法模式保护，鉴于公共资源的稀缺性，国家必然要考虑哪些传统文化值得保护、哪些传统文化急需保护及哪些传统文化不需保护，并进行重要性等先后排序、并决定保护措施及投入等问题，非常

① 持这种观点的学者有很多，如吴汉东、蒋志培、严永和、张耕等。

② 张玉敏：《民间文学艺术保护模式的选择》，载吴汉东主编：《知识产权年刊》（2007 年号），北京大学出版社 2008 年版，第 114 页。

类似于我国目前的非物质文化遗产保护模式，既耗费公共资源又无法避免遗漏，当然这并不是说这种保护方式是多余的；尤其是可能又为随体制、官员个人而产生寻租现象增添一个借口，使真正需要保护的弱势群体的权利成为牺牲品。相反，如果明确传统文化首先是相应群体的私权，则只要传统文化产权人主张其自身的权利，其权利就可得到充分的法律保护，这样就能充分调动传统文化产权人保护和发展传统文化的积极性。因而，我们主张综合保护说，即以私法保护措施为主，辅之以公法保护措施，即在传统文化产权人不能保护或不愿保护等特殊情况下，国家再行使相应的公法保护职能。

一般认为，罗马人是公法与私法之区分的始作俑者。关于公法与私法划分的最权威的观点来自当时著名的法学家乌尔比安，乌尔比安说："公法是涉及罗马国家的关系，而私法是涉及个人的利益。"乌尔比安这句话被查士丁尼法典转载，从此这一观点随同罗马法世代传袭下来，直至今日，这种对法律的划分方法在当前仍然具有积极的意义。私法是保护一切私人利益的法律，公法保护的目的在于维护公共利益，其权利主体是国家，主管部门行使的是"权力"，而非"权利"。主管部门的职能只能是代表国家行使权力，保护国家的文化安全、传统文化社区的基本人权、对外代表国家维护国家的文化主权，但不能维护传统文化的产权人的民事上的利益。公法的价值侧重于社会秩序与社会公平的维护，实现的是分配正义，其调整能量是自上而下的，主要关系到社会资源的再分配。私法能够保证人们按客观经济规律办事，实现商品交换中的等价、有偿、自愿，体现权利主体的自主与平等，体现着保卫人们的财产不受侵犯，保卫社会关系参加者的正当权利免受国家权力的专横干涉。私法的规范主要是授权性规范，当事人可以根据自己的意愿和意志进行选择。其价值侧重于自由和效率，实现的是校正正义，它的调整能量是自下而上的，与市场经济的自行调节相适应，主要关系到社会资源的初次分配。[①] 鉴于本书的研究目的所在，主要探讨私法层面的传统文化的法律保护，试图构建一种国际社会努力寻求的专有权利保护模式,[②] 本书将其称之为“传统文化产权制度”。

① 孙国华、杨思斌：《公私法的划分与法的内在结构》，载《法制与社会发展》2004 年第 4 期。

② 参见 WIPO 与 UNESCO 于 1982 年共同制定的《保护民间文学艺术表现形式、防止不正当利用及其他侵害行为国内法示范法条》。

第二章　传统文化产权制度概述

根据我国的立法体制和《立法法》第八条第（七）项的规定，私法视角的传统文化法律保护只有在国家法律层面上才能确立。目前在传统文化的私法保护只有《宪法》、《民族区域自治法》、《著作权法》等法律中所确立的相关原则。1997 年通过的《传统工艺美术条例》仍属一部行政法规，无法对传统工艺美术的私法保护提供法律依据。云南、贵州、福建、广西等地的关于传统文化保护的地方性法规，由于立法权限的限制也无法对关于传统文化的民事权利做出相关的规定。这给人们的思想带来了许多困惑，同时也直接影响着司法系统的执法与审判，尤其是传统文化已经越来越成为经济发展的强大动力以及文化主权成为国家主权的重要内容、传统文化成为参与国际竞争的重要资本的当今社会，理论界与实务界都期盼着国家立法尽快予以确认。

在文化财产保护的历史进程中，存在着两种思路，即文化国际主义与文化民族主义。考虑文化财产——包括艺术的、考古的、人类的或历史利益的东西——的方式之一是文化国际主义，该思路把文化财产作为人类文化的共同部分，而不考虑它们的发源地在哪里，它们出现在什么地方，财产权利的独立性和国家的司法权。考虑文化财产的另一种方式是文化民族主义，该思路把文化财产作为一个民族文化遗产的一部分。这样就给民族一种特别利益，暗示出独立于其所在地及所有权的文化产品是本民族特征的一部分，国家通过法律控制其出口，要求已在国外的予以返还。[①] 随着人类对文化遗产保护实践的深入，国际社会逐渐认识到后一种思路是符合事实并得到绝大部分国家和组织认可的。

在本章，我们还要阐明的是为什么要使用传统文化产权这样一个名称。首先我们所要探讨的传统文化有别于现代文化（主流文化），这是因为对于主流文化的法律保护，我们有以知识产权制度为核心的一系列法律制度来进行保护，经过几百年的发展已经比较完备。其次，传统文化中的物质文化遗产和非物质文化遗产在很多情况下是同时呈现在人们面前（这在后面的第五章中有详细论述），只不过它们存在的方式不同而已，事实上，我们很难将它们截然分开，所以我们也不赞同使用类似文化遗产或非物质文化遗产之类的表述，而使用传统文化这个范围更广的词汇。再次，本书所要讨论的是民事层面的传统文化法律保护，也就是传统文化产权，可能也会涉及公法领域的传统文化保护，但它不是我们讨论的重点。

此外，如前所述，我们所讨论的传统文化产权中主要涉及的是传统文化中的“非物质文化遗产”部分，同时包括与非物质文化遗产紧密相关的物质文化遗产。从非物质文化遗产概念发展历程看，“物”即“非物”悖论的出现是人们在对非物质文化遗产内涵与范畴不断扩大后出现的，既然联合国教科文组织承认物质文化遗产与非物质文化遗产分属不同的领域，但也注意到“物”在非物质文化遗产各环节中的重要地位和作用，不论是遗产本身的展演、传播，还是传承、延续、保护等工作的进行，都需要以一定的“物”或为工具或为依托，与一定的“物”（包括

① John Henry Merryman: Thinking about the Elgin Marbles: Critical Essays on Cultural Property Art and Law, Kluwer Law International Ltd 2000, p 66 - 67, 转引自黄玉烨：《民间文学艺术的法律保护》，知识产权出版社 2008 年版，第 79 页。

资源、环境、场所等）联系在一起。① 因而，麻永斌先生也提出，对有形文化遗产与无形文化遗产要一同保护。著名学者祁庆富提出了“传承物”的概念，并指出“民族文物”以及目前仍然存留的“生产生活传承物”中保留大量非物质文化遗产的物质载体，它们的意义发生重大转换，已进入保护之列，生成了博物馆“收藏、展示、研究”价值。非物质文化遗产中的文物和传承物，伴随传承的是“活态保护”。②

第一节 传统文化产权的界定

一、学者对传统文化产权的不同观点

对于传统文化产权，学者们从各自不同的研究视角和专业背景出发，有不同的称谓，反映了大家对传统文化产权的不同认识，主要观点有如下几种：

王鹤云将其称为“文化特性权”，即在特定民族或特定地区的人群中形成或流传，创作主体不明确，但有充分理由推定为该群体中的个体或群体智力创造的非物质文化遗产表现形式的智力成果权属于该群体所有，从另一种意义上说，也属于国家，而且非物质文化遗产的保护期也是无限期的。③

刘江彬、陈俊铭借鉴国际文件的做法，将原住民文化权益称

① 王巨山：《“物”与“非物”之辩——谈非物质文化遗产保护中“物”的角色》，载《非物质文化遗产研究集刊》（第二辑），学苑出版社 2009 年版，第 140 页。

② 祁庆富：《多元文化视野中的中国少数民族非物质文化遗产保护》，载王文章：《中国非物质文化遗产保护论坛论文集》，文化艺术出版社 2006 年版，第 308 页。

③ 王鹤云：《非物质文化遗产的特点及其知识产权的界定》，载吴汉东主编：《知识产权年刊》（2007 年号），北京大学出版社 2008 年版，第 8 页。

为“传统资源权”，简单地讲，就是对传统资源权做扩大解释，将文化资源作为一种资源也列入传统资源权的保护范围之中，承认原住民族的文化与生物多样性之间存在着密不可分的关联，并且与原住民人权和小区的利益结合，同时兼顾了发展权与环境保护。传统资源权大致上包括动物、植物以及其他具有神圣的、仪式性的、传承的或美学特性的物质。①

曹新明提出了无形文化标志权的设想，即由无形文化标志依法产生的一种专有权利，而且不受期限的限制。无形文化标志是指某一种无形文化样态来自于某一个特定国家、民族、群体、团体或者区域，而且与这个特定的国家、民族、群体、团体或者地区的民风习俗、文化实践、生活方式、行为惯例、仪式庆典和文化空间直接相关联，被这个特定国家、民族、群体、团体或者地区认定为非物质文化遗产。②

张钧认为，文化权首先是文化自决权。所谓文化自决权，是指一个少数民族按照族内大多数人的愿望并不受其他民族意志的左右，选择保持、改变或革除其风俗习惯、宗教信仰等文化因子的权益。文化的保持和改变也许是在不同文化接触、碰撞和变迁（文化涵化）过程中表现出来的一个自然而然的事实，然而，该少数民族应当有权对这种事实加以接受、改变或抗拒，任何人或民族都没有法律上可成立的强制同化改变另一个民族文化的权益。文化权的内容还应包括使用、让予等积极权能和制止被盗用、滥用等抵抗侵害的消极权能。除了自决权外，一个少数民族应当有权使用自己的文化，这不仅包括自己民族的使用，还应包

① 刘江彬、陈俊铭：《原住民族无形文化遗产之法律保护与管理》，载吴汉东主编：《知识产权年刊》（2007 年号），北京大学出版社 2008 年版，第 38 页。

② 曹新明：《非物质文化遗产保护与知识产权的对接点——兼论无形文化标志权》，载吴汉东主编：《知识产权年刊》（2007 年号），北京大学出版社 2008 年版，第 49 页。

括以让予使用权（借用）、许可使用等方式实现自己的文化权。从这个意义而言，文化权在性质上类同于所有权、著作权等具有财产性质的权益，也就是说，文化权具有物质内容。未经该少数民族中大部分群众的同意或认同，借用其文化因子用于营利而不支付相应对价，或者在使用中歪曲、贬低该少数民族的文化，应被界定为盗用、滥用文化权的行为，该少数民族应有权加以制止，必要时可以寻求行政或司法救济。①

传统资源权是一个综合的权利概念，它由人权原则所指导，认可文化和生物多样性之间无法分割的联系，包括诸多权利要求，如基本人权，自决权，集体权，土地和领土权，宗教自由发展权，隐私和事先明确同意权，环境完整权，知识产权，邻接权，订立法律协议权，保护文化财产、民间文学艺术和文化遗产权，承认文化景观，承认习惯法和实践，以及农业资源权等。②而传统资源财产权是传统资源权的一项重要权利，体现为保有和传承主体对信息传递成果的使用和收益。前者包括保有和传承权、事先知情同意权、知识创新权、非原生境利用权；后者则来自于在知识创新中作为创新成本的投入和在非原生境利用中作为商品和服务的生产资本的投入。

这些观点都具有一定的道理，但有的观点没有在概念中体现传统文化产权的本质特征，特别是所有的传统文化都具有的不同于现代文化的“传统性”的特征，有的观点没有在概念中突出传统文化的“文化性”的特征，而只关注了传统文化的某一个

---

① 张钧：《文化法律保护研究——少数民族地区旅游开发中的文化保护》，载《思想战线》2005 年第 4 期。

② Graham Dutfidld. Protecting Traditional Knowledge and Folklore：A review of progress in diplomacy and policy formulation / 2. 5 Intellectual property in traditional societies [R]. UNCTAD/ICTSD, October 2002：14 - 15，转引自李发耀：《多维视野下的传统知识保护机制实证研究》，知识产权出版社 2008 年版，第 VIII 页。

侧面，不利于将其上升为具体的法律制度来进行一体保护。

二、传统文化产权的理论基础

（一）洛克的劳动财产理论

文化产权主要是指各少数民族有权分享对其文化进行开发所获得的利益，也可称为收益权或获得报酬的权利。这一权利的理论基础主要是洛克提出的劳动财产理论。他在《政府论》下篇第五章中写到，“上帝既将世界给予人类共有，亦给予他们以理性，让他们为了生活和便利的最大好处而加以利用。土地上所有自然生产的果实和它所养活的兽类，既是自然自发地生产的，就都归人类所共有。但是，这些既是给人类使用的，那就必然要通过某种拨归私用的方式，然后才能对于某一个人有用处或者有好处。”对此，洛克提出了其理论的核心观点，土地和一切低等动物为一切人所共有，但是每人对他自己的人身享有一种所有权，除他以外任何人都没有这种权利。他的身体所从事的劳动和他的双手所进行的工作，我们可以说，是正当地属于他的。所以只要他使任何东西脱离自然所提供的和那个东西所处的状态，他就已经掺进他的劳动，在这上面参加他自己所有的某些东西，因而使它成为他的财产。[①] 这就是洛克的劳动财产论。简言之，既然劳动是劳动者的所有物，那么对于劳动所带来的增值，就应该归属于劳动者。有学者对洛克的观点进行了解读后认为，狭义的财产指的是个人所拥有的物质财产，一般用“possessions”、“estates”、“fortunes”和“goods”来表述；而广义的财产，则用“property”来表示，包括二种含义：一是被拥有或可能被拥有的事物，如财富、财物、土地等；二是所有权的含义，唯一拥有、

① ［英］洛克：《政府论》（下篇），叶启芳、瞿菊农译，商务印书馆2004年版，第18－19页。

享用和使用某物的权利；三是归某人合法所有之物：受法律保护而私人享有的有形资产权（如土地、货物、金钱）和无形财产权（如著作权、专利权）。[①] 广义的财产不仅包括人的身心、生命和自由，甚至包括了人的劳动及行为规范。它是个人拥有的总和，包括身心和物质两方面的内容，以及有形和无形的两种形态。[②]

洛克所处的时代还没有关于无形财产的权利，人们都用其理论来论证有形财产的正当性。后来，人们把它运用到知识产权领域，讨论知识产权的合理性，形成了知识产权的自然权利学说，认为人类在创作了相关产品、发明了相关技术和采纳了相关的商业标记以后，就自然地享有权利。[③] 笔者认为，该理论同样可以应用于传统文化产权的保护领域，来论证传统文化产权存在的合理性，也有可能形成关于传统文化产权的自然权利学说，即传统社区在创作了相关的传统文化以后，就自然地享有了权利。

（二）马克思的劳动价值论

马克思在其《资本论》中进一步发展了洛克的理论，提出了著名的劳动价值论。在《资本论》中，马克思以商品作为其理论分析的逻辑起点。在《资本论》第一卷第一章，马克思集中分析了商品的使用价值和价值的二重性与劳动的具体劳动和抽象劳动的二重性，认为劳动的二重性决定了商品的二重性，劳动是创造价值的唯一源泉，从而创立了劳动价值论。[④] 马克思还用

---

① 戴维·M. 沃克主编：《牛津法律大辞典》，北京社会与科技发展研究所组织编译，光明日报出版社 1989 年版，第 880 页。

② 梅雪芹：《关于约翰·洛克“财产”概念的一点看法》，载《世界历史》1994 年第 6 期。

③ 李明德：《美国知识产权法》，法律出版社 2003 年版，第 8 页。

④ 马克思：《资本论》（第一卷），中共中央马克思、恩格斯、列宁、斯大林著作编译局译，人民出版社 2004 年版，第 47 – 61 页。

“活劳动”指商品生产劳动过程中人的体力和脑力的支出；用“物化劳动”指凝结在生产资料中的、体现为过去劳动创造的产品中的人的劳动。马克思所说的活劳动即人的劳动本身，人的体力和脑力的耗费创造了商品的价值，是商品价值的唯一源泉。少数民族传统文化是少数民族成员依靠特定的自然地理环境，在长期的共同生产生活实践中，通过他们集体的创造性劳动逐渐形成的。在少数民族的传统文化中凝结了世代少数民族成员的“活劳动”，从而使其文化具有价值。

新制度经济学的理论认为，制度至关重要，它是决定一个社会经济绩效的最重要的因素，如果一项制度安排能激励人们将资源和努力更有效地配置于生产性活动，就能促进经济增长，激励人们最优地使用他们的财产。产权是最重要的制度之一，产权是个人或组织的一组受保护的权利，它们使所有者能通过收购、使用、抵押和转让资产的方式持有或处置某些资产，并占有在这些资产的运用中所产生的效益。① 不言而喻，少数民族对他们的传统文化拥有“文化产权”。现实的状况是，少数民族的文化产权制度尚未确立，少数民族对传统文化的展示、传承和发展就因而得不到产权制度的保障，文化经营商和旅游公司可以随意利用民族文化资源而没有受到应有的制约。

（三）文化资本理论

文化资本理论如今正在成为西方经济学界热烈讨论的一个主题，布尔迪厄在其著名的论文《资本的形式》中第一次完整地提出了文化资本理论。当代文化资本的研究基本上遵循了布尔迪厄对三种文化资本形式的区分，沿着文化资本与人力资本、文化产品和文化制度的关系三个方向深入进行。

---

①［德］柯武刚、史漫飞：《制度经济学——社会秩序与公共政策》，韩朝华译，商务印书馆2000年版，第212页。

文化资本理论由布尔迪厄首先提出。布尔迪厄认为，社会领域是一个积累的世界，为了理解社会领域的积累性，必须引进资本的概念。布尔迪厄认为资本已经深化为三种形式，第一种是经济资本，这种资本可以立即直接转换成金钱，这一转换过程是以私人产权的形式制度化的；第二种是文化资本，在某些条件下，这种资本也能够转换成经济资本；第三种是社会资本，它由社会义务（“联系”）所构成，在一定条件下也可以转换成经济资本，而这一转换过程是以某种高贵身份的形式被制度化的。由此可见，“经济资本”是所有其他资本类型的根源。布尔迪厄主张，一方面必须防止把其他资本形态统统简化为经济资本，进而忽视其他资本形态所产生的特殊功效；另一方面又必须注意到一个严酷的事实，这就是所有的资本形态最终都可以在经济学中被简化。“……正是通过这种简化，经济理论将交换的其他形式隐喻性地界定为非经济的交换，因而也就是超功利性（disinterested）的交换。这种经济理论之所以要改变某些资本的性质，并把它们定义为超功利性的，是因为通过改变性质，绝大多数的物质类型的资本（从严格意义上说是经济的资本类型），都可以表现出文化资本或社会资本的非物质形式；同样，非物质形式的资本（如文化资本）也可以表现出物质的形式。”① 在布尔迪厄看来，文化资本的这种超功利性和非物质形式，是在交换过程中表现出来的，是经济资本通过交换改变了本身的性质产生的。因此，布尔迪厄有时候也用“象征资本”或“信息资本”来形容它。由于文化资本的传递和获取的社会条件比经济资本具有更多的伪装，因此文化资本预先就作为象征资本而起作用，即人们并不承认文化资本是一种资本，而只承认它是一种合法的能力，只认为它是

① 皮埃尔·布尔迪厄，《文化资本与社会炼金术》，包亚明译，上海人民出版社1997年版，第193页。

一种能得到社会承认（也许是误认）的权威。[①] 从经济资本到文化资本，改变的只是资本存在的形式，并没有改变资本的本性与基本存在形态。

布尔迪厄区分了文化资本的三种存在形态：一是以精神或肉体的持久的“性情”形式存在的具体形态；二是以文化产品方式存在的客观形态；三是通过外化的可观察得到的各种规范、资质体现的制度形态。实际上，布尔迪厄所说的三种文化资本形态大体上可以对应于人们通常所理解的人力资本、文化产业和文化制度。这在作为文化资本形式存在的传统文化上都有明确的体现，千百年来，传统文化一直与传统社区紧密地结合在一起，无论是传统文化开发前还是开发后，它们都是以精神或肉体的持久的“性情”形式存在的具体形态，如傣族传统社区的傣族泼水节；在传统文化被开发成文化产品后，它是一种以文化产品方式存在的客观 ，如各旅游景点里面举行的傣族泼水节；傣族泼水节在民族旅游中被制度化以后，就形成了各种关于傣族泼水节以规范和资质为主要特征的制度形态，如西双版纳傣族园中关于泼水的各种规范、对参与泼水的员工和游客的管理措施、对使用的水源的管理等。

布尔迪厄的文化资本理论强调了文化产品是客观化的经济资本和文化资本的统一。在文化生产的过程中，文化资本借助经济资本得以转换成文化商品，而在进入流通环节之后，文化资本又通过接受者的文化消费再次转换成经济资本的收益。文化资本就是文化商品的一种资本形式。交换是文化资本得以转换生成的条件。文化资本是在进入流通环节、在可交换的基础上才能够成为一种资本。在没有进入交换之前，文化资本往往只以资源的形式

---

① 皮埃尔·布尔迪厄：《文化资本与社会炼金术》，包亚明译，上海人民出版社1997年版，第192页。

存在着。正是交换过程把文化资源资本化，成为可以在文化产品中积淀和传递的象征资本（或信息资本），并最终在交换之后获取资本的收益。就此意义而言，文化资本的象征性功效的最有力的原则，无疑存在于它的传递逻辑之中。这也完全符合马克思主义的资本流通理论，也体现了文化资本与其他资本的本质上的共通性。

在企业层面，文化资本指由企业文化，即企业价值观、信念、行为规范和模式以及文化的物质载体所构成的资本。企业文化资本根植于企业体内，融于企业的理念和管理模式之中。文化资本分为三个层次：表层是指员工的精神面貌、着装、公司的形象等外在的、能够使得全体员工产生自豪感和积极向上精神的器物资本；中层是指公司完善的制度、高效的管理机制等支撑企业有效运行的制度资本；核心层是指企业以及全体员工的核心价值观、历史使命感等深层次的核心驱动力所形成的资本。[①] 对于从事传统文化开发的企业来讲，由于企业的很多员工都与作为企业产品的传统文化有着很深的了解和接触，传统文化就更容易成为其企业文化的核心内容。

三、本书对传统文化产权的界定

当今社会，主流文化、精英文化、大众文化、民间文化四种文化形态在文化现实中互相交流与对话，呈现出多元互渗的特点。在这四种基本文化形态中，主流文化又称主导文化，是特定时代体现社会各阶层的群体整合、伦理和睦、秩序安定的文化形态，其主要特征是教化性；精英文化又称高雅文化，是指代表社会的知识群体、文化人的个性探索旨趣、社会批判愿望以及探索要求的文化文本，其主要特征是形式创新、社会批判和社会关怀

---

① 该解释来源于MBA智库百科网。

以及个性化追求；大众文化主要是指工业化、都市化以来，运用现代大众传播媒介所创造的，主要满足都市公众日常娱乐需求的文化形态，其主要特征是工业化、都市化、大众传播媒介化和日常娱乐化；民间文化的主要内容是以民族文化或民间文学艺术为主要内容的传统文化。[①] 本书所探讨的传统文化基本相当于前述的第四种，即民间文化。

到目前为止，理论界对于产权还没形成一致的看法，没一个权威的、被普遍接受的定义。以下几种观点具有一定的代表性。德姆塞茨认为："产权是一种社会工具，其重要性就在于事实上他们能帮助一个形成他与其他人进行交易时的合理预期。"诺斯指出："产权本质上是一种排他性的权利。"而阿尔钦则认为："产权是一个社会所强制实施的选择一种经济品的使用的权利。"上述定义都是从一个方面指出产权的含义。较为全面的定义是菲吕博腾及配杰威齐在《产权与经济理论：近期文献的一个综述》中给出的："产权不是关于人与物之间的关系，而是指由于物的存在和使用而引起的人们之间的一些被认可的行为性关系……社会中盛行的产权制度可以描述为界定每个在稀缺性资源利用方面的地位的一组经济和社会关系。"这一定义概括了从不同角度给产权下的定义，并与罗马法、习惯法以及现代法律对产权的定义基本一致。产权实质上是一套激励与约束机制，影响和激励行为是产权的一个基本功能，即引导人们实现将外部性尽可能地内在化。产权安排直接影响资源配置效率，一个社会的经济绩效如何，最终取决于产权安排对个人行为所提供的激励。私有制意味着共同体承认所有者有权排除其他人行使所有者的私有权。在私

---

① 彭文祥：《民族性文艺的审美文化分析——民族性电视文艺节目为例》，载金星华：《民族文化理论与实践——首届全国民族文化论坛论文集》（下册），民族出版社 2005 年版，第 687 页。

有产权下，私产所有者做出一项行动决策时，他就会考虑未来的收益和成本倾向，并选择他认为能使他的私有权利的现期价值最大化的方式，来做出使用资源的安排；而且他们为获取收益所产生的成本也只能由他个人来承担，因此，在共有产权下的许多外部性就在私有产权下被内在化了，从而产生了更有效的利益资源的激励机制。[①] 当前被认为处于“公有领域”的传统文化具有正外部性，能够被人们所利用，造福于人类，并创造经济效益与社会效益。如果我们能够明确它的产权，就可以使传统文化本身的正外部性达到最大化。

我们这里所讨论的传统文化产权与一般意义上的知识产权同属无形财产权的范畴，在人类的生产活动中，作为商品的劳动产品可以分为两类：一类是人类在物质生产过程中创造出来的物质产品，不仅有外在的形体，而且具有价值与使用价值；另一类是人们在精神生产过程创造出来的知识产品，它没有外在的形体，但具有内在的价值与使用价值，这类产品具有非物质性。非物质性的特征表明了它与物质产品具有不同的存在、利用与处分形态：第一，不发生有形控制的占用；第二，不发生有形损耗的使用；第三，不发生消灭知识产品的事实处分与有形交付的法律处分。[②]

物质文化遗产是具体的文化物质，即人化自然物或人工制造物，文化与物质是其中两个水乳交融的元素，离开文化的物质和离开物质的文化都不能称为物质文化遗产。所以，物质文化遗产与其他文化不同，就在于它的物质性；与其他物质不同，就在于

---

① R. 科斯、A. 阿尔钦、D. 诺斯等：《财产权利与制度变迁——产权学派与新制度学派译文集》，上海三联书店、上海人民出版社 1994 年版，第 7 - 8 页。

② 吴汉东、胡开忠：《无形财产权制度研究》（修订版），法律出版社 2005 年版，第 44 页。

它的文化性。文化性决定了物质文化遗产的价值性，物质性则决定了物质文化遗产的有形性。

非物质文化遗产是抽象的文化思维，它存在于人们的观念并且随着人们观念的变化而变化，如知识、技能、表演技艺、信仰、习俗、仪式等，所以从本质意义上讲，非物质文化遗产是无形的，一方面它不像物质文化遗产那样是有形可感的物质，另一方面它不像物质文化遗产那样具有稳定性。所以，非物质文化遗产在传承上就具有与物质文化遗产不同的特点，不是通过物本身而是通过人的活动来进行。

我们还应看到，非物质文化遗产本质的无形性并不排斥其在存在和传承时的有形性。比如，剪纸艺术是非物质文化遗产，是无形的，但它的表现和传承却是通过工艺品和艺人等具体物、人或人的活动进行的，而这些物、人和人的活动却又是具体、有形的。再如，春节习俗是一种非物质文化遗产，它在一代又一代中国人观念中存在，是无形的，但它又是通过特定时间特定人的活动来展示和传承的，因而又是有形的。

非物质文化遗产的一部分不属于传统民族民间文化遗产，其中有一部分是通过官方创造和保留下来的文化遗产。例如，2009年9月29日被列入联合国非物质文化遗产代表作名录的南京云锦，在官方主导下，动用了民间的智慧、技艺创造出来，但并不允许在民间使用和流传，只是在宫廷或上层这些特定的范围内运用，并在官方指定的团体内传承。此外，属于传统民族民间文化遗产的并不都是非物质文化遗产，如民间艺术品、乐器、建筑艺术形式等。

第二节 传统文化产权的性质

对法律人而言，文化资产是一种身份权，而身份权在法律上具有财产权的分配资格；然而文化资产不像其他领域的知识产权是可以采用特定保护时间达到鼓励创作发明的目的，文化资产的时间性是长期的，且文化资产是具地域性与族群性的，故就法律观点而言，主体是不确定性且具“群体性”。在这种认同下，文化资产的保护时间应为无限期，且是一种精神权利，不太相同于一般系统知识产权的物质性，可以存以利益观点处置。文化资产的文化归属权在法人格地位的确认是较复杂的。[①]

一、无形财产权属性

知识产权的称谓来源于18世纪的德国，将一切来自知识活动的权利概括为知识产权的主要是著名比利时法学家皮卡弟，这一学说被广泛传播，得到许多国家和国际组织的承认。对我国来说，知识产权是个外来语，是对英文INTELLECTUAL PROPERTY的一种翻译。当今世界发达国家，无一不是在人类智力创造和知识财产聚集历史地、社会地发展阶段不断充盈、扩展知识产权保护的范围，从而使人类创造的知识财产和相关精神财富或权益得以保护。知识产权此种属性经一二百年的发展，通过一系列国际公约、条约的签订已经成为共识。但是国际公约并不能取代各国的国内立法，更不能代替各国知识产权的执法和理论研究。在国际知识产权领域达成共识的基础上，各国根据不同具体情况立法

① 王美心：《文化资产之知识产权保护与文物交易》，载《文化资产保存学刊》第6期，第65－66页。

与执法，以及不断发展的理论研究的重任责无旁贷地落在各国政府和知识产权法律界的肩上。

吴汉东、胡开忠两位教授在其《无形财产权制度研究》一书中主张我国的财产权体系包括以下三个部分，即以所有权为核心的有形财产权制度，以知识产权为主体的无形财产权制度，以债权、继承权等为内容的其他财产权制度。同时列举了一些重要的无形财产权，其中包括著作权、专利权、集成电路布图设计权、商业秘密权、植物新品种权、商标权、货源标记或原产地名称权、商号权、域名权、形象权、商誉权、信用权以及特许经营权。对于作者对我国的财产权体系的划分，笔者是非常赞同的。但笔者同时认为，这些财产权体系的每一个分支都应该是开放的，随着社会实践的发展，随时容纳一些新的财产权类型。比如，中国政法大学的刘银良老师早就指出，传统标记（包括符号和名称）是介于有形财产权和无形财产权之间的一种财产权。①

传统文化产权也同样如此。它里面包含了一定的有形财产，但更主要的是无形财产，在大多数情况下，这些有形财产是无形财产的物化表现形式，因而其完全可以成为无形财产权家族的新成员。更何况从17世纪到今天的400年间，整个知识产权法律体系一直在演化，其中针对任何客体所设定的权利都不是自古就有的，而是随着社会生活的发展与实践的需要而逐渐纳入到知识产权法体系中来的。就知识产权的本体意义而言，其之所以能够成为一种财产，本质在于它是凝结了人类一般劳动的智力活动成果。如同自然界的力量创造了世间万物一样，人类的创造性劳动也成就了知识产权的财产性质：创造性的抽象劳动生产了知识产权的价值；创造性的具体劳动生产了知识产权的使用价值。无论

---

① 刘银良：《传统知识保护的法律问题研究》，载郑成思：《知识产权文丛》（第13卷），中国方正出版社2006年版，第236页。

是约翰·洛克，还是卡尔·马克思都承认劳动对于财产权的决定性意义。任何脱离生产劳动价值去谈知识产权的观点，都无异于把知识产权当成了没有灵魂的躯壳，其生命力将无法得到诠释。

非物质文化遗产同样应当具有利益属性。我们在设计非物质文化遗产制度时，旨在强调非物质文化遗产享有者应当享有一定的权利。而权利的实有内核就是利益，是权利制度设计需要锁定的目标，是人们主张和行使权利的根本动机。在非物质文化遗产利益中，包含着财产利益和人格利益。财产利益主要以有体物为其载体而体现，但是，近现代社会的法律制度设计中已经不再拒绝对尚未被物质载体固定的利益加以保护，如人们的表演、技能实践所体现的财产利益。人格利益不是直接通过物质载体加以体现，而是人们通过从道德、伦理和哲学等角度对人的人格认识所产生的一种观念利益。无论是财产利益或是人格利益，均表现为"应然状态"和"实然状态"。权利的"应然状态"是人们期望的一种权利存在的理想化状态，是一种颇具柏拉图式的理想色彩的状态。"实然状态"则是权利因各种客观因素的制约而表现出的客观实在。权利的"实然状态"与"应然状态"之间存在明显的差异，因为，客观社会现实需要的是权利的"理性"而不是权利的"理想"。因此，我们有必要通过立法而将非物质文化遗产所彰显的权利成为被法律所确认的"法定权利"。①

二、无时限性

传统文化的多元性、变化性，说明它是一种"活态"文化。这种"活态"性，在非物质文化遗产的口头传说和表述及其语言、表演艺术、社会风俗、礼仪、节庆以及传统工艺技能等遗产

① 费安玲：《非物质文化遗产法律保护的基本思考》，载《江西社会科学》2006 年第 5 期。

中，表现得尤为突出，它们的文化内涵是通过人的活动表现并传达给受众的。这一点与一般的物质文化遗产有明显不同。物质文化遗产文化内涵是通过人的研究、挖掘、探索等取得认知、提示出来，然后以不同形式传递给受众。这种认知和提示，往往受到时代的局限，受到当时的认识能力和学术水平及科技发展所提供认知技术手段等的局限。传统文化的文化内涵基本上是通过人的活动展现出来，直接传达给受众。传统文化是由某一社群的整体或部分人创作，并随着历史的演进而不断地创新和发展，这也是传统文化的生命力之所在，而这种永远处于变动之中的传统文化的创作可能永远都没有完成，因而对传统文化产权的保护不应设有期限，应无限期地加以保护。

例如，作为一种艺术表演形式的《格萨尔王传》说唱，其表演方式为：采用"一曲多变"式的专用曲调演唱，唱中穿插说白，有时还配以图画讲解。用藏语表演，常采用牛角琴伴奏。由于史诗内容十分丰富，结构体制非常庞大，故一般的艺人通常只是截取某一部分或片段表演。《格萨尔王传》说唱的艺术传授充满了神秘色彩，除向前辈艺人学得即藏语称此类艺人为"退仲"的情形外；一类艺人的表演故事多为自己心中想出来的，藏语称作"酿夏"；最令人惊奇的是一种藏语称作"包仲"的艺人，他们的艺术技能的获得方式，为梦传神授，亦即艺人在从艺之前根本未学过艺，突然有一天在睡梦中梦见有神人传授，并且一做梦就昏迷多日，神志迷乱，苏醒后即能滔滔不绝地说唱表演《格萨尔王传》的史诗故事。说唱艺人的这种表演有很大的即席创作的成分，每次表演均不完全相同，从这个意义上讲，《格萨尔王传》的创作没有完成，可能也永远无法完成，应对其进行无限期的保护。

三、文化属性

“越是民族的，越是世界的”，这表明了文化属性已经渗透当今世界的每一个角落。传统文化是作为艺术或文化的表达形式而存在的，体现了特定民族、国家或地域内的人民的独特的创造力，或表现为物质的成果，或表现为具体的行为方式、礼仪、习俗，这些都具有各自的独特性、唯一性和不可再生性。而且，它们间接体现出来的思想、情感、意识、价值观也都有独特性，是难以模仿和再生的。文化遗产是人类前代遗留下来且被后代享用或传承财富，包括物质的和非物质的。非物质文化遗产的传承性，就是指其具有被人类集体、群体或个体一代接一代享用、继承或发展的性质，这是由遗产的本质所决定的。物质文化遗产的传承是人对“物质文化”的传递，物既是载体又是对象，因而传承方式是有形的、具体的；非物质文化遗产的传承是人对“精神文化”的传递，载体与对象是分离的，传承过程是通过人与人的精神交流，即口述、身体示范、观念或心理积淀等形式进行的，因而是抽象的、无形的。文化属性就是指一个人、一个社会团体、一个民族、一个国家的生产生活习惯的定性，也就是基本的文化素质的表现。这是一种思想程序，不以人的意志为转移。传统文化中的很大一部分都是口头相传，不论它是某一地区中某个人还是某些人首先创作出来的，只要能够传出去、流传下来，在传播过程中就一定会经过无数传讲者的增减、修饰，然后才逐渐成为趋于为众人、为传统族群所接受的样态，它代表的不是某个人的思想，而是传统群体中的集体认知或情感，体现了该群体的文化属性。

知识产权制度从来就不是、现在也不是保护智力产品及相关成果的唯一工具，之所以反对利用现行的知识产权体系或者建立新的知识产权制度来保护传统文化，是因为西方知识产权的概念与传统社区和土著居民的实践及文化不相容，将民间社区或少数民族引入市场经济的框架最终会导致传统文化的流失。正是由于传统文化的这种文化属性，所以我们必须建立新的法律制度来保护传统文化，而不是对原有知识产权制度的简单修补。

任何文化都有多元性，但非物质文化的多元性有自己的特殊性。它不仅表现在不同地区、种族、信仰的群体、个体的非物质文化遗产不同，而且表现同一地区、种族、信仰的群体、个体在不同时期的非物质文化遗产也具有不同的形态。整个人类非物质文化遗产的形态是多元的。同时，在整个传统文化中，少数民族的文化资源占中国传统文化资源的90%以上，[①] 因而，我们对传统文化的保护尤其是传统文化产权制度的设定，就是对少数民族的保护。传统文化产权的文化属性是显而易见的，该权利本身即依托于传统文化，是传统文化法制化的体现，也是传统文化的法律属性彰显的最重要的方式之一。

第三节　传统文化产权与相关概念的区别

传统文化产权作为一个全新的解决传统文化方面“公有领域”产权问题的法律概念，它与已有的关于文化方面的法律概念的关系值得我们关注，这也是明确该概念内涵的一个有效途径，本书主要从以下几个方面来进行区分。

一、传统文化产权与文化主权

有学者认为，文化主权是指“国家在保护和弘扬本民族文化

① 中央民族大学西部发展研究中心：《中国少数民族地区水电建设移民安置补偿补助体系研究报告》，未刊稿，2008年11月。

教育方面的最高权力，又包括该国文化教育在国际社会交流中的平等权。在经济全球化的现实下，任何国家都不可能回避或者盲目反对它所带来的文化传播、文化结合、文化冲突、文化替代、文化同化”。在时间上，文化不是指向外在的神灵上帝，而是指向自我内心，指的生命只是无尽时间长河中的一瞬，生和死只是一个必向人之“心灵”，以“明心见性”，凸显人的本来面目的虚幻起点和戛然而止的终点。[①] 也有学者认为，文化主权是指现代民族国家将本民族文化的习惯、信仰和价值观念上升为国家机关意志，意味着对本民族文化所拥有的最高独立的权利和权威。[②] 由此可见，文化主权是主权的一种，仍然受到传统主权概念的影响。包括文化主权在内的主权都是国际法上的概念，简单地说，在涉及一个国家与另一个国家的关系时需使用这一概念。现代性的全球化趋势，是一把“双刃剑”，既可能成为密切各国、各民族关系的有利因素，也可能导致文化一体化的加强、文化同一性的重合或对其他民族文化的肢解。因此，必须对文化的多样性和开发予以保护，以遏制大多数文化被几个强势文化支配的文化单边主义文化的霸权，维护国家和民族的文化主权。

传统文化产权与文化主权的纠纷经常交织在一起，以及引起国际社会的关注。印度尼西亚和马来西亚两国因巴厘岛“北德舞”风波导致关系紧张，为缓和这一局面，两国外交部长于2009 年 9 月 17 日在印尼首都雅加达会面商讨此事。两国外长在会面后都表示，应避免类似“称对方的文化属于自己文化”的敏感课题。印尼外长哈桑说，印尼和马来西亚作为邻国，对方的文化都可能在本国找到，因此不应太敏感。毕竟艺术和文化本身

---

① 沈洪波：《经济全球化与我国的国家文化安全问题》，载《云南社会科学》2004 年第 4 期。

② 王世明：《网络文化与文化主权》，载《理论探索》2004 年第 5 期。

就是跨国界的。2009年8月，马来西亚在促进旅游业广告中使用了印尼巴厘岛的“北德舞”，被印尼抗议是“剽窃”印尼文化遗产。此事在印尼引起轩然大波，部分印尼民众反马情绪高涨，在雅加达举行示威，扬言要“与马来西亚决一死战”，部分示威者还试图追打在雅加达的马来西亚人。①

文化主权，是一个民族国家政治独立的精神基础；如果后者是其外在标志，前者便是内在灵魂。一个民族国家如果失去这个灵魂，它的政治独立也将虚有其表，最终成为他人的附庸。当今一个民族文化主权的丧失，有两种可能：一是强势异族依靠先进的高科技手段强占解释权，孤意贯入自己的价值理念，造成基因断裂，精神畸变，并通过市场控制舆论；一是弱势民族自身缺乏文化主权与文化保护的自觉意识，在异族强势文化巨大冲击下自然失守。其结果，会使一个民族迷失最基本的认同依据，在文化的根部动摇归属方向，找不到精神的国籍———这将是灭顶之危。②

举例来说，南北朝时期的叙事史诗《木兰辞》所讲述的故事，在我国家喻户晓，是体现男女平等、妇女解放的典范。美国迪斯尼公司利用《木兰辞》的素材和故事，改编拍摄成动画片《木兰》，票房收入达3亿美元，而该公司无偿从《木兰辞》取得素材。根据传统版权法的原则，木兰的故事和人物形象已经进入“公有领域”，任何人可以自由使用，《木兰辞》本身没有著作权，它是属于中华民族的经典传世作品。根据《伯尔尼公约》，开发花木兰电影是合法的，美国迪斯尼公司将其改编为动画片对其演绎的部分享有版权。在世界各地放映的行为，客观上

---

① http：//gb. cri. cn/27824/2009/09/18/1845s2625503. htm。

② 贺学君：《关于非物质文化遗产保护的理论思考》，载《江西社会科学》2005年第2期。

可能有助于中华文化的广泛传播和弘扬。如果我们从这个角度来进行分析，该事件是一个传统文化产权方面的事件。但是，应当尊重来源国或来源地群体的精神权利。在中国这样一个13亿人口消费者的市场，迪斯尼公司将无法在没有对木兰特殊准知识产权权利人作出补偿的情况下自由上映电影《木兰》。被拒绝进入13亿人口市场的经济压力足以促使迪斯尼公司与中国木兰特殊准知识产权权利人进行谈判，这就涉及一个维护中国传统文化主权的问题。更有甚者，直接到我国的西部民族地区进行掠夺和盗取。2000年，一个日本旅游团到四川甘孜羌族聚居区私自招募了200名学生，把当地少数民族的民歌、神话传说、服饰、生活场景全部描摹下来，并用气球在空中拍摄了具有独特人文景观的羌寨风貌，最后把这些珍贵的资料全部以观光资料的名义带走。[①] 值得注意的是，当前的法律实践中，我们经常对这两个概念不加区分地加以使用，造成了法律内涵的不明确。在此，我们可以仿照我国对生物资源的管理方法来维护国家对文化资源的主权，即设立传统文化资源出境登记制度，如果国外组织或机构商业性使用或不正当使用某传统文化资源，但我国的传统文化资源出境登记名录上没有合法的登记记录，则推动该传统文化资源为非法出境，通过法律途径来维护我们的传统文化主权，追究使用者的法律责任。

由前述的例子我们可以看出，文化主权与传统文化产权经常交织在一起，目前发生的这些问题源于发达国家与发展中国家对传统文化保护的不同态度。发展中国家认为应该基于传统文化发展知识产权的衍生利益。例如，来自于传统医药、农业实践等的衍生利益应该由依照知识产权制度把知识商品化的企业和传统知

① 张彩虹：《我国多起民间艺术表达遭国外盗取 文化部酝酿起草文化遗产保护法》，载2001年11月23日中国人大新闻网。

识合法的拥有者共同分享。因为传统知识不能够得到现有的只承认知识产权等专有权利制度的充分保护，发展中国家坚持认为应修改现有知识产权制度，提出建立特别法。此外，发展中国家要求修订《知识产权协定》，以明确建立利益分享机制。而发达国家声称对传统文化的过分保护会打击科学家研究的热情，从而会妨碍农业和医学领域的发展，美国坚持对单独筹备和保护知识产权的新领域持消极态度，如对 TRIPS 协议中传统知识的修改。换言之，美国认为研究并加工药草来制成一种可以治疗疾病的药品更重要、更有意义，而不是仅仅在原住民的有限范围内使用。如此一来，发达国家的观点就是双方当事人应该对利益分享机制达成一个协议，并且能自主地决定协议的内容。欧洲共同体也认为，如果每个国家的专利部门建立一个传统知识和相关信息的数据库，并将其作为一个先前技术使用，来寻求对传统知识的法律保护，便能够杜绝专利滥用。①

二、传统文化产权与文化权利

《世界人权宣言》第二十七条规定，人人有权自由参加社会的文化生活，享受艺术，并分享科学进步及其产生的福利。人人对由于他所创作的任何科学、文学或美术作品而产生的精神的和物质的利益，有享受保护的权利。《经济、社会和文化权利国际公约》第十五条规定，本公约缔约国承认人人有权：参加文化生活；享受科学进步及其应用所产生的利益；对其本人的任何科学、文学或艺术作品所产生的精神上和物质上的利益，享有受保护的权利。本公约缔约国为充分实现这一权利而采取的步骤应包括为保存、发展和传播科学和文化所必需的步骤。本公约缔约国

① ［韩］朴荣吉：《传统文化的保护与知识产权》，载吴汉东：《知识产权年刊》（2007 年号），北京大学出版社 2008 年版，第 84 - 85 页。

承担尊重进行科学研究和创造性活动所不可缺少的自由。本公约缔约国认识到鼓励和发展科学与文化方面的国际接触和合作的好处。《公民权利和政治权利国际公约》第二十七条规定，在那些存在着人种的、宗教的或语言的少数人的国家中，不得否认这种少数人同他们的集团中的其他成员共同享有自己的文化、信奉和实行自己的宗教或使用自己的语言的权利。

我们认为，少数民族的文化权益主要是指少数民族的文化权利以及因其对文化的享有而带来的利益。这其中包含两个方面，一是人权视角中的少数民族的文化权利，这是从宪政视角下对少数民族传统文化的考察，其对应的是国家保障少数民族传统文化的宪法义务；二是少数民族因其对文化的享有而带来的利益，即少数民族的文化产权，这是从民法视角来研究少数民族传统文化，即从所有权的意义上讲，少数民族因对其传统文化享有所有权而应获得的相应利益。

如果我们从严格的规范意义上讲，广义的文化权利，也就是通常所讲的“对文化的权利”的内容是非常广泛的，包含人权公约中所指的狭义文化权利、文化产权甚至文化主权在内的一切文化权利。而本书在此想对二者作一个明确的区分，我们在狭义上，也就是仅从人权的角度来使用文化权利的概念，它是一种公法上的权利，是一种基本人权，强调国家对公民文化权利或文化人权的保护，国家创造相应的条件，积极地促进公民实际享有人权公约中所规定的各种文化权利。而文化产权则是民事意义上的文化财产权的概念，它是一种类似知识产权的私权。事实上，二者是相辅相成的，如果传统文化产权不能得到充分的保护，传统社区连对自己传统文化的控制权都将失去，还何谈文化权利的实现？如果文化权利得到了充分的保护，那么传统社区基于传统文化的利益得到了充分的尊重，不管以什么方式，那么他们的传统文化产权就能够得到充分的实现。

三、传统文化产权与知识产权

知识产权是近代商品经济和科学技术发展的产物。知识产品财产化与知识财产法律化带来了财产的“非物质化革命”，这是罗马法以来私权领域中的一场深刻的制度创新与变革。知识财产是一种新的财产，它不是以往对物进行绝对支配的财产，而是“非物质化的和受到限制的财产”。[①] 知识产权制度体现了“对价”原则并且成功地分配了一定的权利、责任和义务。首先，尊重个人知识活动在自然状态下的自然自由或习惯、规约等，比如，作者权保护模式、商业秘密保护模式等；其次，立法者对公开表达责任分配的制度安排没有破坏自然自由或习惯、规约等，比如，专利法的制度安排没有替代或取消商业秘密保护制度，只是法律提供了两种可供选择的保护模式；最后，任何分配责任的制度安排不能使个人知识活动的状况变得比自然状态更糟。[②] 传统文化产权同样是尊重群体在文化创造过程中的创造性劳动，实际上也体现了“对价”原则。传统文化产权的设定也同样没有破坏本传统社区内部对传统文化的“公有”或“公开”状态，只是强调在该社区对外进行与传统文化有关的事务时，他们享有传统文化产权，可以享有类似知识产权人的相关权利，可以因此受益。

但是，问题并没有完结，对于传统文化产权，则没有这么简单。物质文化遗产，特别是民族村镇、历史街区中的相当一部分内容，不是集体拥有或国家拥有的资源。比如说被列入重点保护

---

① ［美］肯尼斯·万德威尔德：《19世纪的新财产：现代财产权概念的发展》，载《社会经济体制比较研究》1995年第1期。

② 李发耀：《多维视野下的传统知识保护机制实证研究》，知识产权出版社2008年版，第8页。

与建设对象的安顺市西秀区七眼桥镇的本寨，所有的石头碉楼、古老宅第、寨子的围墙等，都不是村集体的，村集体怎么有权力把这些建筑物、构筑物有机组合而成石头寨子，作为一种村集体的商品“卖给”旅游企业，让他们来搞开发？村集体虽然可以把从旅游企业拿到的钱，按照人口或什么方式进行分配，但是，这个利益的产生，并不是一种类似于集体劳动的结果，而是历史建筑的魅力给挣来的，用按劳分配的习惯方式操作，公平吗？每家每户都未曾同企业发生买卖合同关系，他们何以不能对自己的房屋进行在他们看来合理的现代化一些的修缮或改建呢？民族村镇、历史街区内的房屋，多数是私人的财产，这些人用传统的方式把古老建筑保存了下来，为旅游业的发展构造了基础，可是，旅游企业用什么样的方式予以这些长期作出贡献的人恰当的回报呢？财产采用了什么样的转移支付手段，给予这些人公平合理的报酬呢？所有这些问题，都是没有被纳入文化遗产保护与利用的可持续发展计划的。[①]

如上例所述，传统文化产权与知识产权的另一个重要的区别还在于传统文化产权的客体传统文化中既包括无形财产，也包括一部分与无形财产密切相关的，或者作为无形财产载体的有形财产；而知识产权则仅指无形的智慧财产或知识财产，不包括著作权、工业产权等所依托的有形财产。总之，传统文化产权是无形财产权制度发展的一个新阶段，它已经超越了依托于工业文明的知识产权阶段，它依托的是文化财产或知识财产。

① 麻勇斌：《贵州文化遗产保护研究》，贵州人民出版社2008年版，第130页。

第三章　传统文化产权制度的必要性研究

在此基础上，本章主要探讨设立传统文化产权制度的必要性。任何一项法律制度的设立都需要对此加以论述，现有的法律制度能否解决当下面临的传统文化法律保护的问题？该制度设立的理论基础是什么？该制度如何与已有的法律制度相衔接、相匹配？等等。类似的问题都需要在必要性研究中加以回答。本书也试图对前述问题做一个初步的阐述。

第一节　我国传统文化法律保护的特殊重要性

一、传统文化是中国文化安全的中心一环

在全球化背景下，世界各国不同文化类型之间的相互交流、冲突、渗透及融合，构成了生机勃勃的国际文化发展图景，为中国发展面向现代化、面向世界、面向未来的民族的科学的大众的社会主义文化提供了良好的条件。但是，在不同文化的交互作用过程中，也有个别奉行霸权主义和强权政治的西方国家为了达到经济和政治上的目的，不断推行“文化殖民”政策，形成了日益严重的“文化帝国主义”倾向。它们在世界其他国家和地区传播本国的文化价值观念和生活方式，以损害本土文化为手段，图谋在新的历史条件下以新的方式延续和强化帝国主义和霸权主义对全世界的控制。在全球化条件下，文化与经济日益一体化，

文化的独立性日益遭到削弱，文化与经济被硬性地捆绑在一起，经济上的优势衍生出文化上的优势，经济上的强权衍生出文化上的强权。作为发展中国家的中国，由于在文化、意识形态、社会制度、国家利益等诸多方面与西方发达国家存在着较为明显的分歧，自然而然地成为某些霸权主义国家进行文化渗透和文化颠覆的主要目标之一。

国家安全是随着国家的产生而出现的一种社会现象，是关系一个国家生存与发展的根本问题，任何一个国家历来都高度重视。随着国际交往关系的愈益扩展，对一国安全的影响越来越大，国家安全问题由原来主要表现为国内事务而日趋国际化，变得更加紧要和复杂。国家安全的内涵也早已经突破了传统的国土安全的内涵，扩展到政治安全、经济安全、生物安全、金融安全等领域，文化安全也已成为国家安全的重要内涵之一。文化安全是整个国家安全体系的一个重要组成部分，对于确保国家政治安全、经济安全、军事安全有着重要意义。在当前全球化浪潮的背景下，发展中国家面对的文化安全问题必然更加突出，国家文化安全是指一个国家的文化价值体系，特别是主流文化价值体系，免遭来自外部或内部文化因素的侵蚀、破坏或颠覆，从而能够很好地保持自己的价值观、行为方式和社会制度，维护民族的自尊心和凝聚力，并利用必要的手段扩大本国文化影响。

众所周知，少数民族文化是中华文化不可分割的组成部分。从中华文化发展的历史来看，少数民族在推动中华文化发展的过程中做出了巨大的贡献。正如费孝通先生所言，中华民族在长期的历史发展过程中形成了多元一体格局，[①] 可见，少数民族传统文化的保障是弘扬中华民族文化的题中应有之义。目前中国正处

---

① 费孝通：《中华民族多元一体格局》，中央民族学院出版社 1989 年版，第 1 –39 页。

于从传统的农业社会向现代工业社会的转型时期，工程建设、旅游开发、环境污染等因素都使得中国少数民族的文化权益面临严重挑战，少数民族的传统文化正面临着大量流失的危险。因而，在中国的现代化进程中，在维护世界文化的多样性已经成为国际普遍关注的问题的背景下，加强对少数民族传统文化的保障就成为更加迫切的时代课题之一，也具有更加特别的重要意义。

二、少数民族的传统文化是该民族的重要特征

根据斯大林在《马克思主义和民族问题》一文中对民族所下的定义，“民族是人们在历史上形成的一个有共同语言、共同地域、共同经济生活以及表现于共同文化上的共同心理素质的稳定的共同体……这些特征只要缺少一个，民族就不成其为民族。”斯大林的这个民族定义，只是在16年后的1929年，由斯大林本人在《民族问题和列宁主义（答梅什柯夫、柯瓦里楚克及其他同志)》这篇文章中又重新做了论述，并称之为“俄国马克思主义者自己的民族理论”。[①] 斯大林的这一民族定义，准确地概括了民族的本质属性，得到以后的研究者尤其是中国的民族研究者的认可，尤其是他指出了文化对于一个民族的重要意义，具有开拓性。

自从民族形成之后，文化往往以民族的形式出现。一个民族使用共同的语言，恪守共同的风俗习惯，养成共同的心理素质和性格，就是民族文化的突出表现。因而，人类学研究者都认为，对文化的研究，实际上就是对人和社会本质的研究。在社会当中，人要占有一个身份，必须扮演与此相关的“角色”，角色是身份的行为期待，角色所包容的内涵就是文化。它告诉人们应该

---

① 华辛芝、陈东恩：《斯大林与民族问题》，中央民族大学出版社2002年版，第92－93页。

怎样，而不应该怎样，文化其实是人类行为选择的标准体系。①前述角色实际上就是人的“文化公民资格”，即在文化上，一个人成为“公民”的若干特征。正如张海洋先生所言，所有动物都有一条生物小命……人类要在社区里开发出一条文化大命，这条文化大命就是社区的文化传统。文化传统能使人感到虽然做凡俗事业却有神圣不朽之感，虽然自知少必有老生必有死，却能以老为贵以死为生。社区与人密不可分。这就是人类生活的意义，是人类区别于其他动物的根本标志。同时，张先生还提出了“三种生产说”，即在生产资料的生产和人自身的生产之外，还有文化的创造和传承。②

少数民族也不例外，由于历史渊源、自然地理环境以及社会发展条件的不同和差异，各个少数民族在其生成和发展的历史过程中形成了包括其传统生活方式在内的各具特色的民族传统文化。古往今来，各个少数民族所发生的社会变迁，也都牢牢立足于本民族的传统文化的根基之上。正因为民族传统文化的这种浸润作用，才赋予了各个民族社会在文化变迁中不同的历史特点，人类社会由此也才成为多样性的相互依存的丰富世界。

如同“人人生而平等”，各个民族之间也应该是“生而平等”的，各民族的文化也没有高低贵贱之分，它们同样是“生而平等”的，既不能强迫其他民族保持或改变自己的文化，也不应盲目模仿其他民族的文化，正确的做法是以符合文化发展规律的方式来发展自己的传统文化。文化的全球化是一种必然的发展趋势，但全球化不等于西方化或者美国化，也不是以某一民族或

---

① 徐万邦、祁庆富：《中国少数民族文化通论》，中央民族大学出版社 1996 年版，第 13 – 14 页。

② 张海洋、杨筑慧：《发展的故事——社会实践与人性回归》，中央民族大学出版社 2006 年版，第 9 – 10 页。

者国家的文化为统一标准。人类社会文化的一体化正如生物种群基因的单一化那样，如果没有自我改进和自我更新，最终所面临的只能是信息的消减和自身的衰退。[①] 各个民族应当沿着自己的目标和方向前进，保持或发展自己的文化都顺应时代发展的规律和文化本身的客观规律。在纷繁复杂的各民族、各地区文化历史传统的融合之中，学习他人之长，保留自身特色，并且在传承自身传统文化的同时，适应时代的要求而有所创新。

少数民族的文化更是少数民族区别于汉族和其他少数民族的主要标志，少数民族在社会生活中所扮演的角色也主要依托于其文化。少数民族传统生活方式是少数民族所固有的、稳定的文化，是区分民族最重要的标志，如果一个少数民族没有固有、稳定的文化，该少数民族就难以形成并长期存在。因而，从一定意义上可以说，没有少数民族的传统文化就没有这个民族，少数民族的文化是其存在之本。

三、传统文化的现状堪忧

我国的传统文化面临着空前的困境。我国登记在册的地上地下不可移动文物40余万处，全国重点的2351处；省级9300处；市县级的58000余处。截止到2009年年底，我国拥有世界遗产38处，数量居世界第三位，世界文化遗产和文化与自然混合遗产27处，公布了103座城市为国家级历史文化名城。概括地讲，前所未有的重视与前所未有的冲击并存；局部状况有所改善和整体环境持续恶化并存。一方面，国家对文化遗产保护立法速度加快，资金投入加大；另一方面，一些历史文化街区迅速消失，文化遗产遭到破坏。

---

① 王亚南：《经济全球化中的文化多样性保护——西部人文资本开发思路》，载《思想战线》2002年第1期。

在漫长的历史岁月里，民间文学在某一群体的习惯法的保护下，在群体内部有序流传，并以传统的方法在群体内和谐地运用和发展。然而，在商业化浪潮汹涌的今天，随着其文化和商业价值的突显，以及科技发展带来的民间文学利用方式的多样化，民间文学的利益分配与分享正面临严峻的失衡情势和混沌状态。

一方面，民间文学被大量地滥用、歪曲或者篡改。在国际上，西方发达国家利用其先进的科学技术和雄厚的经济实力，大肆掠夺发展中国家丰富的民间文学资源，在商业上大量地滥用、歪曲或者篡改，而没有给创作群体或者相关国家任何的文化或者经济回报。

另一方面，一些珍贵的民间文学资源自生自灭，没有进行任何开发、利用和保护，造成珍贵遗产的流失、灭失和社会财富的浪费。在一些落后偏远国家和地区，人们生性淳朴，教育程度普遍较低，对外界的认识和了解有限，对其民间文学的文化和经济价值缺乏必要的认识，对市场的把握和驾驭能力缺乏。因此，对其丰富而宝贵的民间文学资源保存、发展、开发和传播不足，任其在长久以来的口头或动作的传统传习方式中自生自灭，而鲜有固定的方便复制与保存的表达方式。这种自生自灭的流传特性和利用、保护意识的缺位使得许多作为各国文化历史传统组成部分的珍贵遗产逐渐流失甚至消亡，造成社会财富的浪费。这种流失不仅仅是财富的流失，也是历史的流失、传统的流失。这对于一个民族甚至一个国家来说几乎是失去存在的精神根源。

当然，更为重要的是，在中国的现代化建设中，传统文化对人们的社会生活的方方面面发挥着重要作用。简略说来，它作为精神遗产的重新整合、经济增长的潜在动力以及道德重塑的动力源泉，对现代社会的政治生活、经济生活、文化生活和贯穿三者之中的生活观念有着极大的价值。一言以蔽之，保护传统文化就是保护人类的未来。毛泽东在《中国共产党在民族战争中的地位》一文中指出："我们这个民族有数千年的历史，有它的特点，有它的许多珍贵品。对于这些，我们还是小学生。今天的中国是历史的中国的一个发展；我们是马克思主义的历史主义者，我们不应当割断历史。从孔夫子到孙中山，我们应当给以总结，承继这一份珍贵的遗产。"另外，博大精深的传统文化蕴涵着其他对树立现代生活观念有借鉴价值的因素：如传统的未雨绸缪、居安思危、量入为出等思想对现代消费理念具有积极的指导意义，其他如中国人独特的和谐观、审美观、环境观、宇宙观等意识对树立现代人生观有可取之处。中共中央办公厅、国务院办公厅2006年9月13日发布《国家"十一五"时期文化发展规划纲要》（以下简称《纲要》）。根据《纲要》，未来五年，我国将在有条件的小学开设传统文化课；中学语文课增加诗词等的比重；继续完善中华民族始祖的祭典活动；充分发挥春节、元宵节、清明节等传统民族节庆的作用。《纲要》把关于传统文化的传承和保护放在了突出位置，是有着强烈的现实意义的。

第二节　现行传统文化法律保护制度的不足

一、对"田丰模式"的反思

提到云南民族文化保护，就不能不提到云南少数民族文化传习馆，提到田丰。田丰，中央乐团著名作曲家，他早年创作的《东风吹战鼓擂，当今世界谁怕谁》以及《毛泽东诗词大合唱》曾经是中国一个时代的音乐象征。20世纪90年代初，他为了创作歌剧《屈原》，长期在云南采风，每一次下去，民族变化之快都是他没想到的。

1993年，田丰创立云南少数民族文化传习馆，寻访民间艺人和有歌舞天分的孩子，集中在馆里进行文化传习。从 1993 年到 1997 年，有 4 个民族的 5 个支系在这里进行文化传习，田丰用“原汁原味，求真禁变”这八个字来规范教学，不允许对民族传统做任何加工，甚至不允许学员看电视，因为：“电视看多了，电影看多了，就连自己的服装都不愿意穿，跟着社会跑了。”

然而，“跟着社会跑”，实在不是田丰个人所能阻拦得了的。

传习馆采用学员制，学生先进行半年的试读，试读期间只解决生活费用，半年后如果双方相互认可再给予经济补贴。由于经济来源完全依靠社会机构赞助和田丰个人的创作所得，传习馆的经济相当拮据，现实和田丰对学员们强调的未来拉开了越来越大的差距。田丰曾向学生们描述过他们的未来：“建立传统文化的保护区……对学得好的一些学生和一些老师今后就在这些村落里生活……他们在这里的生活都完全按照传统的方式进行，他们的生活问题不愁。”

尽管多方防范，现代文化对学员们的影响还是在悄悄地起作用。不让看电视，学员们就在大家睡下后偷偷看；而城市的现代生活也让学员对自己的经济状况提出质疑，甚至怀疑田丰把钱私吞了。为了提高学员的生活待遇，田丰将一些最优秀的学员借给了云南旅游歌舞团，传习馆开始解体，而学员们继承的文化传统也开始为了演出市场的需要而改变。

由于缺乏足够的商业素质，田丰的传习馆在后期与种种商业合作机会擦肩而过，传习馆以师徒反目，学员自行组织“土风舞团”而收场。2001 年，田丰因肺癌去世，他所倡导的传习馆模式宣告失败。

提起田丰，曾参与创办传习馆的杨丽萍满怀敬意，但她同时也指出了传习馆的软肋：“禁变是不科学的，你不能用一种理想或是想象来看他，是农民他就伟大，或者他是农民就朴实。你在保护文化，他们就要为你保护，就要和你想得一样。每个人要是觉得自己有使命，要弘扬一种东西，就把自己悬空起来，最后会跌落得很重，会彻底让人失望。”①

“田丰模式”虽然失败了，但其同样有积极因素，比如，“民族文化传习馆”这种传播民族文化的形式，在民族地区的很多基层社区仍然存在，并且效果也不错。其中所包含的“文化村”这种理念也开始逐步得到大家的认可，只是田丰老师没有注意到文化要连同它周边的环境共同保护，也就是缺少文化生态的认识视角。在此基础上，1997年，云南大学的学者尹绍亭教授吸纳国际上的理论以及贵州生态博物馆的成功经验与“田丰模式”的失败教训，提出建设“文化生态村”的设想。1998年，在美国福特基金会的资助和云南省文化部门的帮助下，民族文化生态村项目小组选择了腾冲县和顺乡、景洪市基诺乡的巴卡小寨、石林县北大村乡的月湖村、罗平县多依河乡的腊者村、丘北县的仙人洞村等具有代表性的少数民族聚居的自然村进行文化生态村试点，其中，景洪市“巴卡基诺族文化生态村”集民族文化保护、展示和传承等功能为一体，腾冲县“和顺乡文化生态村”以保护和展示文化遗产为宗旨，丘北县“仙人洞村彝族文化生态村”、石林县“月湖村文化生态展示区”、“新平县傣族文化生态村”等以歌舞表演和祭祀活动为主。10多年来，取得了比较好的效果，实现了文化与旅游的有机结合，《云南省民族文化大省建设纲要》已经将文化生态村建设作为基础性工作，成为政府保护和发展文化的一种重要手段。2009年，在昆明召开的国际民族学与人类学联合会第16届年会的组委会还从前述村寨中选择了一些村寨作为学者参观考察的示范点。

① 马戎戎：《〈云南映像〉：民族文化保护的“杨丽萍模式”》，载《三联生活周刊》2004年4月。

二、对“杨丽萍模式”的思考

（一）《云南映像》及其对传统舞蹈文化的保护

作为世界上最具特色的民族文化“集成块”的云南，人口达7000人以上的少数民族有25个，其中22个民族使用着26种语言和23种文字，民间文化形式的丰富令人惊叹。仅舞蹈一项，就有1095个舞蹈的品种，有6718个舞蹈的套路。因此，在现代化的进程中，民族文化遗产保护的问题也格外重要。

在多年的采风中，杨丽萍看到了云南民族文化的变化：许多绝技因为失去了用途而濒于失传，新生的一代喜欢牛仔裤甚于传统服装。一位专家在调查了基诺族巴卡村寨后指出，如果不加以重视和保护，这里的民族传统服饰有可能在10年左右消失；民族口碑文史及其风俗传承机制，有可能在20年内消失；民族传统歌舞有可能在20年内消失。而这种状况，在云南众多的村寨之中并不鲜见。绿春哈尼族有一种神鼓，能把人的混沌状态到人的生老病死用一套套鼓表示出来。20世纪90年代末期的时候全云南还有三个老太太会跳，据说现在只剩下一个。

2003年8月，由著名舞蹈家杨丽萍首次出任总编导和艺术总监并领衔主演的大型原生态民族歌舞集《云南映像》在昆明公演。至今《云南映像》已在国内演出近千场，场场爆满。从获得中国舞蹈最高奖“荷花奖”，到现在凭借商业演出养活剧组，再到海外百余场演出的成功运营，《云南映像》从舞蹈创作到市场经营方面都名副其实地成为“中国民族舞蹈的再启蒙”。从它的创作到策划，再到市场运利用她在家乡云南多个民族地区采风得到的多种民族舞蹈元素，编排成大型民族歌舞作品《云南映像》。此作品由云、日、月、林、火、山、羽七场歌舞组成，歌舞素材基本取自云南山村的田间地头，服装道具也出自民间，参加演出者也大部分来自云南农村。多个民族的原生态歌舞。该模式可概括为“坚持走本土艺术性与商业化相结合”的道路，在艺术与商业上均获得了巨大成功。

作品从五个方面诠释了云南民族歌舞文化的本真面貌和精髓，具体包括：原汁原味的云南民族舞蹈元素、尊重各民族宗教信仰的舞台元素、70%的演员来自本土的演员元素、来自生命本真吟唱的音乐元素、秉承原创宗旨的创作元素等；另外，为了适应现代旅游消费大众的审美趣味和市场需求，《云南映像》在市场化过程中，从这样三个方面进行了市场化的运作：一是在编导思想上体现了现代审美需求，经过现代舞美设计、音响效果包装后的舞台作品，适应了现代大众文化消费直观性、娱乐性的特点；二是采用了企业化的管理模式，市场化的运作模式，产业化的发展格局，建构了较为完善的文化产业生产模式；三是进行成功的营销策划与新颖的广告宣传。借鉴西方人类学家对旅游真实性的研究视角，笔者将《云南映像》的旅游真实性内容细化为客观真实性（演员、环境）；建构真实性（音乐、服装、编导、道具、传承、编导）；后现代真实性（布景），以及存在真实性（广告、表演）四种要素。①

例如，前述的绿春哈尼族的神鼓，据说当地会打这一套反映哈尼族对人类繁衍历史认识的神鼓的老人已经不超过三人。因为《云南映像》的表演，使之得以避免消失的命运。同时，这一套神鼓舞不仅得以传承，而且因为《云南映像》对其艺术化的舞台加工，赋予了神鼓舞新的艺术内涵，使其实现了秉承民族文化内涵的艺术变迁。如，《云南映像》中一段“烟盒舞”表演，真实的彝族烟盒舞表演中有击掌的动作，但是，杨丽萍将击掌动作丰富化、舞台化，加上了双手拍地、翻滚拍地等动作。彝族演员

① 高芳：《民族旅游开发中文化商品化与文化真实性关系辨析——以〈云南映像〉为例》，载《保山师专学报》2008年第3期，第53-54页。

发现这样的改编使舞蹈更好看了，他们将会把这些动作带回村寨。这样一来，彝族烟盒舞因为商品化而发生了一些改变，而这些改变很可能成为未来彝族“烟盒舞”的真实内容。

（二）杨丽萍模式的积极意义

杨丽萍模式被认为是目前比较成功的保护少数民族文化遗产进而促进少数民族文化权益保障的模式，其积极意义主要有以下几个方面：

1. 本土居民或当地居民积极、广泛地参与。大胆启用非职业演员，使作品本身保留了原生态舞蹈的原汁原味，也因此显示了原生态舞蹈的美感和经济上的可回报性。

2. 通过采风记录下云南很多民族的原生态舞蹈，从中抽象出她认为能够表现当地民族文化的元素或特质部分，然后经过编排，使之成为一个服务于基本主题的舞蹈作品。既体现了文化发展和新陈代谢的规律，也因此创作出新作品，发展了新的传统文化。只要满足知识产权法的要求，就可以获得知识产权保护。

3. 坚持艺术应走市场化和产业化的道路，使之因而具有可持续发展性。杨丽萍坚信，高品位的艺术必然会有市场，该模式兼顾了少数民族传统文化的保护与开发，有利于这些文化的长远发展。

4. 从著作权法的角度看，《云南映像》是衍生作品。衍生作品是一种基于前作品的基础而创作出来的作品，但其独立性比演绎作品等更为明显。基于立法的预见性和经济学的分析，虽然现有法律制度无法规范衍生作品，但法学理论界衍生作品著作权的独立性是认可的，应该及时建立相应的制度保护其著作权。

（三）本书对杨丽萍模式的反思

1. 文化资源的价值在该模式中没有体现。这里所谓的文化资源是指《云南映像》所取材的原生态舞蹈本身，这些舞蹈根植于云南少数民族的传统社会生活之中，是它们成就了高品位的

《云南映像》，它们的艺术价值在《云南映像》中得到了彰显，而它们的经济价值没有任何体现。试想，长此以往，云南的少数民族在杨丽萍以后再来采风时会心甘情愿地表演自己的民族舞蹈吗？不同的艺术家或剧团是否会出于商业竞争的目的，因为到同一个地方来采风而发生争夺文化资源的现象？民族地区群众日益增长的市场经济意识和权利意识也会促使他们提出针对民族文化的经济诉求，荔波瑶族村寨的猴鼓舞是瑶族民间流传的极有特色的舞蹈，以前只是在民间重大活动中演出，与经济毫不挨边。可现在，旅游者也好，电视台也好，要想拍摄这个舞蹈，对不起，要收费！谢彬如老师曾与中央电视台的摄影师到瑶麓拍摄猴鼓舞，拍一段，收费700元。威宁彝族“撮泰几”（汉译“变人戏”）是当地一种极为独特的戏剧形态，吸引着中外不少专家学者来此采录、研究。以前都是免费演出、免费拍照并慷慨地提供各种相关资料，现在则对不起，照样收费。我们去拍过一段，收费500元。类似的现象屡见不鲜，我们不能不说这是少数民族群众的合理利益诉求。[①] 如何解决类似的这些问题，又回到了本书第一章中对少数民族文化权益基本要素尤其是少数民族文化权益主体的界定之中。

2. 文化资源所有者的意愿被忽视。民族文化资源属于所有资源中最富有开发潜力的资源，如果我们能在开发中利用好民族文化资源，对许多开发项目进行一种文化诠释和引导，这将使民族文化资源成为我们西部民族地区经济和社会发展的长项，西部的骄傲，西部的身份。[②] 然而在《云南映像》中，我们却无法得

---

① 谢彬如等：《文化艺术生态保护与民族地区社会发展》，贵州民族出版社2004年版，第56页。

② 来仪等：《西部少数民族文化资源开发走向市场》，民族出版社2007年版，第37页。

知这些文化资源所有者对于该种开发模式的态度。我们完全可以借鉴《生物多样性公约》中的“事先自由知情同意”制度。[①] 坦桑尼亚制定的国家层面保护民族民间文化的法案规定，到坦桑尼亚记录和使用民族民间文化，除了出于教育、艺术创作和新闻报道外，任何个人或机构复制、发行、播放或表演民族民间文化，都要得到坦桑尼亚国家艺术委员会的同意，任何时候使用民间文化表现形式，都要提到原创群体和原创地名称；此外，任何人或机构使用民族民间文化都要付费，征收的费用由国家艺术委员会用于保护和弘扬民族民间文化。[②] 简单地讲，就是出于对少数民族文化尊严权的尊重，我们在开发少数民族传统文化资源时，能否考虑设计恰当的制度和相应程序来征求当地少数民族的意见，事先要让他们知道，并获得他们的同意之后再来开发。即便如此，我们在文化资源开发过程中仍然要尊重少数民族的文化尊严。

三、现行知识产权制度在传统文化保护方面的不足

国内外的学者对于采用何种方式实现传统文化的民事保护发

---

① 《生物多样性公约》第 15 条遗传资源的取得规定：

1. 确认各国对其自然资源拥有的主权权利，因而可否取得遗传资源的决定权属于国家政府，并依照国家法律行使。

2. 每一缔约国应致力创造条件，便利其他缔约国取得遗传资源用于无害环境的用途，不对这种取得施加违背本公约目标的限制。

3. 为本公约的目的，本条以及第 16 条和第 19 条所指缔约国提供的遗传资源仅限于这种资源原产国的缔约国或按照本公约取得该资源的缔约国所提供的遗传资源。

4. 取得经批准后，应按照共同商定的条件并遵照本条的规定进行。

5. 遗传资源的取得须经提供这种资源的缔约国事先知情同意，除非该缔约国另有决定。

② 谢彬如等：《文化艺术生态保护与民族地区社会发展》，贵州民族出版社 2004 年版，第 71－72 页。

表了各自的观点：第一种观点认为现行知识产权制度能够发挥良好的作用，支持利用现行知识产权制度来保护民间文学艺术和传统知识。关于民间文学艺术，以郑成思教授为代表的很多学者主张用版权保护模式，也有学者主张对现有知识产权制度进行综合利用。第二种观点认为应对现有的知识产权制度进行修改。第三种观点认为现行知识产权的任何扩张，都不足以保护传统知识，因此要采取特殊权利保护模式。[①] 笔者赞同第三种观点，主张设立传统文化产权制度来对传统文化进行民事保护，原因在于现有的知识产权制度无法很好地保护传统文化。

（一）著作权制度在传统文化保护方面的不足

既然涉及传统文化的知识产权法保护，而要取得知识产权法的保护，首先受保护的对象应该是符合知识产权法要求的作品或发明，那么，传统文化是否符合这些要求呢？如果传统文化无法与知识产权法的保护对象相契合，则用知识产权制度来保护传统文化就存在着诸多的不足。我们先来探讨著作权法在传统文化保护方面的不足，主要集中在以下几个方面：

首先，著作权法意义上的作品有特定的作者，而传统文化的创作者通常是某一群体、社团或民族，而不是某一个或某几个特定的人，或者即便是曾经由某一个人所创作，但在代代相传的过程中，又加入了社区或民族中其他人的改造和创新，创作主体变得无法判断。这是传统文化与著作权法意义上的作品的最大区别，也正是这一区别，为用著作权法保护传统文化制造了一个难题，简单地讲，传统文化的创作主体无法确定，或者说应视为集体创作。

其次，著作权法保护的作品是已经创作完成的作品，而传统

---

① 王鹤云、高绍安：《中国非物质文化遗产保护法律机制研究》，知识产权出版社2009年版，第307－308页。

文化是由某一社区或民族的整体或部分人创作，并随着历史的演进而不断的创新和发展，这也是传统文化的生命力之所在，而这种永远处于变动之中的传统文化，它超越了知识产权保护所关注的个人智力成果范围，显然是与著作权法意义上的作品是有区别的，也正是由于传统文化的这一特点，对它的保护应是没有期限的，也就是永远保护。此外，传统文化产权保护的范围除了智力成果之外还包括客观存在的具体之物。

再次，所有的传统文化都会反映一个群落的传统文化特征，反映其文化价值趋向，具有传统艺术遗产特征，而著作权法意义上的作品或专利法上的发明却未必如此。

（二）专利权制度在传统文化保护方面的不足

在探讨了著作权制度与传统文化产权的关系之后，我们再探讨一下利用专利权制度保护传统文化存在着的众多缺陷：

第一，专利权制度主要是对创新的激励机制，若将传统文化纳入专利权的范畴，那么其必须满足专利权制度所要求的条件：有完成发明的日期、一个或多个发明人的身份、相关产品的限定参数及有限的保护期，等等。但是，传统文化的保护制度是无法遵循上述原则的。

第二，在对传统文化予以同样知识产权保护的条件下，农民可能在更高收入的吸引下放弃种植传统农作物而只种植高产的现代品种，结果反而会造成对生物多样性的严重损害。这说明，将传统文化作为新型知识产权予以保护，有可能减少而不是促进这种文化的应用。

第三，专利权要求其客体具有新颖性和创造性，从历史的视角看，传统文化是具有创新性的，这些创新有的符合现代知识产权的要求，有的不符合现代知识产权的要求，尤其缺少专业的技术数据，因而多数传统文化是无法适用专利权来进行保护，更何况有些传统文化是排斥刻意的创新行为的，因为其会破坏传统文化的真实性。

第四，如果传统文化的拥有者不能保存他们的土地、传统文化和生活方式，那么即使建立了保护传统文化的知识产权保护模式，仍然不足以防止传统文化的消失。对传统社区之生存空间的破坏，使得传统文化的持有者不能像以前那样生活，并最终使他们完全消亡。事实上，过分强调在传统文化之上享有知识产权，可能会使立法者的注意力从真正危及传统知识保存的因素上转移开。这些因素包括：占有或使用土地的安全性、资源的控制、对传统文化的尊重，等等。

（三）整体知识产权模式的不足

著名知识产权专家唐广良教授也认为，在讨论保护遗传资源与传统知识及其利益分享问题时，“正统的知识产权”保护制度显然已不合适；必须创建一种全新的制度，或者在知识产权制度中创建一个特殊的分支，以满足这些特殊资源保护的特别要求。其中“正统的知识产权”是唐教授自创的一个概念，指的就是我们在一般意义上理解的知识产权。① 因而，从权利的性质上看，知识产权的核心价值在于界定人们因智力成果及相关成就所产生的各种利益关系，保护知识产权人在确定时限内的私权。而传统文化产权的无形要素已处于“公有领域”，它的保护对象是某民族或某社区集体创作的成果。我国台湾学者王美心也指出，文化资产表现形式的多样性也让传统知识产权体制在保护创作发明，促进社会福祉的意义无法以既有体制直接套用。文化资产在知识产权的保护到底以专利或著作权或商标的机制来保护较为恰当也尚未有完整一致的看法。在知识产权领域中，法律人、专利从业人员、与发明人在跨领域的沟通上已经是很大的挑战，毕竟

① 唐广良：《遗传资源、传统知识及民间文学艺术表达国际保护概述》，载郑成思主编《知识产权文丛》（第8卷），中国方正出版社2002年版，第16页。

专利的领域在长期的多方努力，已经累积相当可观的资讯与共识。然而在文化资产领域的知识产权管理可能是因为文化多样性及个别文化之独特性，尚有待更多投入，才能让目前从事文化资产保护或文化资产相关企业的文化人对于如何让文化资产的知识产权应用融入既有系统且能让文化人接受。[①]

有学者认为，现行的知识产权法是西方社会对文化的价值观所创设的制度，此制度在不同社会是否能如同其在西方社会一样达到其促进社会创造力的目的，实在有待实证研究，不能以其已为国际社会普遍接受而视为当然。不可否认现在国际社会各国皆已有知识产权法制，但这是在帝国主义或以条约或以武力迫使其他国家屈服的结果，要求其他国家制定知识产权法的目的是这些帝国主义为了保护其国民在国际市场的智力财产，绝不是知识产权法制可以促进各该国家的创造力。所以如果各国斟酌权衡觉得必须给予传统知识或传统文化财产权或其他方式保护，实在可以不受现行知识产权法理论原则的拘束，自行发展创设全新的法理。如果基于政策决定给予财产权，给予何种财产权则必须考虑到界定权利防卫权利以及交易权利的成本与给予权利所能创设的利益。[②] 虽然此种观点稍有些激进，但其基本观点，笔者还是赞同的，我们不必拘泥于现行的知识产权制度，完全可以根据传统文化保护的实践的需要，来创设新的法律制度。

① 王美心：《文化资产之知识产权保护与文物交易》，载《文化资产保存学刊》第6期，第23页。

② 郑中人：《传统知识或传统表现形式权利化的研究》，载吴汉东：《知识产权年刊》（2007年号），北京大学出版社2008年版，第142页。

第三节　落实人权保障的具体制度措施

如前所述，传统文化产权问题已经成为我国传统文化法律保护的瓶颈问题，它制约着其他法律制度的落实和效力的发挥，如果不能正确地通过法治手段来落实和完善当地社区对传统文化所享有的产权进而在法律上承认当地社区可以从传统文化开发中获得应得的利益，将影响到传统文化的生死存亡以及整个国家的文化安全，进而影响到当地社区特别是少数民族群体以文化权利为核心的基本人权的实现。

一、传统文化产权制度以文化权利和发展权利为核心

根据一般的法治理论与平等原则，从外延上说，少数民族的文化权利应包含在公民的文化权利之中。《经济、社会和文化权利国际公约》第 15 条中规定的文化权利的内容为每个公民所享有，当然包括少数民族成员在内。但是，如果仔细比较二者的内涵，少数民族由于其相对于普通公民而言的弱势地位，其文化权利具有天然的特殊性，即保持其文化特性以及固有的生活方式的权利，这又是普通公民所不具有的。概言之，从一定意义上讲，二者是一般与特殊的关系。

联合国开发计划署的 2004 年人类发展报告《当今多样化世界中的文化自由》的核心论点是，国家必须支持而不是压制这种多元互补的身份。21 世纪的决策者们面临的挑战是如何扩大人们的选择，使人们不必放弃他们的身份就能够享有社会和经济方

面的所有机会。[①] 因此，我们的任务是创造条件扩大各民族成员的选择自由，即增强他们在文化方面的自治。各级政府要尽快制定、出台相关的法律条例，在政策导向、宏观调控、资金投入、人才培养等方面加大力度，使民族的经济发展和文化遗产受到法律的保护。我们在调查中得知，同江市政府也建议国家设立“人口较少民族传统文化保护与发展专项资金”，对濒临灭绝的民族传统文化实施抢救和保护……重点发掘整理赫哲族语言、民族传统工艺和“伊玛堪”等说唱艺术，并结合时代精神加以发展。[②]

有一位街津口赫哲族民族乡的赫哲族老人，讲着一口流利的赫哲语，她被认为是当地赫哲族语言掌握得最好的人，她对赫哲族语言忧心忡忡，她这样来形容，“再不说就要失传”。她制作的鱼皮衣服也很受欢迎，很多博物馆都来购买，一般每套衣服能卖到6000元左右。她目前正在教儿媳做鱼皮衣服。她最大的愿望是能为民族文化的保护做点事情，希望政府能办一个学校，有一块黑板和几个板凳即可，她愿意义务教授语言和鱼皮衣服的制作工艺。目前，该地政府正在积极地创造相关的条件，使老人的愿望能够尽快实现。广大的赫哲族群众是其传统文化的主人，我国政府推动的民族民间文化保护工程必须得到广大人民群众的支持，尤其是作为文化主人的民族的群众的支持才能取得最终的成功。因而，少数民族群众的文化自觉是全社会都关注的重要问题，也只有这样，才能解决前述的赫哲族群众对赫哲族传统文化开发权的误解，进而促进民族地区的文化和谐。

《发展权利宣言》第1条规定：“发展权是一项不可剥夺的

---

① 联合国开发计划署：《2004年人类发展报告——当今多样化世界中的文化自由》，中国财政经济出版社2004年版，第28－29页。

② 参见2006年5月22日中共同江市委员会、同江市人民政府向司马义·艾买提副委员长等所做的工作汇报。

人权，由于这种权利，每个人都有权参与、促进并享有经济、社会、文化和政治发展，在这种发展中，所有人权和基本自由都能获得充分实现。”发展权最初是发展中国家针对不合理的国际经济旧秩序提出的，发展首先意味着经济发展，发展权的内容首先是经济发展权。发展权不仅限于经济发展权，还包括社会发展权、文化发展权、政治发展权等不可分割、相互依存的发展权利体系。这是发展中国家针对自身实际提出的加快国家发展的积极主张。

我国则强调尊重各国的实际情况，尊重各国人民对自身发展的选择，将生存权与发展权作为最重要的人权加以对待。《宪法》第 4 条第 2 款规定：“国家根据各少数民族的特点和需要，帮助各少数民族地区加速经济和文化的发展。”《宪法》第 122 条第 1 款规定：“国家从财政、物资、技术等方面帮助各少数民族加速发展经济建设和文化建设事业。”《民族区域自治法》序言和第 6 条规定：“……加速民族自治地方经济、文化的发展……”

民族经济发展权的主要内容包括两个方面，一是获得选择的条件的权利，二是尊重主体的选择自由，二者都非常重要。如前所述，在发展问题上，我们必须要尊重作为主人的少数民族的意愿，而不能违背它的意愿，必须尊重少数民族的选择自由。这不只是因为我们要尊重主体的自由，也因为没有主体的配合，我们就不能达到促进少数民族的发展的目的。要加快少数民族地区的发展，重要的是为少数民族提供选择和创造的机会，即尊重他们的选择自由。选择发展方式的权利是民族发展权中首要的权利，是民族经济权实现的逻辑起点。无论是作为少数民族集体，还是少数民族个人，都有根据不同的情况和自身意愿选择不同的发展方式的权利。从一定意义上讲，选择发展方式就是选择生活方式，这是因为劳动生活方式或者生产方式是生活方式的核心内容，它决定了一个民族选择什么样的发展方式。同时，每一个民族都必须依凭一定的物质条件，有自己的生产方式，才能生存和发展。传统文化产权就是传统社区或少数民族实践发展权的重要依托，有选择地将自己的传统文化产业化并在未来的竞争中实现跨越式发展也要依赖这些占有优势地位的传统文化资源。换言之，传统文化产权的设立也是以文化权利和发展权利的保障为核心的。

《1989 年国际劳工组织土著和部落民族公约》第 23 条中也规定，有关民族的手工业、农村和社区工业，及其自然经济和传统谋生活动，例如，狩猎、捕鱼、器具捕兽和采集，均应被视作保留这些民族的文化并使其经济得以自主发展的重要因素。在这些民族的参与下，并且每当情况允许时，各成员国政府应保证加强并促进上述活动。《联合国土著人权利宣言》第 21 条中也规定，土著人有权维护和发展其政治、经济和社会制度，有权安稳地使用自己的谋生和发展手段，自由从事他们的一切传统活动和其他经济活动。中国台湾地区《原住民族法》第 19 条规定，原住民得在原住民族地区依法从事下列非营利行为：猎捕野生动物；采集野生植物及菌类；采取矿物、土石；利用水资源。前项各款，以传统文化、祭仪或自用为限。虽然，中国大陆不存在土著人（原住民）问题，该公约和宣言也不适用于中国，但其关于土著人权利保护的相关规定对中国少数民族文化权利和发展权利保障的相关问题具有借鉴意义。

二、从经济学视角看传统文化产权保护的正当性

经济学家依据物品的消费和使用状态即物品是否具有排他性，一般将物品分为私人物品与公共物品。私人物品是指在消费或使用上具有排他性的物品，它在特定时空条件下只能由某一特定主体使用；公共物品是指在消费或使用上不具有排他性的物

品，也就是说一个主体对公共物品的消费并不减少或排斥其他主体对该公共物品的消费，公共物品的自然属性或技术属性意味着要排他的费用是高昂的，不切实际的或不可能实现的。传统文化产品中的多数是无形的、易逝的和使用上是非竞争的，决定了它属于公共物品，具有共享性。

在传统文化产品上界定产权更重要的是源于其公共性所带来的比较明显的外部效应和“搭便车”行为（这从前述的“《乌苏里船歌》案”中即可明显地发现）。就精神领域而言，传统文化产品一般都是已公开的，虽然多数情况下是在本社区公开，传统文化的持有者就很难对付不付费的“揩油者”，后者对传统文化持有者提供的产品享受利益但不向其支付费用，结果传统文化持有者不能通过市场交易得到足够的收益，以补偿他们世世代代投入的“成本”。在这种情况下，传统文化持有者的收益就得不到保障，从而导致传统文化存量的发展和传统文化产品的增长动力不足。政府应该采取通过传统文化产权制度将传统文化产品界定为特定主体所有的形式，使得传统文化持有者得以控制传统文化的外部效应并获得多年累积的成本补偿，刺激传统文化产品生产与创新的积极性。

设立传统文化产权制度的另一个重要性在于尊重传统文化所在地的群众在传统文化创造过程中所付出的劳动。经济学家认为，任何可以被出售的产品在生产时都包括了三个要素：土地、资金及劳力，即生产的三要素。根据该理论以及商品的两重性理论，传统文化同样是一种产品、一种商品，因为游客自愿花钱来购买这种产品，以获得一种特殊的经历和感受。它具有特殊的使用价值，能给人带来精神上的享受，它同样具有价值，它里面凝结了无差别的人类劳动，因为传统文化所在地的群众为其创作付出了自己的劳动，可以用来交换。那么，我们拿什么来购买当地人的文化？有没有人曾经问过当地人是否愿意出售自己的文化？

对于传统文化的经济价值，有两个方面值得我们重视。首先，从经济角度来讲，传统文化为经济的发展提供了强大的推动作用。传统文化有可能直接产生经济效益。一国的本土文化是一种经验性文化，是本国人民在长时期的生产和生活过程中所形成的一些经验的总结，它往往能够带来很大的经济效益。依据世界卫生组织的估计，属于传统医学的草药，全世界的交易总额已达430亿美元，并且每年以5% -15%的速度增长。[①] 但是，这些本土技术正在受到“生物海盗”的破坏。西方发达国家的公司将这些民间技术在本国申请法律保护据为己有。此外，丽江地区编排的大型歌舞节目《丽水金沙》以及杨丽萍编排的大型音乐舞蹈史诗《云南映像》都是文化多样性直接获得经济效益的例子。其次，传统文化可间接推动经济发展。一个社会的内在制度安排对经济发展产生重大的影响。内在制度是从人类经验中演化出来的。它体现着过去曾有益于人类的各种解决办法。[②] 内在制度包括习俗、伦理规范和交易习俗等，这些都是社会文化的一种表现，我们称之为隐性文化。包括内在制度在内的各种隐性文化可以降低经济活动中的信息搜索成本和降低经济活动中的机会主义，推动经济的发展。[③] 温州地区民间商会很少有呆账、坏账的情况就是这种隐性文化的外在表现。

目前，传统文化的保护是作为知识产权法律体系内的“原始资料”和“人类共同遗产”的一部分得到强化的。然而，尽管人们对传统文化潜在的经济、科学和商业价值的认识大有提高，

---

① CarlosCorrea. 2001. Nov. Traditional Knowledge and Intellectual Property. 3, http: //www. netamericas. net/Researchpaper/Documents/Ccorrea/Ccorrea2. pdf.

② 柯武刚、史漫飞：《制度经济学——社会秩序与公共政策》，韩朝华译，商务印书馆2004年版，第36页。

③ 马波：《文化多样性：发展权与知识产权》，载《贵州警官职业学院学报》2008年第6期。

文化产业良好的发展前景也得到人们的广泛关注。但现实情况是，它的商业价值却主要被发达国家利用了。文化产业和文化商品的“原始资料”，通常都是基于整体文化资源，尤其是传统文化。传统文化的另一个主要的经济贡献是旅游业的发展。我国传统文化资源非常丰富，少数民族文化底蕴深厚，只要我们坚持科学的旅游发展方针和政策并将其法治化，就能充分发挥传统文化的积极作用，促进经济社会的发展。仅以云南的丽江为例，依托于丽江古城以及古老而又神奇的纳西族文化，1995—2008 年，丽江游客接待量和旅游综合收入由 84.5 万人次和 3.3 亿元，增加到 625.5 万人次和 69.5 亿元，分别增长了 7.4 倍和 21.1 倍。旅游总收入占全市 GDP 的比重，从 1995 年的 18.3% 增加到了 2008 年的 68.7%。来自旅游业的财税收入占全市财政收入的 70% 以上。目前丽江旅游业直接从业人员达到 4 万人，间接从业人员超过 10 万人。旅游产业的迅速发展，改变了城乡面貌，促进了经济增长，推动了社会进步。丽江旅游业反哺农业的效果也十分显著，旅游业和农业紧密结合的发展模式结出丰硕成果，“农民办旅游”成为富有丽江特色的旅游业发展之路，成为建设社会主义新农村的亮点。①

三、有利于促进文化多样性的保护

当今社会，文化多样性的价值越来越得到全人类的重视。文化多样性如同生物多样性一样，也是人类生存和发展中不可或缺的资源和环境要素。各种各样不同的文化相对于各自文化主体来说，都具有独特的价值，而从人类的整体存在和发展来看，多样性的文化构成了人类存在和发展的特定的文化生态，因而，只有

① 和自兴：《对丽江旅游业发展战略的再思考》，http://www.yn.xinhuanet.com/gov/2009-12/23/content_18580209.htm。

着眼于人类社会的发展，才能更深入地认识文化多样性的存在价值。[①] 保护世界文化在过去的30多年的时间里，走过了保护物质文化遗产、非物质文化遗产和文化表现形式多样性的不同阶段，充分体现了世界各国保护世界文化的观念更加深刻、意识更加强烈、愿望更加迫切。

联合国教科文组织2001年11月2日第二十次全体会议通过了《世界文化多样性宣言》。该宣言第1条“文化多样性”中强调，人类的共同文化遗产在不同的时代和不同的地方具有各种不同的表现形式。这种多样性的具体表现是构成人类的各群体和各社会的特性所具有的独特性和多样化。文化多样性是交流、革新和创作的源泉，对人类来讲就像生物多样性对维持生物平衡那样必不可少。从这个意义上讲，文化多样性是人类的共同遗产，应当从当代人和子孙后代的利益考虑予以承认和肯定。第4条“人权——文化多样性的保障”中指出，捍卫文化多样性是伦理方面的迫切需要，与尊重人的尊严是密不可分的。它要求人们必须尊重人权和自由，特别是尊重少数人群体和土著人的各种权利。任何人不得以文化多样性为由，损害受国际法保护的人权或限制其范围。第5条“文化权利——文化多样性的有利条件”中指出，文化权利是人权的一个组成部分，它们是一致的、不可分割的和相互依存的。富有创造力的多样性的发展，要求充分地实现《世界人权宣言》第27条和《经济、社会、文化权利国际公约》第13条和第15条所规定的文化权利。因此……每个人都应当能够参加其选择的文化重大计划生活和从事自己所特有的文化活动，但必须在尊重人权和自由的范围内。

联合国教科文组织2005年通过的《保护和促进文化表现形

① 龙先琼：《“发展”视域下文化多样性的价值分析》，载《思想战线》2007年第5期。

式多样性公约》序言中指出，确认文化多样性是人类的一项基本特性，认识到文化多样性是人类的共同遗产，应当为了全人类的利益对其加以珍爱和维护。文化承载着太多的内涵。一方面，文化首先是且在大多数情况下总是地方性、民族性的，任何跨文化传统的价值目标和价值认同都必须基于这一前提，它关系到一个民族和国家的生存理由和命运，除非人类世界不再存在民族和国家的界限。另一方面，任何一个民族赖以生存的文化传统都是这个民族的灵魂，当一个民族失去了自己的生活方式、价值体系、传统、信仰，以及基本的人权观念，那么，这个民族的灵魂也就失去了，其生命就将枯萎，作为一个独立的民族，自然也就不存在了。

传统文化产权制度从财产权角度对文化多样性加以保护，有利于传统社区或少数民族加深对自己文化价值的理解与认识，自觉地加强保护意识，维护他们的文化利益与生活环境。联合国教科文组织这 30 年来在人类文化遗产的保护方面做出了一系列的决议并进行了一系列出色的工作。统而言之，这是因为基于以下的考虑：世界文化多样性的保护，既是科学工作，也是和平、发展与人权的基础工作。对文化多样性的了解和认识，有利于文化间的相互理解、交流、学习和进行对话，以消除冲突和战争的对立，也有利于加强民主、正义和多元文化的基本价值观。对多元文化中的传统文化的保护与开发，是基于对文化的创造性、活文化的动力的考虑。

综上，传统文化产权制度设计的主要目标具体包括：认可传统文化的内在价值；向传统社区及个人提供法律和实施途径，以使他们能够阻止他人不正当地利用其传统文化、控制他人以违背习惯或传统的方式利用传统文化；促进公平和合理地分享因利用传统文化而产生的惠益；促进文化多样性和合理的利用活动；阻止未获授权的他人就传统文化所获得的知识产权的认可、行使和实施。传统文化产权制度所要解决的主要是日益增多的不当利用行为，即传统文化的利用者未经传统文化创作者或传承者授权或许可而对传统文化进行商业化或其他方面的利用，而且在从事商业化或其他方面的利用活动时，漠视甚至损害传统文化创作者或传承者的精神利益、独占利用所产生的经济利益。①

① 该表述参考了王鹤云、高绍安：《中国非物质文化遗产保护法律机制研究》，知识产权出版社2008年版，第303页。

第四章　传统文化产权制度的可行性研究

在深入探讨了传统文化产权制度的必要性之后，我们有必要进一步探讨一下设立该制度的可行性，即作为传统文化民事保护“他山之石”的域外经验的借鉴，以及来自我国民间的对传统文化开发的利益分配机制。此外，我们从整个无形财产权甚至财产权保护的历史经验中来寻求传统文化产权制度如何与现今的其他相关法律制度的协调与运行。

第一节　落实《文化多样性公约》的具体规定

文化多样性有着深刻的正当性基础，文化多样性有利于文化传承和文化进化，有利于知识经济的发展。所谓知识创新就是人们根据新的情况对文化信息进行新的组织和运用，知识创新的实质就是文化创新。人类文化信息的传承永远是一个动态过程，因而知识永远处于更新或创新过程中。知识创新，进而文化创新，需要人们在社会交流和思想交流中进行，因而文化的多样性、知识系统的多元性、价值体系的多种选择就会体现为一种优势资源。①

---

①　缪家福：《全球化与民族文化多样性》，人民出版社 2005 年版，第 260 页。

一、《文化多样性公约》的产权视角

2005年第33届大会通过了《保护和促进文化表现形式多样性公约》（2007年3月18日生效）。一般情况下，批准公约的过程往往需要2—3年的时间，但是，《保护和促进文化表现形式多样性公约》从批准到生效只用了17个月，这表明国际社会充分认识到了保护文化多样性的迫切性。文化传统保护与文化发展选择是国家文化主权的基本内容；保护文化多样性的权利和自由属于基本人权的范畴；知识产权对文化创造参与者的支持和激励具有重要意义。《文化多样性公约》以主权和人权作为文化多样性保护的基本举措，并以对艺术家的知识产权保护作为补充措施，由此构建了一个保护文化多样性的多元权利形态。认识到知识产权对支持文化创造的参与者具有重要意义，确信传递着文化特征、价值观和意义的文化活动、产品与服务具有经济和文化双重性质，故不应视为仅具商业价值，注意到信息和传播技术飞速发展所推动的全球化进程为加强各种文化互动创造了前所未有的条件，但同时也对文化多样性构成挑战，尤其是可能在富国与穷国之间造成种种失衡。由此可见，《文化多样性公约》在序言中强调“知识产权对文化创造参与者的支持和激励具有重要意义”、“保护文化多样性的多元权利形态”等，这就明确了从产权或私权的角度对文化多样性进行保护的态度，同时，对于现代文化，我们有以知识产权制度为主的一系列制度来进行保护，目前缺少的是对传统文化进行私法保护的传统文化产权制度。

此外，《文化多样性公约》第2条“指导原则”中规定，只有确保人权，以及表达、信息和交流等基本自由，并确保个人可以选择文化表现形式，才能保护和促进文化多样性。任何人都不得援引本公约的规定侵犯《世界人权宣言》规定的或受到国际法保障的人权和基本自由或限制其适用范围。根据《联合国宪章》和国际法原则，各国拥有在其境内采取保护和促进文化表现形式多样性措施和政策的主权。保护与促进文化表现形式多样性的前提是承认所有文化，包括少数民族和原住民的文化在内，具有同等尊严，并应受到同等尊重……文化是发展的主要推动力之一，所以文化的发展与经济的发展同样重要，且所有个人和民族都有权参与两者的发展并从中获益。文化多样性是个人和社会的一种财富。保护、促进和维护文化多样性是当代人及其后代的可持续发展的一项基本要求。从中我们也可以看出，除强调体现文化平等权的尊重人权和基本自由原则、主权原则、所有文化同等尊严和尊重原则、平等享有原则、国际团结与合作原则、开放和平衡原则外，还特别强调了促使文化的经济利益能够得到实现的经济和文化发展互补原则和可持续发展原则。

二、文化多样性是传统文化产权存在的前提

在这个拥有5000多个不同种族和6000多种语言的世界上，文化多样性是人类存在无可辩驳的事实，延伸到了地球的每一个角落，渗透了万事万物之中，从我们吃喝的食物和饮料到阅读的书籍，文化多样性无所不及。也许最重要的是，文化多样性为我们观察和认识世界的窗口增添了色彩。社群和语言的种类如此之多，随之形成了纷繁复杂的信仰、价值观、传统和习惯，它们都应得到同样的尊重和同等的展示平台。

从文化多样性到文化多元化在日益走向多样化的当今社会中，必须确保属于多元的、不同的和发展的文化特性的个人和群体的和睦关系与共处。主张所有公民的融入和参与的政策是增强社会凝聚力、民间社会活力及维护和平的可靠保障。因此，这种文化多元化是与文化多样性这一客观现实相应的一套政策。文化多元化与民主制度密不可分，它有利于文化交流和能够充实公众

生活的创作能力的发挥。[①] 文化产品和文化服务，不同于一般意义上的商品。面对目前为创作和革新开辟了广阔前景的经济和技术的发展变化，应当特别注意创作意愿的多样性，公正地考虑作者和艺术家的权利，更要考虑到文化来源群体的权利，以及文化产品和文化服务本身的特殊性，因为它们体现的是特性、价值观和观念，不应被视为一般的商品或消费品。各国的文化政策应当在确保思想和作品自由交流的情况下，利用那些有能力在地方和世界一级发挥其作用的文化产业，创造有利于生产和传播文化产品和文化服务的条件，更要重视在文化来源地的传统社区的利益与创作者的利益之间寻求一个平衡。

法律制度服务于现实的社会生活，传统文化产权制度也不例外。从民法的角度看，每一个民事法律制度都有它保护的客体，这是制度本身设立的出发点和目的。传统文化产权的客体就是传统文化，传统文化产权制度设立的目的就是保护传统文化财产权，这在本书的第五章中将有详细的介绍。没有传统文化，就没有文化多样性创作的源泉，文化多样性的存在也就失去了基础。同样地，传统文化产权制度的设置也就失去了意义。

第二节 全球视野中的传统文化产权法律保护的探索与实践对中国的启示

联合国教科文组织（UNESCO）无形遗产部主任爱川纪子曾

① http：//www. hudong. com/wiki/% E4% B8% 96% E7% 95% 8C% E6% 96% 87% E5% 8C% 96% E5% A4% 9A% E6% A0% B7% E6% 80% A7% E4% BF% 83% E8% BF% 9B% E5% AF% B9% E8% AF% 9D% E5% 92% 8C% E5% 8F% 91% E5% B1% 95% E6% 97% A5。

撰文介绍，该组织曾对成员国进行了一次全球性的调查，有103个国家做了回答，主要的结果为：57个国家将无形文化遗产作为国家文化政策的一部分；31个国家具有保护无形遗产的基础设施；49个国家有能力培养收藏家、档案管理人员和纪录片制作人员；54个国家在学校内外讲授关于无形文化的课程；47个国家有全国性的民俗协会或相似的社团；80个国家对致力于保护无形遗产的个人和机构提供道义上或经济上的支持；在63个为艺术家和从业者提供支持的国家中，28个给予国家支持，14个给予荣誉或地位，还有5个给予国家地位；52个国家的立法中包含了无形遗产的“知识产权”方面的条款；传播无形遗产的事件中80%被认为是节日或集市；传播无形遗产的机构中66%是文化和教育组织。[①] 这表明，对无形财产的法律保护已经成为国际社会的共识，我国有必要在借鉴其他国家成功经验的基础上，采取包括立法在内的积极措施来促进对无形财产及其传承人的法理保护。

一、国际法视野中的传统文化产权的法律保护

1967年修订的《保护文学艺术作品伯尔尼公约》第15条第4款规定：对作者的身份不明但有充分理由推定该作者是本同盟某一成员国国民的未出版的作品，该国法律得指定主管当局代表该作者并有权维护和行使作者在本同盟成员国内之权利。该条规定通常被认为是国际层面上对民间文学艺术表达的保护。

1982年《班吉协定》及1999年《新班吉协定》将民间文学艺术视为一种特殊作品而规定了特别条款，主张在版权法体系内对民间文学艺术进行保护。1999年修订的《班吉协定》，将民间

① 关世杰等译：《世界文化报告2000》，北京大学出版社2002年版，第163－164页。

文学艺术表述为：由社区或满足社区愿望的个人创造或传承，体现传统艺术遗产特色要素的产品，包括民间传说、民间诗词、民歌和器乐、民间舞蹈、宗教仪式中具有艺术表达形式的庆典活动以及民间艺术产品。该定义将受法律保护的民间文学艺术，界定为必须具备作品的一般特征，即具有表达形式。

1982 年世界知识产权组织和联合国教科文组织《保护民间文学艺术表现形式，防止不正当利用和其他损害性行为国内示范条款》（以下简称《示范条款》）规定，由传统艺术遗产的特有因素构成的、由某国的某居民团体（或反映该团体的传统艺术发展的个人）所发展和保持的产品，是指（1）口头表达形式，如民间故事、民间诗歌、民间谜语；（2）音乐表达形式；（3）活动表达形式；（4）有形表达形式，如民间艺术品、乐器、建筑艺术形式。同时还规定，在确定有权授权使用民间文学艺术的实体时，规定可以在“主管部门”和“有关居民团体”二者中选择，避免了使用民间文学艺术的“所有者”这个词。《示范条款》不涉及民间文学艺术的所有权问题，是因为各国由于各自的民间文学艺术的所有制现状和法律传统而对这个问题的规定有所不同，所以这个问题只能交给各国国内法自行解决。

1989 年《保护民间创作建议案》规定，“民间创作（或传统的民间文化）是指来自某一文化社区的全部创作，这些创作以传统为依据，由某一群体或一些个体所表达并被认为是符合社区期望的作为其文化和社会特性的表达形式；其准则和价值通过模仿或其他方式口头相传。它的形式包括：语言、文学、音乐、舞蹈、游戏、神话、礼仪、习惯、手工艺、建筑术及其他艺术”。目前的界定范围要窄得多。

2006 年 WIPO《保护传统文化表现规定草案：政策目标与核心原则》规定，民间文学艺术的外在形式包括以下四种：言语表现形式，如故事、史诗、传说和其他叙述，文字、标志、名称和符号；音乐表现形式，如歌曲和器乐；行动表现形式，如舞蹈、游戏、典礼、仪式和其他表演；有形表现形式，如艺术品，尤其素描、设计、油画、珠宝、编织、服饰、乐器和建筑形式等。

世界知识产权组织制定的《保护传统文化表现形式——民间文学艺术的核心目标和原则》指出，要制定适当的措施，以防止相关的不正当利用，如对具有特殊文化和精神价值或重要性的民间文学艺术及其派生形式，进行复制、改编、向公众传播及以其他类似方式加以使用；进行任何歪曲、篡改或其他修改，或进行其他减损行为，以及由第三方获得其知识产权。要防止未经授权公开或随后使用机密的民间文学艺术以及由第三方获取其知识产权；对民间文学艺术的表演，按照 1996 年《世界知识产权组织表演和录音制品条约》的要求保护精神权和经济权；在使用和利用其他民间文学艺术时，对于凡起源于民间文学艺术或受其启发的作品，注明其源自相关的原住民、传统或其他文化社区；对民间文学艺术进行的任何冒犯或有损于有关社区的声誉、习惯价值或文化特征或文化完整的歪曲、篡改、或其他修改或其他减损行为，应制止或并给予民事或刑事制裁；在经营活动中，凡以违反诚实的商业做法的方式，在参考、借鉴或再现民间文学艺术的商品或服务的来源、性质、制造方法、特点、用途、数量、关于其已经有关社区同意或与之有联系方面提出的任何虚假、混淆或误导性表示或说法，应可加以制止并或给予民事或刑事制裁；利用如果以营利为目的，按主管单位和相关社区所确定的条件，公平付酬或分享利益。

二、其他国家对传统文化产权的法律保护

世界上也有一些国家把传统文化看做国家文化遗产的一部分，那么文化权利的主体就是国家，国家通过指定有关的“主管机关”行使有关的权利。非洲一些国家大多如此规定。如突尼斯

1994 年 2 月《文学艺术产权法》第 7 条规定，民间文艺构成国家遗产的一部分，任何为营利使用而抄录民间文艺，均应取得文化部授权，并向依本法成立的版权保护代理机构的福利基金会支付报酬。① 仔细分析，不难看出，这些国家之所以把传统文化看做国家文化遗产的一部分，主要是因为国家相对比较小，传统文化相对不是特别复杂，由国家进行统一管理具有可行性。

（一）社区知识产权模式

1998 年非洲统一组织发布的《承认和保护地方社区、农民和育种者权利及生物资源获取规则示范法》中提出了“社区知识产权”（community intellectual rights）的概念。社区知识产权是指地方社区对其生物资源或者生物资源的部分或者生物资源的衍生物，对其经验、创新、知识和技术的权利。

首先，很多国家的宪法也都对社区知识产权模式进行了确认。菲律宾 1987 年《宪法》第 17 章 14 条规定：“政府应当承认、尊重和保护土著文化社区保存和发展其文化、传统和制度的权利。”泰国 1997 年《宪法》第 46 章规定：“业已形成传统社区的成员享有保存或恢复其自身风俗习惯，本土知识、艺术或该社群和民族的优良文化的权利，并有权按法律的规定，参与用平衡、持续的方式管理、保存、使用自然资源和环境的工作”。巴西联邦共和国 1998 年《宪法》第 231 条规定：“必须承认印第安人的社会组织、风俗习惯、语言和传统，以及他们对其依传统占有的土地的原始权利。联邦有责任区别它们、保护它们、并保证尊重它们的所有财产。”委内瑞拉共和国 1999 年《宪法》第 124 条规定：“确认和保护土著知识、技术和革新的集体知识产权。任何有关基因资源以及与其相关的知识的工作都必须是为了集体的利益。禁止对这些资源和祖传知识登记专利。”

① 郑成思：《版权法》，中国人民大学出版社 1997 年版，第 133－134 页。

此外，还有一些专门法也对该模式进行了确认。巴拿马2000年6月颁布《关于为原住民注册群体性权利以保护和防卫其文化身份和传统知识以及实施其他条款的特别制度的法律》，就采纳了这种群体性权利主体制度。该法第1条规定，“本法的目的是保护原住民社区的创造的权利。”第2条把各种传统知识及其载体、表达形式视为群体性权利的客体，未经原住民明确通过知识产权制度授权，不得成为任何排他性权利的客体。[①]

《1990年美国原住民墓葬保护与归还法》重申了联邦政府基于信托责任原理对保存和保护印第安社区和部落权利的义务。群体性权利是该法的灵魂。它强调的是部族在有关群体性文化财产归还中的角色和作用，这标志联邦政府已承认原住民群体性财产，这种财产归部族整体所有。该法规定，那些对美国原住民群体或其文化有重要影响，对其历史、传统或文化发展亦很重要的物品，不能由个人转让、窃用或转移，无论这些个人是否是印第安部族或夏威夷原住民群体的成员；当与原住民群体脱离时，这些物品也应被视为不可由这些原住民群体转让。该法寻求把人们的注意力从个人移开，而把归还权赋予部族。只有部族才有归还请求权。

（二）公有领域作品使用付费制度

公有领域作品使用付费制度（Paying Public Domain），就是使用某些保护期已过的作品或者原先根本不受保护的作品，仍然要向著作权管理机关或者作者权利保障组织支付使用费。主要的是以突尼斯为代表，对民间文学实行版权保护，指定专门部门对民族民间文化的使用进行许可和收费；突尼斯在1994年颁布了《突尼斯文学艺术产权法》，采取版权保护的模式，指定专门机构对民族民间文化的使用实行许可证和收费制度。除突尼斯之

① 严永和：《论传统知识的知识产权保护》，法律出版社2006年版，第197页。

外，阿根廷、智利、玻利维亚、墨西哥等南美国家为支持艺术的发展和创新，也采用了这种制度。

1976年WIPO和UNESCO共同制定《突尼斯发展中国家版权示范法》（以下简称《示范法》），该《示范法》将其定义为：在某一国家领土范围内可认定由该国国民或种族群落创作的、代代相传并构成其传统文化遗产之基本组成部分的全部文学、艺术与科学作品。从这一概念的界定上可以看出，民间文学艺术实际上指的是民间文学艺术作品，即包含民间文学这一特定要素的一种作品。基于此点，该《示范法》将其归入版权范畴进行保护。如前所述，WIPO并无意区分这些术语，为开展工作，将民间文学艺术表达形式描述为：由具有传统艺术遗产特征要素构成的，并由某一社区或由反映该社区的传统艺术追求的个人所发展并维持的创作成果。这个概念宽泛而模糊，旨在传达无论是术语的称谓、概念的界定还是范围的覆盖程度都应当由一国或地区的政策自行予以决定的意图。可视艺术和工艺是澳大利亚土著艺人和社区的重要收入来源。据估计，澳大利亚土著可视艺术产业营业额约为1.3亿美元，其中土著人得到近3000万美元。①

（三）文化财保护模式

以日本、韩国为代表，认定重要无形文化财，并指定保持者进行传承；一些发达国家在19世纪末至20世纪初便开始立法保护本国的文化遗产，日本便是其中之一。日本于1882年发布了《关于保存古器旧物的布告》，后来又制定多部法律。日本于1950年5月30日颁布了《文化财保护法》，该法的立法目的是“以使文化财得到保护并促进其利用，提高国民的文化素质，同时为世界文化的进步做出贡献”，后于1954年、1975年和1996

① 孙璐：《民间文学艺术的版权保护与经济发展》，http://data.chinaxwcb.com/zgcb/fayuanjingwei/200805/3838.html。

年三次修订而更趋完善。其保护对象主要有七大类：

1．有形文化财：在日本历史、艺术等方面具有较高价值的建筑物、绘画、雕刻、工艺品、书籍、书法、古代典籍及其他有形的文化载体，包括考古资料及有较高学术价值的历史资料。

2．无形文化财：在日本历史、艺术等方面具有较高价值的戏剧、音乐、工艺技术及其他无形的文化载体。

3．民俗文化财：对于认识日本国民生活的承袭和发展不可欠缺的关于衣食住行、生产、信仰、节日的风俗习惯、民俗艺能及反映上述风俗习惯和民俗艺能的有形的衣服、器具、家具、房屋及其他物品。

4．史迹名胜天然纪念物：在日本历史或学术方面具有较高价值的贝冢、古坟、都城址、城址、民居及其他遗迹；在日本艺术、观赏方面具有较高价值的庭园、桥梁、峡谷、海滨、山岳及其他名胜地和对于学术研究方面具有较高价值的动物、植物及地质矿物。

5．传统建筑物群保存地区：具有较高价值的、与周围环境风貌共同形成历史风格的传统建筑物如集镇、市场、农渔林场等。

6．文化财保护技术：文化财保存所不可欠缺的用传统的技术或工艺所采取的保护措施，包括为文化财的保护所必需的材料及修理、修复技术等。

7．埋藏文化财：即埋藏于地下的文化财，包括遗迹、遗物，实际上，它只是有形文化财的一个重要组成部分，只不过保存方式不同而已。[①]

从《文化财保护法》所规定的保护对象可以看出，日本是

① 参见日本《文化财保护法》，载王军：《日本的文化财保护》，文物出版社1997年版，第189－190页。

最早专门制定文化财保护法的国家，也是最先规定对无形文化财和文化财保护技术进行保护的国家，其理念和相关的具体措施对其他国家影响很大。

（四）生态博物馆模式

北欧、加拿大等地区开展文化生态保护，建设生态博物馆；1971年，国际博物馆协会领导人乔治·亨利·里维埃先生在谈到博物馆发展的新趋势时，第一次使用了生态博物馆这个名词。实际上，生态博物馆是欧洲在工业文明背景下，生态意识、环境意识觉醒在博物馆领域的一种反映，是博物馆学研究和博物馆事业发展中一种具有创新意识的实践模式。生态博物馆是一种为将来而保护某种文化整体的手段，一切有关的文化记忆要原始地保留，这是一个与社区可持续发展有关的，保护、解释和珍视自己遗产的动态过程，文化遗产应原状地保护和保存在其所属社区及环境之中。生态博物馆非常强调尊重本民族的文化，也要尊重其他民族的文化，从而形成一种自尊、自信的社区文化价值观。生态博物馆基于社区居民共同意愿，社区居民共同意愿不仅仅表示博物馆范围内的参与者，同时也代表广泛社会的社会成员，一个生态博物馆的成功必须有广泛社区居民的积极参与。[①]

生态博物馆同样包括如下一些要素：社会发展过程中，必须重视社会和文化的紧密联系和平衡；可持续发展和承担社会职责；无形遗产活动在区域内占突出地位（研究、价值观、传统、社会关系、过程、社会形态和社区管理统治模式）；社区积极回应变化着的动态的自然；居民自下而上积极参与，表达居民共同

① 该部分参考了玛葛利塔·科古：《生态博物馆：政府的角色》，张晋平译，载《2005年中国生态博物馆国际论坛专辑》，未出版，第49页。

意愿；注重区域内所发生的事情和区域发展的来龙去脉。[①] 一般认为，生态博物馆具有三个方面的功能：一是镜子效应，用于所在地居民立足现在、借鉴过去、掌握未来以及向参观者充分展示自身文化艺术，弘扬文化多元主义和人权价值观；二是实验室作用，为外界了解和研究当地居民的过去和现在服务；三是资源保护中心，用以保存自然和人的文化遗存。

（五）土著权利保护模式

菲律宾的当地人口大约是该国家6000万总人口的10%，在群岛中由110个部落构成该共和国。1997年7月28日，菲律宾共和国颁布了土著人权利法案。根据该法案，国家将承认、尊重并保护土著人保持和发展其文化、传统和机构的权利。所谓的权利包括取得祖先领地的权利，这不仅包括实体环境还包括与此相关的精神和文化联系。其特点：一是保护范围广泛，包括了遗传资源、民间文学艺术、科学技术等广义上的传统知识。二是确认了社区的主体地位，明确地承认社区对民间文学艺术、遗传资源与民间科学知识的所有权关系。同时社区对其祖先领土、自治与授权、社会公正、人权和文化完整方面享有权利。三是赋予土著社区或土著人广泛的文化整合的权利。四是明确规定社区的利益分享权，有权在10年的期限内按正当的比例对因他们知识的商业利用所得的收益进行提成。所有收益须交给能有效代理社区利益的组织，如果没有这样的组织，收益将由国家保管，并且这些收益将只有通过制定有利于社区的法律才会被发放。五是设立土著人国家委员会，建立基金会。[②]

---

① 玛葛利塔·科古：《生态博物馆：政府的角色》，张晋平译，载《2005年中国生态博物馆国际论坛专辑》，未出版，第49页。

② Mrs. P. V. Valsala G. Kutty: A Study on the Protection of Expressions of Folklore, Written for WIPO, http://www. wipo. int. 转引自黄玉烨：《民间文学艺术的法律保护》，知识产权出版社2008年版，第112－118页。

该法案第四部分声明，社区对起源于下列财产的知识产权享有永久的所有权：当地社区所发现或者选择并且保存的亲本品种和遗传材料，而这些亲本品种和遗传材料已经用于新植物品种的培育，并且可能被利用于其他潜在的用途；由当地社区在原处选择、培育、驯化和发展的种子和可再生材料；从当地材料、习惯和知识发展而来的农作技术和设备；由当地社区和土著人们从草本植物的鉴别、选择、培育、配制、储藏和使用中发展而来的药物产品及其工序；从当地社区而来的文化产品，比如编织花样、陶瓷、绘画、诗歌、民间风俗、音乐以及类似的东西；不是由个人或者单个法律人格主体制作的任何其他产品或者工序，而在社区进程中被发现；或者一个人作了创新但是没有声明该知识是属于自己的，在这些情况下，任何个人或者单个法律人格主体主张权利，则必须提交其创新的证据，或者其对该发现具有历史性主导地位的证据，来证明其主张的正确性。

当地文化社区是指以自我归属和归属区别于其他人的一群人们或者同质社会。这些人作为一个有组织的社区持续地居住在公共的确定的领土上，并且这些人，自古老时代以来，在所有权意识下，占用、持有并利用这些领土，有共同的语言、习惯、传统和其他显著的文化特征；或者是指通过抵抗殖民主义的政治、社会、文化的入侵，没有自己的宗教和文化，而历史性地与大多数菲律宾人区别开来的那些人。当地文化社区、土著人同样包括这些人们，这些人在征服或者殖民化过程中，或者在非本地宗教和文化的入侵中，或者在现在国界确定之时，居住在这个国家，并因其人口血统而被认为是当地人，同时这些人保持一些或者全部他们自己的社会、经济、文化和政治组织，但是他们可能离开了他们传统的领土，或者他们可能已经在他们祖先土地之外的地方重新定居。

无独有偶，我国台湾地区《原住民族传统智慧创作保护条例》中也以智慧创作专用权的形式规定了对传统文化的特别权利保护模式。智慧创作专用权的权利主体是原住民族集体；权利的取得方式是经主管机关认定；权利的内容包括智慧创作财产权及智慧创作人格权；权利存续期间是永久；智慧创作专用权非经主管机关同意，不得抛弃。

（六）防御性保护模式

在知识产权领域，对"公有领域"的作用、边界和结构进行考虑，具有关键意义。"公有领域"的概念在涉及传统知识和传统文化表现形式时，具有多种独特的反响。例如，传统知识和传统文化表现形式往往被知识产权制度视为"公有领域"（无主知识），而且现在仍有人认为传统知识和传统文化表现形式的公有领域特征有利于其保护与活力的延续。但是，土著社区和成员国的许多代表不接受"公有领域"的概念，要求为传统知识和传统文化表现形式建立专门的保护形式，不一定置于传统知识产权之中或以传统知识产权制度为基础。这些既复杂又敏感的问题是 WIPO 传统知识计划和 WIPO 政府间委员会正在思索的主题，已进行多年。

这些问题在传统知识和传统文化表现形式的记录工作中会实际出现，尤其是主动采取措施，通过"防御性保护"措施来预先防止传统知识和传统文化表现形式获得专利和其他知识产权。在此方面，防御性保护指的是为预先防止或逆转对传统知识和传统文化表现形式进行专利和其他知识产权授权，或行使专利权，而采取的法律和实际、行政措施，原因是这些专利和知识产权中，不当地涉及由于其来源及其可以公开获得等特点，而不符合专利保护资格的材料。尽管土著和当地社区坚称传统知识和传统文化表现形式受习惯法和规约的保护，但是从许多法律管辖区现行知识产权制度的角度看，它们在技术上可以认为属于"公有领域"。然而，专利检索和审查单位往往不把这种知识和表现形式作为可检索现有技术的一部分而知晓其存在，因此在考量专利申请和其他知识产权申请的有效性时，可能不会系统地对其加以考虑。这一局面让人对有可能发生不适当地对此种传统知识和传统文化表现形式的内容授予专利权和其他知识产权的问题引起关注。

防御性保护中的一项措施可以是，创建国家数据库，以专利局可以使用的语言和格式，提供关于传统知识和传统文化表现形式的信息。印度开发的“传统知识数字数据库”（TKDL）是这一方面的一个主要例子。但是，这种数据库“向公众提供”传统知识和传统文化表现形式，目的是作为可检索现有技术的一部分，而不是使其进入本来意义上的“公有领域”，而且要求建立丰富并易于获得的公有领域，可能与某些传统知识和传统文化表现形式持有人和成员国的期望相悖。是否为防御目的建立传统知识和传统文化表现形式数据库，是成员国和各社区要作出的一个政策选择。数据库也可用于为传统知识和传统文化表现形式提供“积极”保护，对公有领域也可能有影响。①

此外，还有通过制定保护专项艺术的法规，如阿根廷专门制定保护探戈艺术的法规来保护传统文化的模式。根据有关机构的统计，目前世界上采用类似版权的模式保护民间文学艺术成果的国家已经超过了50个，大多数为发展中国家。在我国，近年来云南、贵州、安徽、江苏、福建等地相继出台了一些对民间文学艺术进行专项保护的地方性法规，在实践中取得了比较积极的效果。法国于20世纪60年代开展了民间文化遗产的国家性抢救工程，对文化遗产进行“总普查”；每年还有专门的“国家遗产日”活动，增强国民对遗产的保护意识。目前，法国有1.8万多

① WIPO发展与知识产权委员会：《知识产权与公有领域项目文件》，2009年9月18日。

个文化协会把保护和展示遗产作为自己的工作。

三、从财产权法律保护的历史看传统文化产权

（一）仅保护有形财产阶段

从整个人类法制发展的历史看，在17世纪以前，人们只认识到有形财产（物）的价值，认识到应该建立相应的法律制度（物权制度）来对其加以保护，以保护私人财产权，并为社会创造一个和谐的法律秩序。有形财产所有权的客体为有形物，具有客观实在性，因而可以为所有人实际占有、控制和支配，且某一主体的使用必然排斥另一主体的使用。无形财产与有形财产的主要区别在于“无形”和“有形”的外在表现形式，有形财产是体力劳动物化后的有形成果，因此在法律上，有形财产使用“所有权”概念。一般而言，有形财产一经合法占有即取得所有权并受法律保护。就有形财产所有权而言，有形物是处于权利人的实际控制和支配之下，所有人可根据自己的自由意志对所有物行使占有、使用、收益和处分的各项权能。有形财产权的客体与载体是相统一的，对于有形财产权的客体而言，即使出现了完全一样的两个有形物体，该两物之上存在的亦是两个独立的物权。在传统罗马法中，所有权在经济运行活动中被视为法律调整的重心和出发点，所有权静态的归属性和本体的完整性被置于至高无上的地位，因为罗马法的基本出发点是解决财产归属的问题。受此观念影响，支配权被视为所有权的核心和灵魂，其他各项权能的分离都只是暂时的分离，最后都会在支配权的呼唤下重新回归所有权；同时，遵从一物一权的古训，同一物上只能存在一个所有权，这一规则保证了财产权利的相对确定，但未能顾及财产动态利益的态势。[①]

① 吕来明：《从归属到利用》，载《法学研究》1991年第6期。

（二）从有形财产向无形财产迈进

知识产权制度发源于欧洲，专利法最先问世，英国1623年的《垄断法规》是近代专利保护制度的起点。继英国之后。美国于1790年、法国于1791年、荷兰于1817年、德国于1877年、日本于1885年先后颁布了本国的《专利法》。

虽然1618年英国首先处理了商标侵权纠纷，但最早的商标成文法应当被认为是法国1809年的《备案商标保护法令》。1875年法国又颁布了确立全面注册商标保护制度的商标权法。以后，英国于1862年、美国于1870年、德国于1874年先后颁布了注册商标法。世界上第一部成文的版权法当推英国于1710年颁布的《保护已印刷成册之图书法》，法国在18世纪末颁布了《表演权法》和《作者权法》。以后的大陆法系国家也都沿用法国《作者权法》的概念和思路。

日本在1875年和1887年先后颁布了两个《版权条例》，于1898年颁布《版权法》。1899年日本参加了《保护文学艺术作品伯尔尼公约》，当年还颁布了《著作权法》。反不正当竞争的概念来源于19世纪50年代的法国，而世界上第一部反不正当竞争法一说为1890年美国的《谢尔曼法》，一说为1896年德国制定的《不正当竞争防止法》。美国是最早产生现代意义上竞争法的国家，其立法包括反垄断和反不正当竞争两个方面。英国的反不正当竞争的规范可追溯到15世纪，但较全面的反不正当竞争法则完成于20世纪的中叶，代表性的法律有《限制性贸易管理法》、《公平交易法》等。1905年德国修订了《不正当竞争防止法》，1957年又颁布了《反对限制竞争法》，相关法律体系更趋完善。日本主要有1933年的《不正当竞争防止法》。

进入19世纪下半期以后，所有权的绝对性、无限制性导致个人利益与社会利益之间的冲突日益加剧，因此个人的所有权思想，强调所有权的行使应顾及社会公共利益，要求充分发挥物的效用以增进社会福利。所以，现代财产权制度的立法目的，不仅在于确认权利主体对财产的占有支配，而且意在促进财产的动态利用，以求最大限度地发挥资源的效用。这就需要突破原有的理论框架，承认所有权权能不同层次的分离状况，所有权的支配力不仅表现为所有权状态的回复，更多的应表现为其他财产权的实现。

（三）英国历史上对无形财产权的争论

在著名的1769年的Millar v. Taylor一案中，当时的英国社会同样是通过一番争论才开始保护文学作品的知识产权的。该诉讼因下列事实而起：1729年，安德鲁·米勒花242英镑购买了对汤普森作品《四季》的权利。罗伯特·泰勒是一位来自贝里克郡的书商，他于1763年出版了该作品，后米勒起诉要求获得法律救济。考虑到在那时，《四季》的制定法权利至少在1757年就已经过期了，米勒如果想要在诉讼中获胜，他就必须证明自己享有该作品上的普通法权利。既然如此，该案的主要问题就变成了作者或者受让人在其文学作品发表后是否在普通法上仍然保留着一个永久性的财产权，以及《安妮女王法》的本质特征及其对该普通法权利的影响。在经过一番广泛的争论之后，王座法院以3:1的多数做出了支持普通法文学财产的判决。在该案判决宣布之后不久，上议院在Donaldson v. Becket一案中对有关普通法文学财产的地位问题进行了重新评议，结果以22票对11票支持唐纳森，反对普通法上的永久性复制权。值得注意的是，上议院不仅得出了与王座法院对Millar v. Taylor案的判决相反的结论，而且它的这个结论是以不同的推理方式为根据的。①

1774年2月，英国上议院召开会议，决定苏格兰书商亚历

---

① ［澳］布拉德·谢尔曼、［英］莱昂内尔·本特利：《现代知识产权法的演进：1760—1911英国的历程》，金海军译，北京大学出版社2006年版，第15－16页。

山大·唐纳森（Alexander Donaldson）在制作未经授权而发表汤普森的作品《四季》时，是否侵犯了在该作品上可能存在的任何权利。在做出唐纳森可以自由出版《四季》的判决中，上议院不仅反对永久性的普通法文学财产（永久性复制权），它还有效地结束了这场关于文学财产的争论。①

透过该争论，我们可以看出，作为知识产权制度重要组成部分的著作权制度如何在知识产权人与出版商以及社会公众之间达成一个平衡，从而有效地调节了各方利益，使得该项制度最终得以确立。对于权利制度建设而言，所有权广义说不是一种制度创新，而是一种简单的概念模仿。其弊端是：第一，将所有权的概念应用在对非物质财富的权利上，使它远远超出在技术上对它做准确理解的内容的范围。尽管所有权与有关精神产品的权利具有某些共同特征，但后者具有不同的性质，并服从于不同于所有权的规定。第二，从所有权的原来含义来讲，上述权利并非真正的所有权。它们未设定于物质产品之上，而是系于智力创造性的知识产品，后者是非物质性的特殊客体。为了适应社会科技、文化与经济发展的需要，填补法律调整的空白区域，我们有必要从单个人的简单物品所有权的财产权概念中解放出来，产生出与有形对象十分疏远的权利形式。这一权利形式就是无形财产权。②

（四）无形财产权的内涵不断扩展

1735 年《雕工法》，1787 年《通过在有限时间内授予设计人、印花工和所有权人以财产权而鼓励亚麻布、白棉布和平纹细布的设计、印花技术法》，简称《白棉布印花工法》，该法对于

① ［澳］布拉德·谢尔曼、［英］莱昂内尔·本特利：《现代知识产权法的演进：1760—1911 英国的历程》，金海军译，北京大学出版社 2006 年版，第 11 页。

② 吴汉东、胡开忠：《无形财产权制度研究》（修订版），法律出版社 2005 年版，第 42 页。

在白棉布、平纹细布、棉布和亚麻布上的新颖和独创的印花样式，授予其发明人和设计人以 2 个月的专有权。

无形财产权在创立之初，是作为一项自然权利而看待的，如公民的著作权被视为是与所有权并列的一项基本人权。但是，无形财产权从来都不是无限制的权利，其自创设之初便受到时间和地域的限制，后来又在权利的行使上受到种种限制。禁止无形财产权的滥用往往意味着允许他人以合法方式适度进入无形财产权人的合法利益中。这些都是与无形财产权范围的不断扩大相伴而生的。自新技术革命从 20 世纪中叶兴起，知识经济不仅培育了新一代巨富，而且孕育了知识就是财富的新的财产观。它表明知识是创造财富、赢得财富的基础，知识财产是当今社会一种新型的、重要的财产类型。随之而来的是无形财产权的客体的范畴迅速扩展，出现了与传统知识产品有别的新作品、新专利等类别。

美国网络激进主义者约翰·佩里·巴洛（John Perry Barlow）在说到数字化财产所带来的迫在眉睫的大难题时指出：知识产权法不可能通过打补丁、翻新或者扩展就能包容数字化表达的这些东西……我们有必要开发出一套全新的方法，以适应这个全新的环境。法律专家们正在采取行动，就当作旧法律还能够继续发挥作用，无论是通过奇怪的扩张，还是借助强制力。但他们错了。[①] 笔者赞同该种看法，目前值得我们深思的是，从著作权到专利权，再到商标权，以及现在新兴的集成电路布图设计、原产地标志、植物新品种、商誉等，无形财产权的内涵在不断扩展，历史上知识产权制度也是随着工业革命的发展为保护文学财产和鼓励创新而设立的，现在的知识经济时代是否发展到需要创立一种新的制度来保护传统文化？

---

① ［澳］布拉德·谢尔曼、［英］莱昂内尔·本特利：《现代知识产权法的演进：1760—1911 英国的历程》，金海军译，北京大学出版社 2006 年版，第 1－2 页。

第三节　我国事实上的传统文化产权制度安排及其评析

虽然我国法律并没有确认传统文化产权制度，但是，在我国广大的社区中存在着多种事实上的传统文化产权制度。分析这些制度的相关设计、安排以及其在实践中的运行过程，将会对我们深入研究传统文化产权制度提供有益的借鉴及民间智慧的启发，下面选择几种比较典型的模式进行粗略的探讨。

一、黄姚模式

以前述的黄姚古镇的案例为例，当地居民就是在社区共同体“内外有别”的产权意识基础上进行资源划分的：祖先（前辈）是黄姚人，是自家人。从财产继承来看，祖先留下的东西有我一份。“我们”在此处指的就是自己人，不仅指现在所有活着的黄姚人，而且包括死去的至亲好友和列祖列宗。黄姚古镇的资源产权边界对外是清楚的、明晰的，外人无权分享，但对内却不再作进一步的划分，因为大家都是自己人。可以看出，当地居民的产权意识与市场经济运作下的产权概念在划分标准上存在差距。如果我们尝试按市场经济的逻辑对当地文化资源进行分类的话，可以得出如下的初步结果：①

① 尤小菊：《旅游开发中的文化资源产权问题研究——以广西黄姚古镇为例》，载陈理主编：《民族历史文化资源与旅游开发》，民族出版社 2007 年版，第 30 - 31 页。

	物质形态	非物质形态
家庭	部分祖传匾额、藏品、字画	技能、记忆、创作等
宗（家）族	祠堂建筑及祠堂内的公共物品	族谱
社区	公益建筑、石窟、碑刻、楹联、匾额以及生产、生活设施	民间传说、节庆活动、特色民俗
文物部门（代理）	革命纪念地、历史纪念地、博物馆	

可见，在很多地区或民族当中，当地人不是没有产权意识，而是有着与现代市场经济和法制理念不一样的产权观念，这些观念也直接影响了他们的行为，特别是他们对传统文化保护的观念、看法和行动。

我们现在面临的传统文化保护问题与联合国教科文组织所倡导的文化多样性保护在内涵上是一致的，我们也经常把文化多样性和生物多样性相类比，那么现在国际上已经有以《生物多样性公约》为核心的一套相对成熟的对生物多样性的法律保护机制。在国际粮农组织 1989 年会议上，成员国普遍赞同本次会议通过的 5/89 决议中所提出的“农民权”（Farmers’ Rights）概念。所谓“农民权”是指源于过去、现在和将来的，农民在保护、改进和获得遗传资源中，特别是原产地中心、多样性中心的遗传资源所做出的贡献。“农民权”的提出目的之一是“允许农民、他们的社区和所有地区的国家充分分享源于目前和未来的通过植物育种和其他科学方法改进使用植物遗传资源所获取的利益”。“农民权”的概念为农民提供分享惠益的基础，这种惠益源自他们经过数代开发和保存下来的种质，从而促进种质的提供者和使用者之间更为公平的关系。国际粮农组织于 2001 年 11 月 3 日通过了《粮食和农业植物遗传资源国际公约》，该公约在两个方面确立了实质性规范。一是农民权在全球层面上凭借具有法律约束力的机制正式获得认可。二是建立了粮农植物遗传资源的获取和惠益分享多边系统。根据该系统，粮农植物遗传资源的获取和惠益分享通过标准材料转让协议进行安排和实现。在该多边制度下，就所获取的粮农植物遗传资源的利用，包括商业利用所增加的惠益应当通过一系列行动公平地、合理地加以分享。[①] 现在，需要引起我们思考的是能否将这样的一套保护理念与制度应用在文化多样性或传统文化的法律保护方面。能否在传统文化（原住民文化）保护中设立一种类似于“农民权”的权利，以使传统社区能够分享惠益。

二、新庄村模式

高黎贡山，有着丰富的生物多样性资源，周边社区同样具有多样性的文化资源。高黎贡山国家级自然保护区保山管理局在着力保护好自然保护区生物多样性的同时，兼顾周边社区的传统的文化多样性资源的保护工作。为有效地保护高黎贡山周边社区的传统资源，高黎贡山国家级自然保护区保山管理局的领导和工作人员进行了初步了解后，认为界头乡新庄村村民委员会村民正在传承的手工造纸工艺，应该是先进行保护的传统资源，适合建立保护和对外主张权利的传统资源民间组织。2005 年 2 月，高黎贡山国家级自然保护区保山管理局的领导从北京请来了国家知识产权局的法律专家龙文先生，在管理局的朱明育副局长和工作人员的陪同下，前后 4 次到新庄村，对传统的手工造纸的相关情况进行详细的调查和研究。新庄位于高黎贡山西坡，是云南省保山市腾冲县界头乡北部的一个村民委员会。新庄村村民委员会由

① 张小勇：《遗传资源的获取和惠益分享与知识产权》，见郑成思编：《知识产权文丛》（第 13 卷），中国方正出版社 2006 年版，第 109 页。

13 个村民小组组成，有村民 621 户 3041 人。经过访谈造纸的农户得知，新庄村村民的祖先手工造纸始于清朝末期，最初只有龙上寨自然村龙姓的 10 多户人家建立了造纸作坊。现在，手工造纸户已经发展到 12 个村民小组中的 276 户，造纸农户占总农户的 44%。目前新庄村村民的传统手工造纸业，每年可创造收入接近 100 万元。

在新庄村村民委员会的主持下，13 个村民小组都召开了村民大会，通过村民大会的选举形式，村民们推选出 49 名共同利益代表，在共同利益代表会议上推选出由 9 人组成的传统资源共管会。这标志着中国第一个保护传统资源的民间组织——新庄村传统资源共管会在高黎贡山国家级自然保护区正式成立。新庄村传统资源共管会第一届理事会选举龙德泽担任会长，黄云方为副会长。新庄村传统资源共管会聘请国家知识产权局知识出版社的龙文先生为新庄村知识产权保护法律顾问，还任命了新庄村龙上寨的传统资源共同利益代表龙占先先生为新庄古纸博物馆负责人，由龙占先先生负责组织造纸户进行新庄古纸工艺的调查和改进工作。

在新庄村传统资源共管会成立大会上，高黎贡山国家级自然保护区保山管理局朱明育副局长讲述了新庄村传统资源共管会的成立，对于保护社区传统资源，推进社区发展，促进自然保护区建设的现实作用和长远意义。龙文先生阐述了新庄村传统资源共管会的建立，在用法律来保护新庄村村民的知识产权上就有了对外主张权利，有效保护手工造纸等传统资源不受侵害的代言人。他说道，今天成立的新庄村传统资源共管会，是中国第一个保护传统资源的民间组织。界头乡党委书记李家贤、新庄村党支部书记索绍良就新庄村传统资源共管会成立以后，如何加强手工造纸的质量管理提出了严格要求。会长龙德泽宣读了经过共同利益代表大会通过的《新庄村传统资源共管会章程》和《新庄村传统资源共管公约》，黄云方副会长讲解了《新庄村传统资源共管会对外接待办法》。

2005年8月19日，新庄村传统资源共管会正式成立。新庄村传统资源共管会的成立，对于我国制定知识产权战略，对传统资源实施立法保护，参与国际性的竞争都具有重大的意义。新庄村传统资源共管会的成立，意味着从此以后，新庄村造纸农户就有了自己的权益性的村民自治组织，对外可以代表共同利益者主张权利，有利于保护手工造纸等传统资源的知识产权免受侵害。①

传统资源共管会担负如下职责：

1. 主张本村传统资源的集体利益

普查和调查本村传统资源并建立传统资源数据库，登记和同意非社区成员接触和获取本村传统资源并控制接触和获取的范围和程度。开展各项活动保护和促进传统资源的利用、传承和发展。对外宣传和推广传统资源并作为本社区唯一代表与非社区成员订立《传统资源利益分享合同》，对内鼓励对传统资源的继承和发扬并制止本村村民破坏传统资源、损害集体的行为。按照“集体共同利用、个人按劳取酬”的原则分配本村传统资源所获得的经济利益。在本村传统资源受到侵害时，代表社区维护正当权利，主张合法利益。

2. 代管本村传统资源传承人的个体利益

掌握具体传统知识和民间文艺技能，或保存独特遗传资源或物质产品的村民可以向传统资源共管会申请，经审核后登记为传统资源传承人。传统资源共管会应当帮助传统资源传承人发展传统产业，为其商业开发牵线搭桥，同时监督和维护产品质量。传统资源传承人可以授权传统资源共管会代为管理和主张其个人针

---

① http://www.glgs.gov.cn/newsshow.asp?id=A20083141511165467652。

对传统资源的精神利益和经济利益，并提交所获经济利益的10%作为传统资源共管会的管理费用。

按照《传统资源共管会章程》的规定，传统资源共管会的运作经费来源于传统资源所获利益和传统资源保护基金的支持。传统资源所获利益在支付相关村民个人劳动报酬后，其50%投入村委会用于各项集体事业，40%投入本村传统资源保护基金开展各项保护和开发活动，10%作为传统资源共管会的日常开支。[①]

三、箐口村模式

红河哈尼梯田，正如《红河哈尼族彝族自治州红河哈尼梯田管理暂行办法》第二条中所规定的，是指在红河哈尼族彝族自治州元阳、绿春、金平、红河四县风景名胜区内以哈尼族为代表的各民族耕种的水稻梯田及相关的山川、林木、村寨、水系等生态系统。红河哈尼梯田实行分区保护。核心区：元阳县境内的坝达、多依树、猛品、麻栗寨四个梯田片区。保护区：元阳县境内的新街、胜村、牛角寨、攀枝花四个乡（镇）行政区域内的规划片区。协调区：元阳、绿春、金平、红河县内集中连片，形成规模的梯田片区。分区范围以总体规划确定为准，实地设界桩标明界线。为了保护这一独特的森林—村寨—梯田—江河四度同构的良性农业生态系统和独特的梯田文化景观，并在此基础上进行造福当地民众的旅游开发，2001年10月9日红河哈尼族彝族自治州人民政府制定了《红河哈尼族彝族自治州红河哈尼梯田管理暂行办法》（以下简称《办法》），根据该《办法》，随后又制定了《红河哈尼梯田文化遗产保护与发展规划》、《元阳红河哈尼梯田保护管理实施细则》、《元阳县哈尼族民俗生态旅游景区总

① 龙文：《社区传统资源财产权利的理论探讨与实践》，见郑成思编：《知识产权文丛》（第13卷），中国方正出版社2006年版，第55页。

体规划》、《多依树旅游片区基础基础设施项目规划》、《红河哈尼梯田胜村旅游区详细规划》、《红河哈尼梯田胜村旅游区基础设施建设可行性研究报告》、《红河哈尼梯田胜村旅游区基础设施建设环境影响评估报告》等法律法规及规范性文件。完成了哈尼民居的设计方案，目前正在做《元阳县旅游产业总体规划》及各景点的详细规划，预计2009年能够完成。

同时启动了元阳“红河哈尼梯田”核心区村寨恢复与保护工程。按照《元阳县哈尼梯田核心区保护与恢复项目》的规划，需对核心区所在的三个乡镇，涉及改造村寨152个，14689户，72978人，按照产业发展与梯田保护科学协调发展，遵循人与自然和谐共处的原则，对村寨房屋及民居进行恢复与保护，改造村寨道路，新建家庭沼气池8810口，新建公厕152座。

2008年全县接待国内外旅游者581876人次，比2001年的3.15万人次增长18倍多，年均增长53.68%；旅游总收入39590.91万元，比2001年的1349万元增长29倍多，年均增长65.71%。其中接待入境旅游者27305人次，比2001年的1516人次增长18倍多，旅游外汇收入1015.12万美元。旅游业的发展有力地促进和带动了当地其他产业的发展，作为“朝阳产业”和“最具可持续发展的产业”，旅游业正显现出广阔的发展前景。①

本书在对该文化遗产表示深切关注的同时，更关注的是景区的利益分配问题。2003年3月1日，元阳县旅游局公布了《管理方案》，确定箐口哈尼族民俗村景区管理委员会为本方案的执行主体。管委会的职责包括：制定民俗村内的各项管理制度；宣传并组织实施有关法律、法规、规章；审查民俗村内建设项目、

① http://wsmg.xxgk.yn.gov.cn/canton_model12/newsview.aspx?id=851669。

经营项目，核发有关证照；组织民俗村内自然资源、生态环境、民族文化资源的调查、研究，履行民俗村的保护、建设和管理职责以及完成上级交办的其他工作。以处于梯田核心区的元阳县的箐口村为例，根据前述的这些管理规定，该村又制定了《箐口哈尼族民俗村管理办法》、《箐口村村规民约》等管理文件。《管理方案》中第三部分对门票收取以及门票收入的分配问题有如下具体规定：

关于门票收入分配问题，建议旅游局和新街镇两家都不提成，70%的门票收入用作管委会的工作经费，用于支付管委会工作人员工资、设施维护和保养等开支。30%返给箐口村村民小组。关于门票的收取问题，由于目前政府并没有出台关于上级领导和部门接待门票收取的有关规定的文件，使50%以上的门票收入流失，为此，应规定：除按有关规定应予免票或优惠的人员外，各个上级部门的接待应该一律收取门票，属于本县哪个部门接待或牵头，应该由该部门支付门票费用。①

2008年11月18日，元阳县政府决定对元阳梯田景区收费，这意味着免费看梯田时代将终结。对于梯田收费，元阳县主管旅游的副县长兼元阳县哈尼梯田管理局局长徐叶锋的态度很肯定。县里针对梯田精品观赏区设计了4个收费景点——老虎嘴、多依树、坝达、箐口，各个景点都在建设。县里与省里的一家公司合作开发，等4个景区达到基本的收费条件后就开始收费。门票由元阳县梯田管理局印制，收费则由云南世博元阳哈尼梯田开发公司收取，元阳县发展和改革局已召开了听证会，对收费价格批复，每个景点收费30元。谈到收费原因，徐叶锋说，元阳县是

① 方慧等：《红河州哈尼梯田的法律保护与可持续发展》，载周勇、马丽雅主编《民族、自治与发展：中国民族区域自治制度研究》，法律出版社2008年版，第80－81页。

国家级贫困县，但守着这么好的资源而没有收益，这种局面是可悲的。元阳不能“等靠要”了，要通过收费使农民走向富裕，通过收费把景区建设好，才能保护好梯田。徐叶锋算了一笔账，每年来元阳旅游的人数有40万人，收费后，只要有20万人游完这4个景区，每年就有2400万元。迎来2009年，元阳县政府建设的4个梯田景点的收费工作以“流产”而结束。目前，元阳县政府与云南世博集团公司正在建设景区。元阳县政府的工作人员说，现在只是暂时不收费，具体收费的日子还未确定。[①]

四、对上述模式的评价

地方性知识概念对于文化的认识论意义在于，它告诉我们，一切知识来源于实践，实践总是具体的、地方性的。知识与地方性的关联，表明这种知识的地方性、有效性，用现代科学取代它，则可能遭遇问题。例如，云南红河地区哈尼族的梯田里按传统方式种植着水稻，混养着鱼和鸭，施加现代化肥的耕作方式就不适合这种地方，强行推广后者会破坏哈尼族良好的传统耕作系统。文化的地方性和知识的地方性，要求我们尊重本土文化，不强行推广所谓的现代科学文化，即便是引入外来文化也要适应当地的文化和生态环境，而不是要求本土文化向外来文化转化。我们并不排除学习他人文化的可能，但是学习不是要消灭自己的文化，而是要让自己的文化汲取多样性文化的养分。事实上，本土的地方性知识并不是僵化不变的传统，它能使应用者有能力进行相当精确的预见性分析，本土知识在环境评估中的广泛应用和其所具有的创造性和多学科性，使这种知识具有相当强的动态性和

① http：//www．cits66．com/yunnanlvyou/7200．htm．

预见性。①

在解决传统文化法律保护的主体性不明以及与此伴随而来的各种法律问题的时候，我们同样应有地方性知识的思维。由于中国特殊的宪政架构以及与此相关的所有权制度等特殊因素，我们同样不能照搬他国在该问题上的解决思路，而应根据中国前述的具体情况，公法与私法共同发力，特别是在私法领域，不能对现有的知识产权制度进行简单的修修补补，而应创设一种新的无形财产权制度——传统文化产权。

物质文化遗产，特别是民族村镇、历史街区中的相当一部分内容，不是集体拥有或国家拥有的资源。比如说，被列入重点保护与建设对象的安顺市西秀区七眼桥镇的本寨，所有的石头碉楼、古老宅第、寨子的围墙等，都不是村集体的，村集体怎么有权利把这些建筑物、构筑物有机组合而成石头寨子，作为一种村集体的商品“卖给”旅游企业，让他们来搞开发呢？村集体虽然可以把从旅游企业拿到的钱，按照人口或什么方式进行分配，但是，这个利益的产生，并不是一种类似于集体劳动的结果，而是历史建筑的魅力给挣来的，用“按劳分配”的习惯方式操作，公平吗？

每家每户都未曾同企业发生“买卖合同关系”，他们何以不能对自己的房屋进行在他们看来合理的现代化一些的修缮或改建呢？民族村镇、历史街区内的房屋，多数是私人财产，这些人用传统的方式把古老建筑保护了下来，为旅游企业的发展构造了基础，可是，旅游企业用什么样的方式予以这些长期做出贡献的人恰当的回报呢？政府采用什么样的转移支付手段，给予这些人公

① 吴彤：《复杂性、地方性与文化多样性》，http：//www. mzb. com. cn/html/report/101726－1. htm。

平合理的报酬呢?[①]

从以上的几种模式当中，我们可以发现，正是由于没有确立传统文化产权制度，当地社区对其文化的正当权利没有得到应有的尊重，他们世代相传的传统文化被当做已经进入公有领域的文化随意加以使用，包括当地居民私人所拥有的房屋等私人物品都被当地政府授权给旅游公司来从事旅游开发，从法律角度来看，当地政府对这些私人物品本来就不享有任何权利，却来处置自己本无权处分的东西，看来我们很多基层政府的法治意识确实有必要加强。

① 麻勇斌:《贵州文化遗产保护研究》，贵州人民出版社 2008 年版，第 130 页。

第五章　传统文化产权制度的构建

法律的调整功能，是通过将社会关系转化为法律关系来完成的，将某种社会上存在的利益转化为权利义务关系，即为某主体设定权利并转化为法律关系，是法律的调整方式之一。传统文化产权法律关系亦如此。传统文化产权法律关系的基本要素，是指构成传统文化产权法律关系必须具备的条件，即主体、客体和内容三个条件。本章将试图从法律关系主体的构成要素来分析传统文化产权的主体、传统文化产权的客体、传统文化产权的内容以及传统文化产权制度在实践中的运行状况。

第一节　传统文化产权的主体

根据中国社会科学院法学研究所编的《法律辞典》对权利主体的解释，权益主体是指参加法律关系而享有法律权益和承担法律义务的人。法律关系的主体具有法律性和社会性。法律性是指在社会生活中何者可以成为法律关系的主体以及成为何种法律关系的主体是由法律规定或确认的；社会性指法律对法律关系主体资格的规定或确认不是任意的，而是由社会的经济、政治和文化生活状况所决定或影响的。同时，所有人权理论都是建立在对人权主体预设的基础上的，有什么样的人权主体，就会有什么样的人权体系，是人权主体决定了人权的内容，主体理论是人权理论体系的核心。[①] 传统文化产权制度也同样具有法律性和社会性，中国目前急需该方面的立法，以明确传统文化产权制度的主体，加强对传统文化产权制度的保障，但这种法律规范的设定要受到中国社会目前的经济、政治和文化生活状况的影响。

一、传统文化产权主体缺位

文化权益尤其是传统文化产权制度是一种非常重要的权益。讨论传统文化产权的法律保障问题，归根结底不过是要明确谁对文化享有权益，享有什么权益，其如何保护自己的权益。目前传统文化产权的法律保障面临的一个严重问题就是权利主体缺位问题。也许有人会认为，传统文化产权制度的主体就应该是传统社区，不应该有其他可能的主体存在。从理论上讲，这种观点是正确的，但由于传统文化产权制度依托于其传统文化，其传统文化又是在千百年的社会生活中逐渐形成的，其间经历了多次变迁与调适，各社区与各民族的传统文化不断地吸收与融合，进而导致其传统文化的边界不清晰，很多时候无法确定其归属于哪个社区或哪个少数民族，传统文化产权制度的边界也因而不清晰，在法律实践中就造成了相当大的困惑。

对于传统文化产权的主体问题，有学者认为，从理论上讲，既然要保护传统知识，权利就应赋予创造或保存了传统知识的人，这样才符合公平原则，并可能起到激励的效果。但在事实上，仍可能存在不少问题。例如，第一，非本土居民能否成为权利主体？如果非本土居民基于传统创造了传统知识，那么他能否成为相应传统知识的权利主体？第二，在仅能确定传统知识所隶属的范围（包括部落、民族居住区、民族甚至几个民族或国

---

① 曲相霏：《自由主义人权主体观批判》，载徐显明：《人权研究》（第4卷），山东人民出版社2004年版，第38页。

家），却不能唯一地确定具体的创造者或保存者时，如何认定谁是传统知识的创造者或保存者，如何确定权利主体？该作者对第一个问题提出了如下主张：如果对传统知识赋予某种权利，就应该对其创造、创作或保存主体一视同仁，不论是否是本土居民，都给予同样保护，而不应强行分开，设置人为的障碍。对于第二个问题提出了如下主张：第一，把一个本土社区或民族归结为知识产权法中的“其他组织”，直接注册商标、申请专利或主张对其作品的版权、对其商业秘密的所有权等。第二，在社区或民族之上依法建立代表机构，以代表的身份并以代表的名义行使相应义务和主张相应权利。代表机构可以是一个公共事务或知识产权专门事务管理委员会，这样的代表机构基本可以认定为知识产权法中的“其他组织”而享有权利和行使义务。第三，在没有本土社区自己的代表机构的情形下，可以通过本地政府来行使相应的职能。这样做有《宪法》的依据，政府虽然可以行使此种职能，但显然不能依赖政府代为处理日常的知识产权管理等法律事务。因此，应把这条途径仅理解为一种补救途径或过渡措施。第四，通过信托关系，在本土社区或民族之外依法成立一个信托组织，或把相关事务直接信托给一个现有信托组织来管理和处理相应的知识产权等法律事务。具体而言，信托组织可以采取基金会等法人形式。作为一个依法成立的法人，信托组织可以以自己的名义行使义务和主张权利，如注册商标、申请专利、对外许可和收取使用费等，从而不会在主体资格上遭遇现代知识产权制度或其他法律制度的障碍。一个运行良好的信托组织，再结合合理的利益分配机制，就可望能够解决因多个民族或社区拥有相同传统知识从而造成知识产权主体认定困难的难题。①

① 刘银良：《传统知识保护的法律问题研究》，载郑成思：《知识产权文丛》（第13卷），中国方正出版社2006年版，第245－251页。

二、学者对传统文化产权主体的不同观点

解决传统文化的主体缺位的问题，是为了明确界定权益的归属，这样既有利于鼓励、促进传承和发展少数民族的传统文化，又能增强人们的权益意识，加强保障传统文化产权的责任感，建立合理的利益分配机制，切实保障其合法权益。对于传统文化产权制度主体这一问题，学者们提出了不同的主张：

（一）国家说

例如，突尼斯早在1966年就颁布了《文学和艺术产权法》，成为世界上第一个用法律来保护民间文学艺术的国家，其中规定，民间艺术属于本国遗产的一部分，除那些代表公众利益的国家组织外，任何人具有营利目的的使用均须取得文化部的授权。该法还规定，全部或部分转让受民间文艺启发而创作产生的作品的著作权或专有授权使用这类作品的行为，要得到文化部的许可。该国1994年新的文学艺术产权法规定，取材于民间文艺的作品的创作也要取得文化部的许可。此后，摩洛哥、阿尔及利亚、塞内加尔、肯尼亚、马里、布隆迪、几内亚、喀麦隆、布基纳法索、中非等非洲国家在著作权法中对民间文学艺术进行保护。安哥拉1990年的《作者权利法》第15条第1款规定，不知作者的民间文艺作品的版权应属于国家，国家通过文化大臣行使该权利。

目前国内有许多学者持该种观点。例如，有学者认为，较为理想的模式是国家成立专门的机构实施统一管理或者国家可以授权某一部门或组织代表少数民族和国家行使少数民族的文化权益，例如文化行政部门。[①] “主体不确定的民族民间文化作品的

---

① 王鹤云：《保护民族民间文化的立法模式思索》，载郑成思：《知识产权文丛》（第8卷），中国方正出版社2002年版，第178－185页。

著作权属于产生它的群体，属于国家”[1]；“民间艺术作品作者的不确定性，决定了只能由国家当然地作为整体著作权的所有者和行使者。”[2]“国家应当作为民间文学艺术原生作品法律上的所有权和著作权主体。”[3] 四川攀枝花学院的王晓波认为，既然非物质文化遗产是国家、民族中广大民众所创造、享用和传承的生活文化，它就类似于一种自然资源，那么无论是从直观的经济利益来讲，还是从宏观的国家文化战略安全角度来讲，它理所当然应该归属于国家运营资本的组成部分。

从以上诸多学者的观点可以看出，之所以其认为民间文学艺术这一少数民族文化权益的重要方面的主体应是国家，有的是出于操作上的便捷性，由于少数民族文化权益的主体具有不特定性，不便于以类同于现代版权作者的身份去认定，他们往往受制于版权主体应为特定的个体，从而不得以地向国家“求救”。还有的学者是受中国的文化遗产属于公有、中国各族人民共同创造了光辉灿烂的文化思想的影响，从而认为少数民族传统文化应由国家所有。在我国，由国家来包办这么丰富的传统文化的产权事项，是不切合实际的。前述非洲国家规定由国家行使传统文化的所有权，是因为上述国家较小，传统文化的数量有限，因而在非洲国家，这种制度设计具有可行性。在我国，把一切都划归国家所有，就会使那些地处偏僻、流传范围不是很广的传统 变成没人所有的无主财产。

---

① 王鹤云：《民间文学艺术的版权保护制度》，载《中国知识产权报》2001 年 11 月 1 日。

② 郭蓓薇：《民间文学艺术作品法律保护初探》，载《新疆社会科学》1996 年第 4 期。

③ 张革新：《民间文学艺术作品权属问题探析》，载《知识产权》2003 年第 2 期。

（二）少数民族说

如前所述，在整个传统文化中，少数民族的文化资源占中国传统文化资源的 90% 以上，[①] 因而持这种观点的学者也为数不少。有学者认为，少数民族的文化权益的主体是整个少数民族。少数民族文化权益的享有者不是单个的少数民族成员，而是少数民族整体，即少数民族文化权益是一项集体权益。[②]

还有学者认为，少数者文化权的主体即少数者。对于中国的少数民族文化权益主体而言，就是少数民族。问题的关键是如何给少数者下一个明确的定义，也就是少数者的判定标准问题。[③]类似的观点还有，异彩纷呈的少数民族文化是少数民族人们在长期协调人与人，人与社会，人与自然关系的历史过程中逐渐发展起来的，少数民族群众是少数民族文化的创造者，少数民族群众是少数民族文化的主人。[④]

审理中国首例民间文学艺术纠纷案，即《乌苏里船歌》案的北京市第二中级人民法院知识产权庭庭长王范武认为，“民歌作为一个民族的集体财富，其民族中的任何一个成员都有权主张著作权。一个民族世代的民间曲调是民间文学的组成部分，也是该民族每个成员共同创作并拥有的精神财富。它不归属于某一成员，但又与每个人的权益有关。一个民族中的每个群体和成员都有维护本民族民间文学艺术不受侵害的权益。”“国家在这里也

---

① 中央民族大学西部发展研究中心：《中国少数民族地区水电建设移民安置补偿补助体系研究报告》，未刊稿，2008 年 11 月。

② ［奥］凯尔森：《法与国家的一般理论》，中国大百科全书出版社 1996 年版，第 91 页。

③ 严永和：《论传统知识的知识产权保护》，法律出版社 2006 年版，第 74 页。

④ 刘晖：《摩梭人文化保护区质疑——论少数民族文化旅游资源的保护与开发》，载《旅游学刊》2001 年第 5 期。

没有参与创作活动，因此主体只能是居民团体或民族。”[①]

早在1994年第三世界网络就主张把社区作为传统知识的权利主体。他们当时提出的《社区知识产权法》（*the Community Intellectual Property Act*）即宣示，作为所有人，社区将永远不放弃对创新或知识的排他权。[②]

（三）专门机构说

持该种观点的学者多立足于中国的特殊国情。例如，有学者认为，应当成立一个专门的组织，由法律直接规定由其作为权益主体，来保护文化权益。该组织不具备任何官方属性，是一个完全自治的民间组织，由它来行使有关文化权益，并将有关收益用于文化来源群体的文化、经济事业和该组织的日常运转。[③]

也有学者认为，中国需建立一种以私权益或群体公权益为基础的传统知识产权保护机制。[④] 成立非政府的民间组织来代为行使民族民间文化的相应权益，以切实保护民族民间文学艺术发源地少数民族的集体利益。非政府组织依照法律规定成立、运作，代表民族民间文化发源地少数民族对非发源地或族群之外的人使用、利用该民族文化依法行使相应许可行为或收取合理费用，代表参与诉讼、仲裁等活动。其收取的费用用于该民族文化的保护与传承。[⑤]

专门机构说类似于中国著作权集体管理组织（见中国《著

① 颜斐：《〈乌苏里船歌〉作者不是郭颂》，千龙新闻网2002－12－29。

② 杜瑞芳：《传统医药的知识产权保护》，人民法院出版社2004年版，第172页。

③ 严永和：《论传统知识的知识产权保护》，法律出版社2006年版，第117页。

④ 唐广良：《遗传资源、传统知识及民间文学艺术表达国际保护概述》，郑成思编《知识产权文丛》（第8卷），中国方正出版社2002年版，第3－72页。

⑤ 吴烈俊：《中国民族民间文学艺术的法律保护》，载《西南民族学院学报》（哲学社会科学版）2003年第5期，第195页。

作权法》第八条)。经过10年的发展，著作权集体管理组织如中国音乐作品著作权协会、中国文字作品著作权协会等已经大大促进了对著作权人利益的保护和社会公众权益意识的培养，其运作方式可以为保护少数民族文化权益提供有益的借鉴。

（四）多样说

王鹤云认为，从理论上讲，保护非物质文化遗产，就必须把权利赋予创造或保存了这些传统知识的人，这样才符合公平原则，并能起到激励的效果。从制度经济学的角度来讲，针对一种具体客体的产权制度设计必须综合考虑该客体的经济性质和客体的稀缺性等因素。如果一种客体是私人物品，又相对稀缺，那么该客体的产权应该为私有产权；当一种客体是公共物品又具有很强的稀缺性，这种产权安排应该是公有产权；如果当一种客体同时具有公共物品和私人物品的双重属性时，理所当然地应根据客体不同部分兼采取私有和公有两种产权制度。非物质文化遗产，在产生和发展过程中既体现了优秀个体的创造，又凝结了集体的智慧，因此非物质文化遗产具有公共物品和私人物品双重性质，其产权形式也应根据不同部分的具体性质采取公有或私有的形式。主体可以确定的非物质文化遗产，自然应该属于私有，主体不特定的非物质文化遗产要根据情况，判定归属有关群体这种广义的私有，或者规定为公有的形式即国家所有。①

管育鹰博士在其拟订的《民间文艺特殊权利保护法》建议条文第五条中也指出，创造、保有或按照传统习惯使用本法第四条所列举的民间文学艺术表现形式的传统族群或其他传统文化社区的居民是本法所称的民间文学艺术保有人。民间文学艺术的保有人根据其流传范围的不同，分为国家、跨区域或跨族群、单一

---

① 王鹤云、高绍安:《中国非物质文化遗产保护法律机制研究》，知识产权出版社2008年版，第301页。

族群三种。[1] 可见，管博士对传统文化产权的主体也持多样说的观点，她这里所说的族群是指具有共同文化特质的群体。

（五）双重主体说

该种学说也是立足于中国的国情，侧重于具体的操作层面认为将少数民族文化权益的主体与管理主体分开。现在世界上已有不少传统知识保护法做出了类似的相应的规定。巴拿马2000年6月颁布《关于为原住民注册群体性权益以保护和防卫其文化身份和传统知识以及实施其他条款的特别制度的法律》，就采纳了这种群体性权益主体制度。[2] 对于中国而言，在个人主义主体观处于核心地位的知识产权制度框架中，适当提升群体主义主体观的地位，并将其延伸到传统知识保护的制度框架中，建立传统知识群体主义权益主体制度，对于传统知识权益主体问题的解决，应不失为一个较好的选择。至于如何确定其管理主体，以帮助少数民族实现其文化权益，主要有两种思路：一是由政府机构或非政府组织来代表利害关系人行使权益；二是由具备资质的私人信托公司来代表少数民族行使有关权益、参与有关文化权益利用合同的谈判等。[3]

同时，也有学者从权利主体的性质角度进行了分析后认为，有权利必须要有权利主体，作为非物质文化遗产，其权利主体具有相当的复杂性，具体分析有如下主要类型：

1. 社会民众型权利主体。如社会风俗、礼仪、节庆、作为非物质文化遗产媒介的语言，我们无法作出它属于某个人或某团体或国家所享有权利的判断；相反，它属于特定领域之内全体公

---

① 管育鹰：《知识产权视野中的民间文艺保护》，法律出版社2006年版，第236页。

② 严永和：《论传统知识的知识产权保护》，法律出版社2006年版，第197页。

③ 严永和：《论传统知识的知识产权保护》，法律出版社2006年版，第199页。

众，如同空气、阳光，该领域内的公众无论是土著性或是外来性的居民，均有权利参与到社会风俗、礼仪、节庆的活动中，对其加以使用。对此，我们可能更需要关注的义务的履行。对于这种类型的主体，没有可以单独主张自我权利的可能。

2. 团体型权利主体。在非物质文化遗产保护中，各种行业协会性团体是一种不可忽视的保护力量。除此之外，由血缘关系或婚姻关系所构成的家庭性团体也不应当被忽略。在口头传说和表述、表演艺术、传统的手工艺技能等方面，行业协会性团体可以作为主体，对非物质文化遗产通过著作权、商标权、地理标志权、对民间文学艺术作品保护等法律制度途径享有相应权利尤其是使用权并对非物质文化遗产进行保护，同时，行业协会应当负有有效保护在口头传说和表述、表演艺术、传统的手工艺技能等方面存在的非物质文化遗产的义务。在立法制度设计上，宜将行业协会性团体保护非物质文化遗产的义务设定为法定义务。

3. 个人型权利主体。在可能产生非物质文化遗产的表演艺术、口头表现形式、传统手工艺技能中，具有生理能力的个人在非物质文化遗产的传承中发挥着不可或缺的重要作用。对于个人整理出来的以文字、图形、模型等多种形式表现的非物质文化遗产，法律可以通过著作权等多种途径给予确认和保护。①

吴汉东教授也持类似的观点，认为在知识产权领域，存在着私法二元主体结构，即个人主义主体与共同体主义主体。前者是一种典型的私的主体，包括特定的自然人、法人或其他组织，一般知识产权采取的即是以个人为中心的权利主体制度；后者则是一种以团体形式出现的主体，传统文化表现形式的知识产权一般归属于特定的民族、部族和社区，奉行的是以群体为特征的权利

---

① 费安玲：《非物质文化遗产法律保护的基本思考》，载《江西社会科学》2006年第5期。

主体制度。当然在某些特殊情况下，传统文化表现形式的权利归属并不排除个人享有的形式，但总的来看，群体所有权是其基本原则，并处于核心地位。①

三、本书观点

《关于保护民间文学艺术表达形式以抵制非法利用和其他不法行为的国内法律示范性特别条款》（以下简称《示范条款》）在确定有权授权使用民间文学艺术的实体时，规定可以在“主管部门”和“有关居民团体”二者中选择，避免了使用民间文学艺术的“所有者”这个词。《示范条款》不涉及民间文学艺术的所有权问题，是因为各国由于各自的民间文学艺术的所有制现状和法律传统而对这个问题的规定有所不同，所以这个问题只能交给各国国内法自行解决。

（一）设置双重主体的优势

我们认为，传统文化作为一种集大成的文化现象，它的艺术价值、经济价值非常之大，加之国际文化交流的频繁，这使得它具有易受侵害性和破坏性，由国家与传统社区共同作为主体，可能会更有利于传统文化的保护。原因在于，如果传统社区作为其传统文化的单一权益主体，可能存在两种倾向：（1）保护意识淡薄：因为其传统文化在当地流传多年，人人自由使用，在人们的观念中根本没有形成这是一种权益客体的概念，所以也未形成一种保护意识。（2）传统文化尤其是少数民族传统文化的利用和开发的程度不够，国家作为另一主体，可能会促进其经济、文化价值的发挥，以防形成垄断。因而，基于中国目前少数民族及

---

① S. v. Levinski, Indigeous Heritage and Intellectual Property: Genetic Resources, Traditional Knowledge and Folklore, Kluwer Law International, P. 14, 2004, 转引自吴汉东：《论传统文化的法律保护》，载《中国法学》2010 年第 1 期。

民族地区政治、经济、文化以及整个社会的发展水平还比较低的现实，我们赞同双重主体说，传统文化产权的权利主体是传统社区，传统文化产权的管理主体是国家和传统社区。理由在于：

1. 设置双重主体可以克服前述“国家说”和“少数民族说”的缺陷，更加有利于传统文化产权的保障。同时，随着民族的迁徙和交融以及少数民族传统文化的不断传承，一些传统文化的流传范围已不再限于某个地区，如西北的“花儿”，是聚居于甘、宁、青地区的回、汉、撒拉、东乡、裕固等民族一律用当地汉语方言传唱的一种山歌，很难确定其为某一地区的具体的群体或民族所有。这时，应当规定国家作为少数民族文化权益的主体对其进行保护。

2. 传统文化产权的保护最终必须依靠少数民族或传统社区的参与，在条件成熟的情况下，国家作为管理主体也有可能从传统文化产权保障事务中逐渐淡出，这是历史发展的必然。比如，随着云南丽江民族旅游业的蓬勃发展，纳西族东巴传统文化的保护受到了政府和社会各界的极大重视，出现了一种空前的复兴景象。但东巴传统文化在它的原生土壤即纳西族民间却已大大失落，与上述的繁荣景象形成鲜明的反差。这就说明，对民族传统文化的保护如果只是局限在上层的政府部门和有识之士，而得不到下层的、它的原生土壤上的文化创造者或主人公的支持，要想实现民族文化保护的目标是比较困难的。① 因而，我们认为，排除少数民族或传统社区的参与，由国家成立相应的机构或成立非政府的民间组织来代为行使包括传统文化产权在内的文化权益的做法有违这一基本宗旨，不利于少数民族权益意识的觉醒。究其原因，这是受保护传统文化问题上的“管理者”、“救世主”的

① 马晓京：《民族旅游开发与民族传统文化保护的再认识》，毛公宁、刘万庆编：《民族政策研究文丛》（第3辑），民族出版社2004年版，第491页。

观念的影响，认为传统文化是所谓的“落后的”，用主流文化的标准来衡量传统文化，这些观念被认为是不科学的。

3. “双重主体说”也是落实民族区域自治法中“上级国家机关的职责”的一个具体体现。在民族地区的未来发展中，少数民族的传统文化将成为其发展的一个强大动力，少数民族文化权益中的经济性权益的转让将直接带来巨大的经济利益，上级国家机关在指导、帮助、扶持民族地区发展时，应将其文化权益的保障作为一个重要的方面，可以起到文化和经济共同发展，进而带动整个民族地区社会全面进步的目的。

（二）双重主体的运行

目前的传统文化保护方面的主体是比较混乱的，各主体之间的职责与权限是非常不清楚的。以贵州省安顺市平坝县的天龙镇为例，推动这个地方保护工作的，至少有 5 个主体：平坝县政府、天龙镇政府、天龙村民委员会、已经“买断”天龙镇古老街区和天台山经营权的一家旅游公司、主导“民族村镇保护与建设”工作的省建设厅。在传统文化产权的具体行使方面，成立类似于“传统文化产权集体管理组织”的民间团体，明确各政府部门与民间团体的职责，有可能会为传统文化的保护探索出一条新路。“传统文化产权集体管理组织”设置若干专职工作人员专门从事传统文化保护，“传统文化产权集体管理组织”由若干专家和所有少数民族或社区的代表共同组成，其中的重大事项由“传统文化产权集体管理组织”在充分听取该少数民族和社会各界意见的基础上投票决定。对于精神性权益的行使，一般由少数民族或传统社区自己行使，无须代行，唯一存在问题的是当该类权益受到侵害时，则须由“传统文化产权集体管理组织”向司法机关请求救济；对于经济性权益，则由“传统文化产权集体管理组织”这样的民间团体行使，所得收益设立专项基金，用于保护、开发、推广、发扬本区域的传统文化。例如，贵州在 2004

年就成立了“民族民间文化保护委员会”，2006年，该委员会更名为“贵州省非物质文化遗产保护委员会”。

也许有人会认为，在法制社会中，对权益进行保护时，不会去考虑谁是法律上的主体、谁是事实上的主体。法律所要保护的就是法律明文规定的权益主体。所以这种事实与法律主体之分仅是理论上的一种划分，在实践中不一定具有可操作性。但我们认为，正是因为我们目前的法律制度无法保护少数民族的文化权益，才要求我们对现有的法律规范进行创新，以适应时代提出的新课题，所以我们可以不必拘泥于传统的法律主体的理论框架。而对传统社区的界定，我们可以借鉴前述的菲律宾的成功经验。在菲律宾，当地文化社区是指以自我归属和归属区别于其他人的一群人民或者同质社会。这些人作为一个有组织的社区持续地居住在公共的确定的领土上，并且这些人，自古老时代以来，在所有权意识下，占用、持有并利用这些领土，有共同的语言、习惯、传统和其他显著的文化特征；或者是指通过抵抗殖民主义的政治、社会、文化的入侵，没有自己的宗教和文化，而历史性地与大多数菲律宾人区别开来的那些人。对于我国来说，由于我国与他国不同的民族国家发展的历史，前述定义的后一种情况在我国是不存在的。但我们可以借鉴前述定义的前半段的规定，来界定我国的传统社区，这一定义的最大优点就是突破了民族的界限，也不是依托于简单的地域的界限，而是以文化为基础的传统社区的边界，比较适合于应用在传统文化的法律保护方面，比较符合传统文化产权的实际情况。

（三）传统文化产权主体的特殊类型

在此，我们还有必要强调一下传统文化产权主体的特殊类型，在实践中，它有可能是一个（几个）社区、一个（几个）部落、一个（几个）民族、一个（几个）国家等，即通常所说的当地族群、本地或当地人、民族、部落、原生地居民等，也有可能是一个国家的几个社区与另一个国家的部分社区共同成为主体。传统文化产权主体的具体范围要根据传统文化的不同情况来科学地加以认定。试举一例：

临夏是中国“花儿”的发祥地，早在明宪宗成化年间，就有“轻鞭一挥芳径去，漫闻花儿断续长”的诗作流传于世。临夏“花儿”按唱词和曲调分河州“花儿”和莲花山“花儿”两大类，按地域又分东、西、南、北、乡“花儿”。临夏“花儿”的曲调有上百种，民间常以“令”称呼，唱词亦格律奇特，押韵手法中还有《诗经》的韵味，演唱则用临夏方言，具有浓郁的地方气息和民族特色。临夏还建立“花儿”歌手档案，采用专家授课和集中培训等形式，提高各民族“花儿”歌手的演唱水平。

2006 年 5 月，国务院公布第一批国家级非物质文化遗产名录时，认定“花儿”包括莲花山花儿会、松鸣岩花儿会、二郎山花儿会、老爷山花儿会、丹麻土族花儿会、七里寺花儿会、瞿昙寺花儿会、宁夏回族山花儿等多种形式，将“花儿”同时授予甘肃省康乐县、和政县、岷县，青海省大通回族土族自治县、互助土族自治县、民和回族土族自治县、乐都县和宁夏回族自治区。这种做法采用的是民法上的共有制度。

进入 2009 年，经国务院批准，“花儿”作为人类非物质文化遗产代表作名录备选项目，正式进入申报联合国人类非物质文化遗产程序。享有“中国花儿之乡”美誉的甘肃临夏回族自治州、中国“花儿”保护基地甘肃康乐县、中国“花儿”传承基地甘肃和政县均开始准备“申遗”的各项工作。[①] 2009 年 9 月 30 日在阿联酋召开的联合国教科文组织保护非物质文化遗产政府间委

① http://www.gscn.com.cn/pub/cul/whbb/2009/01/04/1231077645734.html。

员会会议决定，此次列入《世界人类非物质文化遗产代表作名录》的项目共有76个，其中22个中国项目，它们是：中国蚕桑丝织技艺、福建南音、南京云锦、安徽宣纸、贵州侗族大歌、广东粤剧、《格萨尔》史诗、浙江龙泉青瓷、青海热贡艺术、藏戏、新疆《玛纳斯》、蒙古族呼麦、花儿、西安鼓乐、朝鲜族农乐舞、书法、篆刻、剪纸、雕版印刷、传统木结构营造技艺、端午节、妈祖信俗。“花儿”也名列其中，成为全人类共同的文化遗产。而对那些已经在全国范围内广泛流传的传统文化则应归属于国家所有。

第二节　传统文化产权的客体

根据中国社会科学院法学研究所编的《法律辞典》对权益客体的解释，少数民族文化权益的客体是指少数民族文化权益主体的权益和义务所指向的对象或标的，任何法律上的权益和义务，都是基于对社会生活主体的利益的确认和界分而形成的。传统文化产权的客体就是传统文化。陈庆德教授认为，民族共同体边界最基本的意义和职能，就是确立了以人的个体的发展代表整体的发展方式，开始对外执行资源产权的划分功能，对共同体外的其他类成员实施资源共享的排斥。①

一、“对传统文化不必保护”观点的批判

有学者认为，知识财产私权化在国内法领域的拓展，导致原来人们所共有的生产、技术、市场知识和技能开始划归私人领

① 陈庆德：《资源配置与制度变迁——人类学视野中的多民族经济共生形态》，云南大学出版社2001年版，第89页。

域，知识财富的公有领域相对缩小，从而造成知识创造者的个人利益与知识利用者的公众利益之间的冲突。[①] 也有学者持类似观点，认为关于文化财产权之界定，本属社会资源如何分配的建构，在保护原住民传统智慧创作的同时，也应思考将原住民文化素材归属在公共领域，是否可以提供更多的创作元素？文化毕竟是一种动态演进的过程，许多现代原住民艺术的展现，都是糅合了传统与现代的表现。永久保护的立法方式，不仅缩减了公共领域空间，也可能将原住民文化困在没有活水流动与文化激荡的世界里，对于促进原住民文化发展是否有负面的效应？实在值得深思！[②]

还有学者撰文对传统文化进行法律保护提出了质疑，其在文中使用的是"传统生活方式"一词，并进行了多角度论证。殊不知传统生活方式是传统文化最核心的部分。本书试图对此种观点进行一些必要的探讨。作者在其文章中首先提出传统生活方式（及其要素）包括的事物主要有传统生活方式、本土风格、习俗、风俗、仪式、礼节、争端解决方法、管理方法、宗教、崇拜和语言。这种对传统生活方式的界定是比较全面并客观地反映了传统社区的实际情况的。它们能否成为传统知识（笔者认为传统知识是传统文化的一个重要分支）保护的客体？作者认为取决于两个方面：一是对这些事物的保护能否获得正当的法理论证；二是对这些事物的保护目的能否与保护传统知识的基本目的相一致？该作者的这种判断标准符合法学界的通说并进行了高度的概括，能够成为一种事物是否应受到法律保护的基本判断标准。接

① 袁泳：《知识产权法与技术、文化创新》，载《北京大学学报》（哲学社会科学版）1997 年第 5 期。

② 林三元：《原住民族传统智慧创作保护条例初探》，载《东大法学》2008 年第 3 期。

下来该作者根据前面标准的第一个方面对传统生活方式不应成为法律保护的对象进行了论证。他认为，假如我们对这些事物（传统生活方式）提供完整和全面的保护，但同时又不对所谓的主流社会或现代社会的对应物提供同等的保护的话，则可能会因为违背平等原则而引来一连串的难题和诘问。但如果要对主流社会中的这些对应物（生活方式、风格、习俗、风俗、仪式、礼节、宗教、崇拜和语言等）提供全面的法律保护的话，则整个世界的格局将很可能发生根本性的改变，因为这可能会改变人类社会日趋成熟的法治基础，使人类整体陷入“权利——侵权”的恶性循环中。[①]

本人认为，几位学者的以上论述很难让人信服：

首先，有什么理论能支持我们在对传统文化进行保护的时候必须对主流社会的文化予以同等程度的保护？正是因为传统文化与主流文化相比处于弱势地位我们才需要对其进行特别的保护，这才符合“实质正义”的要求，更何况对于主流社会的文化，我们有以知识产权制度为核心的现代法治来进行全面的保护，这与我们当前倡导的文化法制以及文化产业化的法律保护理念是一致的。

其次，主流社会的生活方式同样需要法律保护，只是与传统生活方式相比，保护的力度和角度都会因实际情况的不同而有所差异而已。我想这种保护起码包括尊重、不歧视等基本的人权原则。

再次，作者在文中还提到对传统知识的保护会涉及与社会公共利益的平衡问题。殊不知，保护传统生活方式就是保护文化多样性，这本身就是社会公共利益的重要组成部分，是对社会公益

---

① 刘银良：《传统知识保护的法律问题研究》，载郑成思：《知识产权文丛》（第13卷），中国方正出版社2006年版，第238页。

有重大价值的，这已经得到全世界的公认（这从联合国教科文组织通过的《生物多样性公约》、《文化多样性宣言》、《文化多样性公约》、《非物质文化遗产公约》等可窥见一斑）。

最后，作者在文中还提到，从人权和伦理学的角度出发，在没有本土居民事先知情同意的前提下，就人为地把本土居民认定或划定为“弱者”，然后提供一些“特权”并附加一定的“限制”……这种现象在当前的社会现实中是存在的，但这只能说明很多地方政府不懂得传统文化保护的规律而采取了一些不是很恰当的保护方式，只是一种“实然”。从应然的角度讲，很多传统社区发展的相对落后是客观事实，文化保护更是依靠地方政府的推动，我们现在需要做的，是在借鉴国外成功经验的基础上，结合传统社区的实际情况，政府增加资金投入，调动社区居民积极参与，以法律手段确保传统文化不会被淹没或消失，以贡献于当前的文化创新乃至人类文明的发展。

刘银良先生对其提出的标准的第二个方面也进行了论述。保护传统知识的基本目的包括保存濒临灭绝的传统文化和防止别人开发利用传统知识两方面，而过度防止别人利用传统知识则很有可能不利于濒临灭绝的传统文化的保存、保护和拯救。因此，即使赋予本土居民特权，在操作的层次上是否可行和是否能够收到希望的成效仍属一个关键问题……①因此，不应该贸然在传统生活方式及其要素上设定权利，以避免人为地增加人们亲近、了解、使用和利用这些传统文化的障碍。这种论述就更加让人难以理解，在传统生活方式上设定权利要防止的是其他人的不正当利用和商业性使用而不付费的情况，这种权利（即本书所主要探讨的“传统文化产权”）也并不是绝对的权利，该项权利的内涵并

① 刘银良：《传统知识保护的法律问题研究》，载郑成思：《知识产权文丛》（第13卷），中国方正出版社2006年版，第239页。

不包括对传统文化的“合理使用”（教学、科研、个人欣赏、公益目的的使用等），怎么会“人为地增加人们亲近、了解、使用和利用这些传统文化的障碍”呢?

当然，原文作者也不是主张对所有的传统文化（传统知识）都不进行保护，而是仅主张对传统生活方式不进行保护。当然，绝大多数学者还是认为传统生活方式是传统文化最核心的部分，应对其进行有效的法律保护，这从最近几年发表的众多文化法制方面的文献中可以清楚明确地得出结论。

二、作为传统文化产权客体的“传统文化”

在人类学名著《文化，关于概念和定义的检讨》一书中，罗列着164种关于文化的定义。可见，文化的内涵是极为丰富的，本书只是试图简单地从一个局部概括一下传统文化的内涵，有时会借鉴一下文化的内涵以及作为其核心的少数民族传统文化的内涵。

（一）对传统文化内涵的不同观点

墨西哥的斯坦温黑根教授从三个层面探讨了“文化”一词的含义。第一个层面的含义是指作为资本的文化，等同于人类累积的物质遗产，如文化遗址和人工制品等；第二个层面的含义是指作为创造力的文化，指的是艺术和科学创作的一个过程；第三个层面的含义是指作为全部生活方式的文化，指的是“特定社会群体的物质和精神活动及其成果的总和”。①

徐万邦、祁庆富两位教授认为，所谓传统文化是指保持在每一个民族中的由历史上流传下来的文化，是每个民族的“固有文

---

① ［挪］A. 艾德、C. 克洛斯、A. 罗萨斯著，中国人权研究会组织翻译：《经济、社会和文化权益教程》（修订第2版），四川人民出版社2004年版，第71－73页。

化”。任何民族的传统文化都是在历史进程中形成和发展起来的，都有其特定的内涵和占主导地位的基本精神。传统文化既包含物质文化，也包含精神文化。①

吴汉东教授认为，传统文化是传统部族基于世代传承，表明其身份特征而形成的精神遗产。所谓基于世代传承，是指该类文化经世代相传并且为适应环境而不断发展；表明身份特征，则强调该类文化表现了一个部族区别于另一部族的社会特征。同时，吴教授还认为传统文化相当于“原住民族知识”或“民间文学艺术表达”，其上位概念有传统知识和文化遗产。传统文化是传统知识的下位概念……传统文化与传统技术、标记等构成了传统知识的完整内容；同时，传统文化也是文化遗产的下位概念。文化遗产是人们所承袭的前人创造的文化和文化的产物。文化遗产包括有形文化遗产，也包括无形的文化遗产，传统文化属于无形的文化遗产范畴。②

屈学武认为，所谓“民族文化”，有广义和狭义之分。广义上的民族文化，包括民族生理（种族、血统）、民族语言、文字、民族文艺、民族思维、民族心理、民族心态、民族情感、民族习俗、民族传统、民族经济、民族政权、民族宗教信仰、民族习惯法、民族生活方式等多方面内容。狭义上的民族文化，仅指具有特定民族形式的文化或某一具体民族的文化。在文化构成上，狭义的民族文化，仅指少数民族在文治（文学、艺术、精神、习俗）、教化（语言、文字、教育）方面的传统文化。③

吴宗金认为，少数民族文化是指少数民族在长期的社会实践

① 徐万邦、祁庆富主编：《中国少数民族文化通论》，中央民族大学出版社1996年版，第29页。

② 吴汉东：《论传统文化的法律保护》，载《中国法学》2010年第1期。

③ 屈学武：《简论少数民族的文化权益》，载《理论与改革》1994年第6期。

中创造和发展起来的，保持在每一个民族中由历史上流传下来的，具有自己形式和特点的文化，是每个民族的固有文化和传承文化，包括物质文化和精神文化。[①] 基于该学者观点，传统文化即指传统社区在长期的社会实践中创造和发展起来的，保持在每一个社区中由历史上流传下来的，具有自己形式和特点的文化。

著名知识产权法学者王鹤云认为“民族民间文化”应该是个广义的概念，即由某一特定民族或一定区域的人群世代相传，留存于民间的，反映该民族或该区域人群历史渊源、生活习俗、心理特征及所赖以生存的自然环境、群体特征、宗教信仰等诸多内容的文化艺术表现形式的总和。[②]

牛津美国法手册是这样来界定文化概念的，文化是一个令人困惑的概念，它的含义很难准确定义，它既可以指文学、歌剧、芭蕾这些高雅文化，也可以指喜剧、书籍、电影、电视等大众文化或流行文化。人类学家所使用的“文化”是在传统文化的意义上使用的，它指特定群体的整个生活方式。[③] 前述人类学家的文化定义可以认为主要是对少数民族的传统文化的定义。

联合国教科文组织 1972 年通过的《保护世界文化和自然遗产保护公约》使世界各国的文化遗产（文物、建筑群和遗址等）、自然遗产、文化与自然双重遗产得到了前所未有的重视、珍惜和保护，其保护范围相当于有形文化财产，包括少数民族的有形文化财产。可以作为传统文化产权客体的不是传统文化的全部，我们可以排除的是前述的有形文化财产，尤其是列入中国

---

① 吴宗金、张晓辉主编：《中国民族法学》（第 2 版），法律出版社 2004 年版，第 346 - 348 页。

② 王鹤云：《保护民族民间文化的立法模式思索》，载郑成思：《知识产权文丛》（第 8 卷），中国方正出版社 2002 年版，第 178 - 185 页。

③ The oxford companion to American law, http：//www. oxfordreference. com/views/ENTRY。html？ subview = Main&entry = t122。e0224。

《文物保护法》第 2 条规定范围的文物，这些文物属于国有。这些有形文化财产，不管是可移动的还是不可移动的，都应该从传统文化产权的客体中排除。

1989 年 11 月 15 日通过的联合国教科文组织《保护民间创作建议案》A 项中认为，“民间创作（或传统文化）是指来自某一文化社区的全部创作，这些创作以传统为依据，由某一群体或一些个体所表达并被认为是符合社区期望的作为其文化和社会特性的表达形式；其准则和价值通过模仿或其他方式口头相传。它的形式包括：语言、文学、音乐、舞蹈、游戏、神话、礼仪、习惯、手技艺、建筑术及其他艺术”。

对于无形文化财产，现在通用的名称是“非物质文化遗产”。根据《保护非物质文化遗产公约》最后文本里的定义，非物质文化遗产指的是“被各社区、群体，有时是个人，视为其文化遗产组成部分的各种社会实践、观念表述、表现方式、知识、技能，以及与之相关的工具、实物、手工艺品和文化场所。这种非物质文化遗产世代相传，被不同社区和群体在适应周围环境和自然的过程中和与其历史的互动中不断地再创造，为他们提供持续的认同感，增强对文化多样性和人类创造力的尊重”。根据这个定义，非物质文化遗产包括五个大的方面：一是口头的传统和表现方式，包括作为非物质文化遗产媒介的语言；二是表演技艺；三是社交习俗和仪式节庆事件；四是有关自然界和宇宙的知识和实践；五是传统手工艺。这是一种立足于整个世界范围的保护非物质文化遗产的需要，适用于各国、各地区、各民族的一般的、普遍的分类方法。

从以上学者和联合国各主要机构对传统文化的界定中可以看出，学者多数从一个整体上来对传统文化进行界定，虽然传统文化的内涵不是很明确，但是传统文化在中国是一个约定俗成的概念，用来指与现代文化（主流文化）相对的一切基于传统的各种文化。因而，吴汉东教授对传统文化的界定过于狭窄，不能从其内涵中排除有形的传统文化，特别是有形文化遗产，而且对传统文化在整个文化保护中所处层次的分析也过于狭窄。王鹤云所界定的民族民间文化的内涵也小于传统文化的内涵，我国很多地方立法中使用的都是这个概念，指的是少数民族的传统文化以及中国民间的传统文化，但没有包括在官方流传的传统文化，例如，南京的云锦生产工艺就是如此。其他几位学者对传统文化的界定比较接近于学界对传统文化的一般认识。此外，徐万邦、祁庆富两位教授认为，传统文化的外延大于文化遗产的外延，文化遗产是传统文化中有价值的部分。本人同意两位教授的观点，认为传统文化的范围大于文化遗产的范围，主要因为人类对外部世界的认识是一个渐进的过程，有些传统文化我们基于特定的时空背景可能当前没有认识到其价值，但随着科技的发展以及认识的进步，可能以后我们会认识到它的价值，比如，狩猎文化，过去我们认为它是落后的，随着人们认知能力的增强以及研究的深入，逐渐有学者认识到这种文化是最适合森林民族的文化。[①] 因而，在法学领域尽量使用一些中性的词语，而不使用具有价值判断意味的概念，当然这也是尊重约定俗成的传统话语的一种体现。联合国各机构对传统文化的界定主要是针对人们对传统文化内涵认识的各发展阶段，以及各主要的组成部分，《保护民间创作建议案》涉及对传统文化整体的界定，比较全面，但不具有法律约束力。

（二）本书对传统文化的界定

由于少数民族传统文化内涵的丰富性，少数民族传统文化属于在外延上不确定的概念。人们可主张保护的对象到底有哪些，分别是什么，等等，都是无法准确回答的问题。此外，这种对象

① 该观点参考了内蒙古师范大学何群教授的观点。

的不确定性还在于，少数民族的传统文化会随着自然与社会的发展变化而呈现出动态变化的状态。[①] 这也给传统文化的保障增加了相当的难度。主流文化、精英文化、大众文化、民间文化四种文化形态在人们的社会生活中从不同角度交替发生影响，互相交流和对话，呈现出多元和互渗的特点。主流文化又称主导文化，是特定时代体现社会各阶层的群体整合、伦理和睦秩序安定的文化形态，其主要特征是教化性；精英文化又称高雅文化，是指代表社会的知识群体，文化人的个性探索旨趣，社会批判愿望以及探索要求的文化文本，其主要特征是形式创新、社会批判和社会关怀以及个性化追求；大众文化主要是指工业化，都市化以来，运用现代大众传播媒介所创造的，主要满足都市公众日常娱乐需求的文化形态，其主要特征是工业化、都市化、大众传媒介化和日常娱乐化；民间文化的主要内容是以民族文化或民间文化为主要内容的传统文化。[②]

少数民族或传统社区所享有的文化（遗产）一般可以分为物质文化遗产和非物质文化遗产，在非物质文化遗产中，根据前文的分析，可以粗略地分为这样三个大类，民间文学艺术表达（包括口头的传统和表现方式、表演技艺等）、传统知识（包括有关自然界和宇宙的知识和实践、传统手工艺等）和传统生活方式（包括社交习俗和仪式节庆事件等）。这里的“生活方式”，根据《中国大百科全书·社会学卷》“生活方式”条目，是指不同的个人、群体或社会成员在一定的社会条件制约和价值观指导下，所形成的满足自身生活需要的全部活动形式与行为特征的体

---

① 唐广良：《遗传资源、传统知识及民间文学艺术表达国际保护概述》，载郑成思：《知识产权文丛》（第 8 卷），中国方正出版社 2002 年版，第 3－72 页。

② 彭文祥：《民族性文化的审美文化分析——民族性电视文艺节目为例》，载金星华：《民主文化理论与实践——首届全国民族文化论坛论文集》（下册），民族出版社 2005 年版，第 687 页。

系。而对于传统生活方式，则主要是由于各少数民族的传统生活方式有别于主流社会的生活方式，应对其进行特别的保护，应成为传统文化产权保障的主要客体，主要有生活状态、本土风格、习俗、风俗、仪式、礼节、争端解决方法、管理方法、宗教、民间信仰、崇拜、语言等。当然，传统文化产权保障的客体还包括与其生活方式不可分割的一些其他传统文化，本书对这些其他客体也会有所涉及。当然，少数民族传统生活方式中一些偏狭的、排他的、封闭的和落后的因素应予以排除。与此相对应的主流社会的生活方式因为其处于强势则不需要对其提供特别的保护。

王鹤云也曾对民族民间文化进行过类似的分类，她认为“民族民间文化”应该是个广义的概念，具体而言，包括：手工艺生产技艺及其制品；在民族民间流传的诗歌、音乐、歌舞、戏曲、曲艺、谣谚、皮影、剪纸、绘画等艺术表现形式；反映某一民族或区域习惯风俗的礼仪、节日和庆典活动、游艺活动、民族体育活动、饮食、民居、服饰、器具、工具、建筑物、设施、标识及特定的自然场所；在一定区域或群体中流行的语言、文字；传统医药知识；有价值的手稿、经卷、碑碣、楹联，等等。但是，鉴于一段时期以来，许多国家已制定了比较完备的保护物质文化遗产的相关法律，一些保护物质文化遗产的国际公约已经缔结，且对于传统医药的保护可以通过其他立法途径来解决，因此我们立法时“民族民间文化”的概念应该是狭义的，既侧重于广义的民族民间文化中的非物质部分，但也涉及反映民族民间文化内涵的实物和资料。主要包括三大类，即“传统工艺”、“文学艺术”和“民风民俗”。具体来讲，即：具有民族特征和地域特征的语言和文字；世代相传，流程完整，具有鲜明的民族风格或地区特色的生产工艺及其制品；具有民族特征和地域特征的文学艺术表现形式；反映某一民族或区域风俗习惯的礼仪、节日和庆典活动、游艺活动、民族体育活动等民间习俗；集中反映某一民族或地区生产、生活特征的民居、服饰、器具、代表性建筑物、设施、标识及其他物品等；具有民族民间特色的代表性建筑物、设施、标识及特定的自然场所等。[①] 根据王鹤云对民族民间文化内涵的分析，其将民族民间文化中的非物质部分分为三大类，即“传统工艺”、“文学艺术”和“民风民俗”。我们认为，“传统工艺”的范围比较窄，无法囊括“传统社区对自然和宇宙的认知所获得的知识”，用“传统知识”比较合适；“文学艺术”的范围也比较窄，无法囊括“语言文字”在内，加上“表达”二字，范围就更宽，用“民间文学艺术表达”更合适；“民风民俗”，无法涵盖类似“狩猎”这样的物质生活方式在内，用“传统生活方式”更合适。因而，本书采用前述的“民间文学艺术表达”、“传统知识”、“传统生活方式”三分的分类方法。我国台湾地区《原住民族传统智慧创作条例》指出，本法所称原住民族传统智慧创作，指原住民族传统之宗教祭仪、音乐、舞蹈、歌曲、雕塑、编织、图案、服饰等之民俗技艺及其他文化成果之表达。前项智慧创作，应向主管机关申请认定，始受本法之保护。这种对原住民族传统智慧创作的界定基本相当于我们通常所说的民间文学艺术表达。

近年来，少数民族传统文化的一个更为重要的并逐渐为世界各国所重视的领域是少数民族的传统知识。世界知识产权组织对传统知识范围的探索经历了一个过程，最初认为传统知识既包括产业领域的技术性知识，又包括民间文学艺术。根据世界知识产权组织对于传统知识的定义，传统知识是指“基于传统的文学、艺术或科学作品；表演；发明；科学发现；外观设计；标记、名称和符号；未公开信息；和所有其他在工业、科学、文学或艺术

① 王鹤云：《保护民族民间文化的立法模式思索》，载郑成思：《知识产权文丛》（第8卷），中国方正出版社2002年版，第178－185页。

领域内产生的基于传统的发明和创造”。[①] 即把传统社区的全部知识活动和知识生产的产物划入其界域，所有一切在工业、科学、文学和艺术领域内，以传统为基础的由智力活动产生的一切创新和创造，都属于传统知识的范畴。后来对二者进行了区分，把传统知识界定为产业领域内的技术性知识，即在狭义上使用这一概念。[②]（本书也是在狭义上使用传统知识这一概念）WIPO 知识产权和遗传资源、传统知识及民间文学艺术政府间委员会 2004 年 3 月召开的第六次会议文件《传统文化、民间文学艺术表达：政策和法律选择》中使用的是狭义的传统知识概念，即把传统知识和民间文学艺术等加以区分。由于传统知识蕴涵着重大的经济价值，并成为生物科技时代技术创新的强有力的推动力，因而日益被世界各国所重视。由于传统知识蕴涵着重大的经济价值，并成为生物科技时代技术创新的强有力的推动力，因而日益被世界各国所重视。国内学者对传统知识也有不同的看法，本人认为，传统知识的概念包括在非物质文化遗产当中，根据世界知识产权组织对于传统知识的定义的内容，即使是广义的传统知识，即“在工业、科学、文学或艺术领域内产生的基于传统的发明和创造”，非物质文化遗产中的“观念表述、表现方式、知识、技能”可以囊括传统知识的这些方面，因而，我们没有必要单独为传统知识立法进行保护，但可以根据具体情况为某一方面的传统知识进行单独立法，这些内容都可以认为包括在非物质文

① WIPO, Intellectual Property Needs and Expections of Traditional Knowledge Holders: WIPO Report on Fact - Finding Missions on Intellectual Property and Traditional Knowledge (1998 - 1999), Genera, April 2001, p. 25，转引自刘银良：《传统知识保护的法律问题研究》，载郑成思：《知识产权文丛》（第 13 卷），中国方正出版社 2006 年版，第 229 页。

② 严永和：《论传统知识的知识产权保护》，法律出版社 2006 年版，第 15 - 17 页。

化遗产保护之中。

综上所述，本书认为，作为传统文化客体的传统文化包括非物质文化遗产以及与非物质文化遗产紧密相连的或者作为非物质文化遗产表现形式的物质文化遗产，它的下位概念可以包括非物质文化遗产与物质文化遗产，有形文化遗产与无形文化遗产。而民间文化艺术表达、传统知识、传统生活方式、传统标记等都是非物质文化遗产的下位概念。

三、传统文化产权客体的排除规则

（一）进入公有领域的传统文化的排除规则

“公有领域”一词在此用于专指那些对私人所有来说是不合格的知识产权内容，而且任何公共成员都有合法授权来使用的这些内容。从此意义上讲，“公有领域”意味着某种不同于可“公开使用”的含义，例如，Internet 上的内容可以公开获取，但从版权角度来看，却不是“公有领域”概念。著作权法将公有领域排除在保护范围之外，理由是如果将已处于公有领域的客体再重新收归某主体并赋予财产性权利，会妨碍交流、窒息创新。此外，在著作权法中，所有过了法定保护期的作品都将进入公有领域，成为全人类的共同财富，此时，任何人基于任何原因都可以自由地对作品进行派生演绎或其他各种开发和再开发活动，进行各种方式的使用都是合法合理的。“公有领域”常常被土著和其他权利人认定是由知识产权制度创造的，并且不是遵从惯例和土著法律所要求的传统文化表现形式保护。传统观点认为，文化遗产是人类产生、使用、经历历史场合传承至今的人类共同财富。无论是物质文化遗产，还是非物质文化遗产，它们都是一种公共资源，具有时代性和不可替代性，具有符号和象征的作用。根据一般的法理，对进入公有领域的传统文化，已经成为人们的共同财富，不再成为传统文化产权的客体，不再受传统文化产权的保护。

日本学者樱井龙彦认为，“公共性”可以说成是构成传统性共同体的规范的物质、精神的价值体系。“传统的共同体”从大的方面来讲是指国家，从小的方面来讲指地域和民族。所谓世界人类文化的公共性，是指不以同一共通的基准来判断文化的价值，以复数的价值基准认可、尊重异文化的多样性、异质性，排除封闭性。公共性的精神是指在容许他人的同时，向他人打开自我。因而，不能把西洋的公共性强加于全世界，承认多种多样的公共性，实施发挥这种文化所拥有的社会（国家、地域、民族）的资源，使其对发展有益。① 该学者的观点核心，就是对公共性的判断可以有不同的标准，相应的，对公有领域的判断也应有不同的标准。对于传统文化来讲，更为重要的是我们要判断一个传统文化是否真正地进入“公有领域”，还是仅仅在本民族或本社区内的特定领域的公开。如果是前者，可能真的进入了“公有领域”，比如，阿拉伯数字、珠算、中国古代的四大发明等，我们不再保护；如果是后者，则不是法律意义上公有，比如，贵州从江的瑶族药浴、各少数民族的民族舞蹈等，仍然是少数民族或传统社区整体的私有，需要通过传统文化产权制度来进行保护。

管育鹰博士也认为，将民间文艺等传统文化一概地划入“公有领域”是有问题的，问题出在以下几个方面：其一，民间文艺的作者是某一群体（族群、社区）。群体是若干聚集在某一地域范围内、生活上相互关联的个人集合体，是绵绵不绝延续下来的族群，而民间文艺正是这一集体在相同或类似的生产、生活活动中产生和发展；因此，其创作者不具体指向某个或某几个人，相应地其保护期不能适用著作权法通行的“作者终生再加上作者去

---

① 樱井龙彦：《为了文化遗产的和平有效利用》，虞萍译，载陶立璠、樱井龙彦主编《非物质文化遗产学论集》，学苑出版社 2006 年版，第 153 - 155 页。

世后的一段时期”的划分方式。只要创造或保有该民间文艺的族群一直存续下去，就不应该认为“作者去世”。其二，由于民间文艺具有口头性、传承性和变异性，某一具体内容的民间文艺表现形式总是处于不断的创作过程中，没有著作权法上的作品完成或发表的概念，因此，也难以适用“作品完成后或发表之日起再加上某一段时期”这一普通作品保护期判断的变通方式。其三，西方发达国家长期以来重视私权，公共资源早就被瓜分殆尽，因此专门设定了以期限为主要衡量标准的“公有领域”制度以保证创新的继续。“公有领域”和其他著作权限制一样，是著作权人获得专有性权利的对价之一。① 笔者赞同管博士的这种观点，如前所述，传统文化的这种“公有”，不是著作权法意义上的“公有”，仍然是少数民族或传统社区整体或集团的“私有”，仍然要受到传统文化产权制度的保护。

（二）宗教性传统文化的排除规则

在少数民族的传统文化中，带有宗教神秘色彩的部分传统文化具有封闭性。在一些少数民族中，有关宇宙初创和万物起源等的故事，必须由巫师在祭祀祖宗和举行葬礼的庄严场合，才向族人传诵。这些故事、传说、歌曲具有神圣性，不可随便演唱，除非为了正当目的。有些知识或神话只有拥有继承权的人才可以传播，不得随意向外人提起。在影片《最后的山神》中，当鄂伦春族的最后一位萨满孟金福向影片的摄制人员表演萨满舞并敲起萨满鼓的时候，他的老母亲非常生气，并连声说道：神生气了，不会再来了（言外之意就是孟金福不该将萨满舞表演给外人看，他们从此以后将失去萨满的保佑）。有学者根据是否具有宗教信仰意义，传统知识可以划分为宗教信仰性传统知识和非宗教信仰

① 管育鹰：《知识产权视野中的民间文艺保护》，法律出版社 2006 年版，第 169－170 页。

性传统知识。非宗教信仰性传统知识，是指那些不具有宗教信仰意义的、世俗的传统知识。宗教信仰性传统知识，简单地说，就是指那些在传统部族和传统社区内具有宗教信仰意义的传统知识，包括象征或属于宗教信仰实践和宗教信仰习惯的传统知识以及与宗教信仰有某种关联的传统知识。对这两种传统知识须适用不同的法律进行保护。宗教信仰性传统知识显然不是知识产权法等私法的调整对象，而应由公法予以规制，如“宗教信仰法”、“文化多样性保护法”等。宗教信仰性传统知识也不能成为私权的客体。当然，宗教信仰性传统知识中的可分离的纯粹“知识”部分，又当别论。非宗教信仰性传统知识，当然属于私法的调整范围，可以成为财产权的对象。①

潘盛之教授认为，一般来说，能开发成旅游对象的民族文化主要是所谓的“显在文化”，即显露在外、与特定物质关系紧密相连、有明确物质形态与之对应、人们可以直接感知，如实物、住房、服饰、交通设施、生产工具、寺院、语言、文字、风俗等。而由知识、态度、价值观等构成的所谓“隐性文化”，主要作用于人们的精神生活，并不以特定的物质形态表现出来，不容易被人们感知，就不适合开发成旅游对象，也不能开发成旅游产品，否则，将给当地民族文化带来极大的破坏。② 根据潘老师的观点，寺院本身作为建筑精品、艺术和历史博物馆，是“显在文化”，可以作为旅游开发的对象；而主要作用于人们精神生活的宗教仪式与信仰，如转经轮、转佛塔等则属“隐性文化”，不应成为旅游开发的对象。

（三）合理使用的排除规则

合理使用是对著作权的限制措施之一。著作权的合理使用制

---

① 严永和：《论传统知识的知识产权保护》，法律出版社 2006 年版，第 30 页。

② 潘盛之：《旅游民族学》，贵州民族出版社 1997 年版，第 140－154 页。

度是以法律手段对著作权人施以一定的限制，达到使公众接触、使用作品的目的，从而平衡创作者、传播者和使用者三者之间的利益关系，最终促进整个社会文化不断进步。在现代各国著作权法中，合理使用制度已被普遍采用，以此作为对著作权一种必要限制。2001 年我国新修订的《著作权法》依然按照传统模式，采取列举的方式对合理使用制度进行了规定："在下列情况下使用作品，可以不经著作权人许可，不向其支付报酬，但应当指明作者姓名、作品名称，并且不得侵犯著作权人依照本法享有的其他权利：1. 为个人学习、研究或者欣赏、使用他人已经发表的作品；2. 为介绍、评论某一作品或者说明某一问题，在作品中适当引用他人已发表的作品；3. 为报道时事新闻，在报纸、期刊、广播电台、电视台等媒体中不可避免的再现或者引用已经发表的作品；4. 报纸、期刊、广播电台、电视台等媒体刊登或者播放其他报纸、期刊、广播电台、电视台已经发表的关于政治、经济、宗教问题的时事性文章，但作者声明不许刊登、播放的除外；5. 报纸、期刊、广播电台、电视台等媒体刊登或者播放在公众集会上发表的讲话，但作者声明不许刊登、播放的除外；6. 为学校课堂教学或者科学研究，翻译或者少量复制已经发表的作品，供教学或者科研人员使用，但不得出版发行；7. 国家机关为执行公务在合理范围内使用已经发表的作品；8. 图书馆、档案馆、纪念馆、博物馆、美术馆等为陈列或保存版本的需要，复制本馆收藏的作品；9. 免费表演已经发表的作品，该表演未向公众收取费用，也未向表演者支付报酬；10. 对设置或者陈列在室外公共场所的艺术作品进行临摹、绘画、摄影、录像；11. 将中国公民、法人或者其他组织已经发表的以汉语言文字创作的作品翻译成少数民族语言文字作品在国内出版发行；12. 将已经发表的作品改成盲文出版。前款规定适用于对出版者、表演者、录音录像制作者、广播电台、电视台的权利的限制。"

有学者认为，对传统文化根据不同情况，在其权利内容方面应区分不同情况，做出不同规定，主要包括：既要得到许可又要支付使用费的情况：即在传统背景和习惯范围之外，复制、发行、出租、展览、表演、摄制以有线无线或其他方式向公众传播民间文学艺术，享有专有许可权和收取使用费的权利；无须取得许可但要支付使用费的情况：改编、表演、转录、以有形方式固定后的再使用；无须取得许可也无须支付使用费的情况，主要是对传统文化的合理使用方面。①

与传统文化产权客体密不可分的另一个问题是传统文化产权行使的限制。有学者提出，可以将少数民族传统文化划分为不同的层次，从而确定不同的使用许可和收费制度。为了确保少数民族传统文化不受歪曲，产生该作品的群体的精神权益和物质权益不受侵害，国家还可以通过立法手段对少数民族传统文化的使用及其他相关权益的行使予以限制。例如，在民间文学艺术作品基础上整理、改编、再创作作品时应当尊重产生该作品的民族或群体的风俗习惯、宗教信仰；整理、改编形成新作品时必须明确标注产生这一作品的群体或区域等；另外，经国家有关部门认定的具有典型艺术风格，反映中华民族精神的作品，在对外输出时要受到严格的限制。② 由于现代化进程中的文化安全已经日益成为国家安全的一个重要方面，因而少数民族文化权益的行使也必须以有利于国家的文化安全为宗旨。但是，设立传统文化的合理使用制度，有利于促进公众对传统文化的接触、学习与创新，促进人类文明的发展，本书将在传统文化产权的实施部分详细讨论这

---

① 张辰：《论民间文学艺术的法律保护》，载郑成思：《知识产权文丛》（第8卷），中国方正出版社2002年版，第119－121页。

② 王鹤云：《保护民族民间文化的立法模式思索》，载郑成思：《知识产权文丛》（第8卷），中国方正出版社2002年版，第183－184页。

一问题。

(四) 伪传统文化的排除规则

中山大学的李灵灵博士将民俗形态划分为四种——民俗的四种形态：原生态民俗、仿民俗、伪民俗和新民俗。原生态民俗如乌丙安所说，是一种生活原型，是原汁原味的民俗生活，产生于传统民俗土壤，是“地地道道”的民俗，我们一直以来所称呼的“民俗”就是这种含义。仿民俗是对原生态民俗离开了传统的民俗土壤和文化空间之后的形式外壳的开发利用，譬如民俗文化村、民俗旅游开发，是对民俗的消费和享用，对客家山歌和台湾阿美人民歌进行商业化开发也是如此。而伪民俗，按照道尔森的界定：伪民俗是打着地道的民间传说旗号，制造和合成出来的作品。这些作品不是来自田野，而是对已有文献和报道材料不断进行系列的循环反刍的结果，有的甚至纯属虚构。因为各种政治和商业目的，对民俗的捏造和扭曲，甚至造假，这样的民俗就是伪民俗，伪民俗是原生态的民俗土壤中没有过的，是对民俗的张冠李戴、改头换面，甚至是凭空捏造的，这样的民俗没有任何的情感依托，也没有认同基础，是硬生生地挤进了人们的生活。仿民俗和伪民俗的区分，陈建宪在论述廪君神话的复活中强调，关键是看人造民俗是否保持了“本真”状态。他没有对“本真”展开说明，我的理解是：是否具有和原民俗土壤相联系的族群情感认同基础。[①] 没有这个基础，就是伪民俗。而新民俗，则是从新的时代环境和文化空间里产生的、作为一个社群文化认同和情感依托的民俗。文化是不断发展变迁的，与民众生活息息相关的民俗更是如此。民俗的一个特征就是它是活的，随着民众生活变迁而改变。新民俗要么是在原来民俗传统的基础上得到拓展和形式上的改变，要么是在具有一个社群里自发产生，形成这个社群

① 张守刚：《〈印象刘三姐〉是仿民俗》，载《北京娱乐信报》，2007-2-11。

的新的情感认同的载体。譬如江浙一带传统斗蟋蟀的习俗，在城市化和现代化发展过程中，蟋蟀流通的各个环节更加市场化，斗蟋蟀文化的知识和技术也更为分化和精致化，与其说衰退不如说正在得到进一步发展。①

李灵灵博士所指的仿民俗和伪民俗都属于伪传统文化的范畴，随着时代的发展，可能还会有更多的伪传统文化不断出现，也很难明确地指出伪传统文化的范围与外延，简单地讲，就是要符合民俗学上的本真性要求。作为概念而言，本真性或真实性也引致其对立面——虚假性。云南省社会主义学院的寸树刚在《勿使民族婚俗表演变了味——从云南民族村布朗寨的“拉郎配”说起》一文中记述了如下表演过程：

在布朗寨的楼梯口，站着两排“布朗族”少女，每人手里拿着一个香包，随时准备往游客脖子上挂，凡被挂上香包的游客管你情愿不情愿，不问老少，一律被请上楼去当“新郎官”，举行“集体婚礼”。知道底细的人嘴里喊“我们去当嘉宾”，抱着头冲上楼去，更多的人掉头就走。眼看“新郎”被拉得差不多，我们也口称“去当嘉宾”，才免了挂“香包”。上楼后，坐着草墩看“婚俗表演”，也不过是喝“交杯酒”，挨着给来宾发个“喜糖”，抱“新娘”摸梁上挂着的“葫芦”一类的东西，然后“新郎”、“新娘”各站一个石头，踩着中间一个石头，搂抱着互换位置（类似汉族婚礼上的“过独木桥”），草草“闹新房”后双双入“洞房”。整个“婚礼”既无老年人来主持，也无“司仪”来念婚礼“程序”（这些在少数民族的婚俗中是必不可少

① 菅丰：《城市化·现代化所带来的城市传统文化的扩大与发展——以中国蟋蟀文化为素材》，载《双三角论坛：当代城市发展与文化传承学术研讨会论文集》，未刊稿，2007年3月21日。

的)，显得不伦不类，完全听从“新娘”摆布，不知里边还有一点“布朗”味没有？我的客人从“洞房”出来，我问他给了多少钱，他说“39 元。”他在傣家寨中挂了“香包”已当了一回“新郎”，这次又在布朗寨被“拉郎配”，前一回他下来兴高采烈，这后一回他脸上显得非常不情愿。

前面文章中所介绍的例子就是当前很多旅游开发过程中比较典型的“伪传统文化”，反映少数民族传统生活方式的重要内容之一的传统婚俗被刻意篡改并严重商业化。因此，在民间故事、史诗或其他体裁的搜集作品中，日渐强调来源材料的“货真价实”——是想方设法从民众的口头搜集而来，是完全“没有受损的”。文献研究和书刊编辑也倾力于确证这种本真性。在更多的民族志导向的研究分支中，学者们认为：从生活在“传统中”民众那里搜集得来的叙事作品更具有本真性，他们没有进入工业社会，因此应是古代传承遗产更忠实的守护人。[①] 而新民俗能否成为传统文化保护的客体还需具体问题具体分析，进行深入的研究。如前所述，菅丰研究的这个斗蟋蟀的例子可以说是传统文化的现代发展，笔者个人认为仍然属于传统文化的范畴，因为当前的斗蟋蟀虽然技术和程序都现代化了，但毕竟它还是依托于古老的斗蟋蟀的文化。但对于完全没有传统文化基础的纯粹的新民俗应否属于传统文化，可能还有待于进一步的探讨。

---

① 瑞吉娜·本迪克斯：《本真性》，李扬译，载《民间文化论坛》2006 年第 4 期。

第三节 传统文化产权的内容

一、学者对传统文化产权内容的不同观点

屈学武认为，少数民族享用自己（广义）民族文化权益的内容非常广泛。从广义上看，所有涉及民族政治、经济、法律、文化以及文学艺术、科学技术、宗教信仰、生活方式、传统风习等诸方面的民族权益的确认、保护性条款所认定的权益内容，均属之。从狭义上看，少数民族享用自己民族文化权益的内容主要有：民族语言文字使用权；民族教育权；民族古籍文化整理、抢救、传承权；民族文学、艺术保有、发展权；民族宗教信仰权；民族文化价值观保有、评判权；改革、保留或沿用其民族风习权；民族考生优先录取权；民族考生高考录取从宽权；民族文化交流、协作权；民族文化发展权等。但同时必须认真履行多民族国家或国际社会法定的各项国内法或国际法义务，从而方能维护国家、社会乃至国际社会的安宁、稳定与和平。①

王鹤云认为，文化特性权不仅包括物质权益，也包括精神权益，大体可概括为以下几类：文化归属权，即表明创作群体身份、证明该群体为非物质文化遗产智力成果权主体的权利；公布权，即决定是否将本群体创作的非物质文化遗产表现形式公布于群体之外的权利；文化尊严权，即保护非物质文化遗产表现形式的本意完整、不受歪曲的权利；使用权，以利用非物质文化遗产表现形式进行生产、娱乐并获得经济利益和精神享受；传授权，即使他人掌握非物质文化遗产所涉及的技艺；传播权，即通过记

① 屈学武：《简论少数民族的文化权益》，载《理论与改革》1994 年第 6 期。

录、录音、录像、表演、展览、网上传输等方式展示、传播非物质文化遗产的权利；获得报酬权，即许可群体外的其他个人和组织使用并获得报酬的权利。①

严永和以传统知识为研究对象，将其权利的内容定义为以下四种，即消极原生性知识产权，传统知识权人排除他人就其传统知识本源方面获得原生性知识产权的权利，但不限制传统知识权人自己就其传统知识获得任何其他知识产权；消极衍生性知识产权，传统知识权人排除他人就其传统知识衍生方面获得衍生性知识产权的权利；积极衍生性知识产权，传统知识权人就其传统知识衍生方面获得衍生性知识产权；积极原生性知识产权，传统知识权人就传统知识原生方面获得类似专利权的原生性知识产权。②

张钧认为，文化权首先是文化自决权。所谓文化自决权，是指一个少数民族按照族内大多数人的愿望并不受其他民族意志的左右，选择保持、改变或革除其风俗习惯、宗教信仰等文化因子的权益。文化的保持和改变也许是在不同文化接触、碰撞和变迁（文化涵化）过程中表现出来的一个自然而然的事实，然而，该少数民族应当有权对这种事实加以接受、改变或抗拒，任何人或民族都没有法律上可成立的强制同化改变另一个民族文化的权益。文化权的内容还应包括使用、让予等积极权能和制止被盗用、滥用等抵抗侵害的消极权能。除了自决权外，一个少数民族应当有权使用自己的文化，这不仅包括自己民族的使用，还应包括以让予使用权（借用）、许可使用等方式实现自己的文化权。

① 王鹤云：《非物质文化遗产的特点及其知识产权的界定》，载吴汉东：《知识产权年刊》（2007 年号），北京大学出版社 2008 年版，第 8 页。

② 严永和：《我国〈传统知识保护条例〉学者建议稿草案及说明》，载吴汉东：《知识产权年刊》（2007 年号），北京大学出版社 2008 年版，第 154 页。

从这个意义而言，文化权在性质上类同于所有权、著作权等具有财产性质的权益，也就是说，文化权具有物质内容。未经该少数民族中大部分群众的同意或认同，借用其文化因子用于营利而不支付相应对价，或者在使用中歪曲、贬低该少数民族的文化，应被界定为盗用、滥用文化权的行为，该少数民族应有权加以制止，必要时可以寻求行政或司法救济。①

吴宗金认为，少数民族权益的类型，从主体上看，有少数民族个体的权益；有少数民族族体的权益；有少数民族群体的权益；有少数民族法人的权益；还有民族国家的特定权益等。其权益内容还有"确定"与"宽泛"之概念，"确定"即只能法定而不能臆定，"宽泛"即是一个包含多元权益内容的权益统一综合体，包括政治、经济、社会文化、财产和人身等项权益，各类权益又派生出系列的子权益。②

王鹏认为，民族民间文化权益应该包括如下几个方面：成果确认权，即民族民间文化成果往往存在复杂多样的形态，鉴于民族民间文化成果的多样性和主体的不确定性，基于保护要求而进行的民族民间文化成果的名称、内容和形式的确认，需要通过特殊程序来进行。原创维护权，即人们可以在民族民间文化成果的传承中对其进行修改、补充，不断完善和发展，但不能脱离原始创意的主题以及基本表现形式，不能歪曲、滥用或实施其他不正当地利用与侵害，使用时应当明示原创群体或原创地名称。无期限保护权，即民间文学艺术作品是在传承中不断发展的，传承是无限期的，因而对其的保护也应是无期限的。持有使用权，即经

---

① 张钧：《文化权法律保护研究——少数民族地区旅游开发中的文化保护》，《思想战线》2005年第4期。

② 吴宗金、张晓辉主编：《中国民族法学》（第2版），法律出版社2004年版，第346－348页。

认定的持有人或持有群体可以使用民族民间文化成果，包括获得报酬的合法使用。权益间接实现权，即主体不能确定的民族民间文化成果权利可以通过立法取得特殊的实现途径，如通过行政途径实现或通过立法授予特殊机构或公益组织对特定的民族民间文化成果代位行使使用许可和获得收益的权利。应该强调的是，通过这些途径获得的经济收益，应该专门用于民族民间文化的保护和传承事业。①

曹新明则提出以“无形文化标志权”来保护非物质文化遗产，所谓的“无形文化标志”是指某一种无形文化样态来自于某一个特定国家、民族、群体、团体或者区域，而且与这个国家特定的国家、民族、群体、团体或者地区的民风习俗、文化实践、生活方式、行为惯例、仪式庆典和文化空间直接相关联，被这个特定国家、民族、群体、团体或者地区认定为非物质文化遗产。无形文化标志权则是指由无形文化标志依法产生的一种专有权利，而且不受期限的限制。②

以上所列举的各位学者的论述都是有一定道理的，但是没能很好地揭示少数民族文化权益的内涵，有的权能之间有交叉，有的过于宽泛，如果传统文化产权的内容不清晰，会引起法律概念的混乱，对我们通过科学的方式，理性地保护传统文化是不利的。

---

① 王鹏：《立法为民族民间文化成果保驾护航》，载《2004 年山东省群众文化学会“全省优秀论文评选”一等奖获奖论文集》，2004 年。

② 曹新明：《非物质文化遗产保护与知识产权的对接点——兼论无形文化标志权》，载吴汉东主编：《知识产权年刊》（2007 年号），北京大学出版社 2008 年版，第 49 页。

二、作为传统文化产权内容的精神性权益

（一）署名权

署名权即表明创作群体身份、证明该群体为传统文化主体的权利，也是精神性权益的核心内容之一。此项权益对于权益主体至关重要，它有利于对创作者声誉的提高，《民间文学表达形式保护条约》（草案）：一切使用者在使用有关民间文学表达形式时，必须指出它们的来源，不仅要指出作为居民团体的来源，如部落，还须指出作为地理位置的来源，如某国、某省。我国台湾地区《原住民族传统智慧创作条例》第十条规定，智慧创作专用权的内容仅指智慧创作财产权及智慧创作人格权，人格权中包含署名权在内，这种规定可以看做是关于署名权的立法例。

这项权益在中国的司法实践中也得到了确认，北京市第二中级人民法院在《乌苏里船歌》案的判决中指出，郭颂、中央电视台以任何方式再使用音乐作品《乌苏里船歌》时，应当注明“根据赫哲族民间曲调改编”。这表明中国的司法实践对传统文化产权人署名权的确认和保护。

（二）文化尊严权

该项权能在著作权法中被称为保护作品完整权，即保护传统文化的表现形式、表现场合、文化空间及本意完整、不受歪曲的权利。由于民间文学艺术对外往往代表着该民族等群体，对这种艺术形式的肆意滥用、破坏常会伤害民族自尊心，所以实有必要赋予权益主体此项权益，以保护民间文学艺术不受歪曲。对这项权能的损害就是“文化贬低”现象的存在。这种伤害主要表现在将民间文学艺术品在传统置放地以外的地方展示，把民间文学艺术品有悖于原创目的的展示，宗教用品被当做装饰物出售，或者规定在特定场合或者礼仪使用的民间文学艺术作品在将其出售时得不到尊重，等等。

例如，本地部落的一件神物在西方公开、不敬地使用，由于“非非洲人不能表现传统非洲特点的舞姿”，因而在境外复制和表演非洲舞蹈等这些现象，就使非洲文化的名誉受到诋毁。① 非洲人认为，这些行为都是对非洲文化的贬低，进而侵犯了非洲人的文化尊严权。

这种保护民间文学艺术不受歪曲、篡改的权利被有些学者称为“反丑化权”或“保真权”，它类似于普通版权人身权中的保护作品完整权或尊重权。这意味着应该按照民间文学艺术来源群体特有的世界观、价值观，并在特定文化或宗教背景中去诠释、理解和利用民间文学艺术。如果民间文学艺术在传播和使用过程中被滥用、歪曲或篡改，就会严重伤害起源民族的感情和尊严。反丑化权的目标是既要防止歪曲民间文学艺术的内容或使用的背景环境，又要维护传统文化内容的完整性和真实内涵，从而避免社会公众误解其文化形象、损害其文化特性、扭曲其文化价值观。②

文化民族主义者将民族民间文化视为一个民族的灵魂，民族的象征，民族的历史，民族文化遗产的一部分；认为文化财产包含了基本的文明元素和民族文化，只有与其起源、历史和传统等完全信息相联系，其真正价值才能体现出来。对有形的文化财产而言，还给民族一种特殊利益，认为独立于其所在地及所有权的文化产品是本民族特征的一部分，国家将通过法律控制其出口，限制有形文化遗产的流通，将这些文化财产保留在本国或本民族地域范围之内，要求流失于国外的文化财产予以返还。文化民族

---

① 加夫里洛夫：《民间文学艺术的法律保护》，载《世界知识产权组织版权月刊》，1984 年第 20 卷，第 76、第 79 页，转引自保尔·库鲁克：《非洲习惯法和民间文学艺术的保护》（许超译），国家版权局网站。

② 张耕：《民间文学艺术的知识产权保护研究》，法律出版社 2007 年版，第 217－218 页。

主义者的上述要求正是基于文化尊严权而享有的相关权利。

（三）文化发展权

文化发展权是公民个体及其组成的集合体，包括一个民族、区域、国家拥有的文化得到保护与发展并由此获益的权利，是发展权的重要内容。任何国家、民族、区域的文化都具有特定的尊严和价值，应当获得平等的发展机会。作为少数民族传统文化创作者的少数民族应当享有发展或授权他人发展其传统文化的权益，以利于少数民族传统文化的进步和发扬光大。这其中的一个重要方面就是知情同意权，即对少数民族传统文化进行开发必须事先告知该少数民族并获得其同意。这种开发的形式是多种多样的，如改编少数民族的民间文学、民歌，将少数民族的音乐和舞蹈用于商业性演出，等等。文化产权制度可以借鉴《生物多样性公约》中的事先自由知情同意和利益分享原则。《生物多样性公约》第15条遗传资源的取得规定："1. 确认各国对其自然资源拥有的主权权利，因而可否取得遗传资源的决定权属于国家政府，并依照国家法律行使……4. 取得经批准后，应按照共同商定的条件并遵照本条的规定进行。5. 遗传资源的取得须经提供这种资源的缔约国事先知情同意，除非该缔约国另有决定。"

文化的本性就是发展变化的，只有"死的文化"才是不变的。没有一种文化从古至今完全不变，任何外部力量都不可能使某一种文化的发展变化停止下来。保护传统文化并不意味着让这些文化永远不变，而是指反对那些违背传统社区或少数民族意愿的、外部强制力作用下的文化改变。传统文化产权人自己选择的文化变迁是传统文化的自然发展过程，并不违背文化发展权的宗旨。一般说来，政策的发展或变异主要表现在下列三个方面：第一，某些传统文化，如民间故事等口头作品，如漆雕、牙雕、玉雕等工艺复杂的手工技艺，都不是一个传承人能够完成的，在传承过程中有多人即集体的参与，会出现相互琢磨、吸收、合并、类型化、归一化的趋势。第二，因传承人的遗忘或死亡，而使传统文化在传承途中出现衰减，如北京“聚元号”弓箭第十代传人杨福喜，在他还没有掌握他的父亲、第九代传人杨文通的三个“绝活”时，他的父亲就逝世了。第三，在传统文化的传承中，某些传统文化会因为传承人的创新而使该传统文化有所增益。[①]例如，黔东南地区有一位龙姓老人善于利用祖传秘方治疗跌打损伤，疗效甚佳，在当地颇有名气，祖上的规矩是传男不传女，但龙老先生只有三个女儿，他把秘方传给了三个女婿，后来，老人再婚后有了一个儿子，他又把秘方传给儿子，儿子受聘于黔东南某中医院，成为该医院的职员。由于该中医院收费较高，群众几乎不到该中医院治疗跌打损伤，而找其三个女婿治疗，尤其是龙老先生的二女婿的技艺水平超过其儿子和另两个女婿，当地群众按习俗付给其 12 元钱或 12 元钱的倍数以及一些传统礼品。[②] 我们可以想象，龙老先生出于“没有儿子”的无奈而打破了治疗跌打损伤这一传统治疗方法的传承方式，结果是大大发扬了传统文化。我们也可以想象，这一传统文化以后的传承方式也会发生改变，这些改变可以说就是对传统文化的发展，是符合传统文化发展规律的。

三、作为传统文化产权内容的经济性权益

少数民族文化权益的经济性权益方面主要是少数民族有权分享对其文化开发所获得的利益，即获得报酬的权益；另外一个方面就是少数民族有权获得上级国家机关的帮助包括财政支持来发展其传统文化。同时，少数民族文化权益中的经济性权能主要由

---

① 刘锡诚：《非物质文化遗产的传承与传承人》，载王文章：《中国非物质文化遗产保护论坛论文集》，文化艺术出版社 2006 年版，第 45 页。

② 该案例由我的学生 W 提供，在此表示感谢。

其管理主体来行使。

（一）使用权

有学者认为，我国对民间文学艺术许可收费制度应该分为四个层次。第一个层次是不经许可、不需付酬即可进行的使用，如产生这一作品的群体为生活或娱乐需要而在传统习惯范围之内进行的使用；在合理的使用范围内，在作者或作者们的原作中以例证的形式使用；作者使用民间文学的表达形式以创作自己的作品的使用，为介绍、评论目的，在本人创作的作品中适当引用民间文学艺术作品；为报道时事新闻，在报纸、期刊、广播电台、电视台等媒体中不可避免地再现或引用民间文学艺术作品，图书馆、档案馆、美术馆、博物馆为陈列或保存版本的需要，复制本馆收藏的民间文学艺术作品，将已经发表的汉语言文字的民间文学艺术作品翻译成少数民族语言文字或改成盲文出版，以非研究或营利为目的而对民间文学艺术进行拍摄、临摹、绘画、录像，等等，但在使用时，必须标明该文学表达形式所出自的区域或人群。这点类似于我国著作权法中的“法定许可”。第二层次是不经许可、但须付酬的使用，如为教育目的的使用。第三个层次是必须经过许可才能进行的使用，主要是公益性使用，这种使用无须缴纳使用费。如从民间艺术中吸取灵感创造的作品等。第四个层次是既需获得许可又必须缴纳使用费的使用，主要是以营利为目的的使用，如对民间文学艺术作品的出版、复制及复制品的发行，对民间文学艺术作品的公开朗诵、表演以及通过有线、无线或其他传播方式向公众传播，等等。所收缴的使用费并非归某部门或组织所有，而是作为保护民间文学艺术的经费由国家统一调拨使用。①

① 王鹤云：《民间文学艺术的版权保护制度》，载 http：//www. sipo. gov. cn/sipo/zscqb/lilun/t20020708_ 6763. htm。

我们认为，传统文化的使用权即传统文化主体以利用传统文化表现形式进行创作、娱乐等消费文化行为的权利，具体形式可包括通过记录、录音、录像、表演、展览、网上传输等方式展示、传播传统文化，也包括利用传统文化进行创作、娱乐，还包括进行商业性演出或其他商业性使用方式。使用权的实施方式包括自己使用和授权使用。自己使用主要是本民族或本社区的成员使用，这种使用一般是非商业性的；授权使用主要是指授予本民族或本社区以外的个人或组织使用，可以是商业性使用，也可以是非商业性使用，主要是指商业性使用。因为非商业性使用是属于传统文化产权合理使用的范畴，相当于是自动授权。商业性授权使用一般是非独占性使用许可，即在授权后，本民族或本社区的民众可以继续使用该传统文化，也不能排除其他人的非商业性使用。

（二）获得收益权

即传统社区以外的其他个人和组织商业性使用传统文化时，传统社区有权从中获得相应报酬的权利。多数国家规定对民间文学艺术的使用特别是商业使用，必须通过主管机关授权许可，其具体内容规定不一：喀麦隆 1982 年法律第 140 条第 1 款规定，第三人为商业目的对民间文学艺术作品进行任何利用，都需由主管机关授权许可。1998 年尼日利亚法律第 28 条第 1 款规定，为了商业目的，或在其传统或习惯的情形之外使用民间文学艺术，不得复制、通过各种途径向公众传播以及改编或以其他方式改编民间文学艺术。摩洛哥于 2000 年修订版权法，其第 7 条第 1 款规定使用民间文学艺术或是为了商业目的或在惯常的或习惯的情形之外时，不得对民间文学艺术表达进行复制、向公众传播、改编和录制。①

还有些国家法律规定，如果是为了商业目的使用民间文学艺术，必须支付一定的费用（如阿尔及利亚、贝宁、布基纳法索、喀麦隆、智利、刚果、象牙海岸、吉布提、中非、塞内加尔、多哥），而有的国家则只是简单地规定可以收取一定的费用（如马里、卢旺达）。澳大利亚学者卡迈尔·普里提出的"公有领域付费制度"，指对于进入公有领域的作品可以不受限制地加以使用，而只需从使用该作品或其改编所产生的收益中按某一百分比付费。②

此外，还有一些立法试图对受民间文学艺术启发而创作的作品进行调整，有的规定必须向主管机关进行申报（如贝宁、布基纳法索、刚果、加蓬、多哥），或者更严格，要求必须取得主管机关的授权许可（如萨摩亚群岛、突尼西亚）。在许多国家，受民间文学艺术启发创作的作品的版权或独占许可证的转让要取得主管机关的同意（如马里、摩洛哥、卢旺达、突尼西亚）。使用权是指民间文学艺术权利人自己或者许可他人商业性使用民间文学艺术权利。WIPO《保护民间文学艺术草案》第 3 条规定，对文字、标志、名称和符号类的民间文学艺术表达或其派生形式的任何使用，以及获得或行使建立在其上的知识产权过程中，任何贬低、冒犯或虚假暗示其与相关群体相关联，或使该群体声誉遭受侮辱和诋毁的行为，都属于滥用行为，有关群体有权禁止。对非文字、标志、名称和符号类的民间文学艺术，其使用权的具体内容为，复制、出版、改编、广播、公开表演、向公众传播、发

① 张耕：《民间文学艺术的知识产权保护研究》，法律出版社 2007 年版，第 219 页。

② 杨永胜：《民族民间文学艺术作品权利论》，载《河南师范大学学报》2004 年第 1 期。

行、出租、向公众提供和固定民间文学艺术表达或其派生形式。

（三）获得帮助权

作为传统文化产权重要内容之一的获得帮助权主要是指少数民族或传统社区依照法律和政策的相关规定，享有从国家获得帮助的权利。这里的帮助是广义的概念，除帮助的含义外，还包括优惠、扶持、照顾等含义在内；同时，这里的帮助也不仅仅限于经济帮助，还包括技术支持、人才支援、产业扶持等因素在内。《民族区域自治法》第六章也以专章的形式规定了“上级国家机关的职责”，实质上多为对民族自治地方的“帮助”，可以说，该法以法律的形式确立了少数民族获得帮助的权利。传统文化产权人同样享有获得帮助的权利，其内涵是比较丰富的。

以湘西著名的传承人刘大炮为例，他本名刘贡鑫，现年73岁，因其直来直去的炮筒子性格而得名为“刘大炮”。他祖上五代都是县城里有名的染布匠。刘氏“染匠世家”已有100多年历史，刘大炮是第四代传人，他凭着对印染的天赋和执著的毅力一直把祖传的技艺绝活传承了下来。刘大炮的印染制作采用的是漏版刮浆的防染工艺，它是在蜡染的基础上发展起来的，属于防染印花的一种。由于蓝印花布在使用材料上比蜡染更普及，制作也更简便，所以数百年来这种方法成为主流的衣被装饰方法。从20世纪80年代开始，他的精湛工艺已享誉海内外，在法国巴黎举行的“世界民间工艺博览会”上，《中国民族》杂志英文版向世界各国介绍了他的事迹和作品，他也被评为州级非物质文化遗产传承人。刘大炮主要靠卖作品为生，平均年收入两三万元。湘西土家族苗族自治州规定的县市政府应当“鼓励和支持传承人采取各种方式带徒学艺”以及“按每年800元—1200元的标准发放资助费”，但都没有在刘大炮身上得到落实。在调查中得知，刘大炮表示他曾经要求政府以一个合理的价格卖给他一定的土地，让他自己修建厂房用来进行印染的制作，但是却不曾得到批准，因而他技艺的传承处于一个困境。与此同时，由于凤凰旅游业的开展，蜡染开始出现机器的大批量生产，刘大炮的工艺与机器制造的蜡染的价值虽是天壤之别，然而普通人分辨不出，使得他的印染作品销量不佳，连他的儿子都不肯学，从而找不到继承人。并且政府的奖励、财政的拨款很难落实到他这里，而其间的原因，自然不言而喻。[①] 如前所述，帮助的含义是非常丰富的，以刘大炮为例，他所要求的申请土地建厂以及州里面规定的经济补助都是帮助的合理范畴，当地政府有义务通过相应途径予以解决。

获得帮助权是传统文化产权实现的物质基础。这是因为在传统文化产权利益实现之前的前期投入和开发与传统社区的物质基础有很大的关系，西部民族地区多数财政状况欠佳，这就需要上级国家机关的帮助。传统文化的保护与开发是我国文化安全战略的中心一环，是少数民族实现文化自觉与民族认同的依托，少数民族的文化更是少数民族区别于汉族和其他少数民族的主要标志，少数民族在社会生活中所扮演的角色也主要依托于其文化。同时，少数民族传统文化的绝大部分是以非物质形态存在的，因而也是我国非物质文化遗产保护的重中之重。《文化多样性公约》第 2 条第 5 款规定：经济和文化发展互补原则中强调了文化产权。文化是发展的主要推动力之一，所以文化的发展与经济的发展同样重要，且所有个人和民族都有权参与两者的发展并从中获益。只有少数民族实际享有获得帮助权，才能为其传统文化的保护确立必要的物质基础和精神动力。

---

① 文乃斐：《非物质文化遗产保护与传承人的认定》，载《湖北第二师范学院学报》2009 年第 5 期。

第六章　传统文化产权制度的实施

法的实施，是指法在社会生活中被人们实际施行。法的实现，是法律在现实生活中从抽象的行为模式变成人们的具体行为，从应然状态进到实然状态。法的实施和与法的实现大体上指的是同一个事情。如果传统文化产权能被确认为一项法律上的权利，那么，它的实施或实现同样是该制度调整社会生活中的传统文化保护问题、发挥预期作用、实现法律秩序的必由之路。本章主要是在前述传统文化产权制度构建的基础上，来重点探讨传统文化产权实施中的若干问题，主要包括传统文化产权与相关民事权利的协调，传统文化产权与传承权的调适，传统文化产权的合理使用，传统文化产权的集体管理制度，传统文化产权纠纷的解决方式等内容。

第一节　传统文化产权与相关民事权利的协调

一、传统文化产权与社区成员财产权的协调——以乡土建筑为例

从20世纪初开始，历史建筑的保护引起世人的重视。到了20世纪中期，这项工作得到以欧洲为首的许多国家的赞同。1964年5月通过的《威尼斯宪章》使历史建筑的保护扩展到历史街区。1999年10月，国际古迹遗址理事会第12届大会在墨西

哥又通过了《乡土建筑遗产宪章》。该宪章是对《威尼斯宪章》的补充，该宪章建立了管理和保护乡土建筑遗产的原则。乡土建筑是指带有“本土建筑”、“自发建筑”、“民间建筑”、“传统建筑”等描述特征的建筑，主要特点在于自发性和朴素性。通俗地讲，乡土建筑就是乡村里的、土生土长的传统建筑。整个存在于乡土社会中，与生产生活相关的建筑：除了有单纯的住宅外，还有寺庙、祠堂、书院、戏台、酒楼、商铺、作坊、牌坊、小桥等。由此可见，传统建筑是传统文化的一个重要组成部分，这是从整体上来探讨。对于一个确定的传统建筑，它既是传统文化的一部分，即社区成员对其拥有传统文化产权；同时，依照《经济、社会和文化权利国际公约》第11条第1款的规定，缔约国承认“人人有权为他自己和家庭获得相当的生活水准，包括足够的食物、衣着和住房，并能不断改善生活条件”，乡土建筑的主人对其自己的房屋拥有所有权，同时也是住房权这一基本人权的实现方式。当传统文化产权与社区成员的财产权发生冲突时，本着“国不与民争利”以及“基本人权优于其他权利”的原则，乡土建筑的主人对其房屋的所有权是优位的权利，因而就有了“异化建筑”的现象。

“异化建筑”，即与民族地区传统建筑风格不相吻合的其他外来建筑样式。傣族传统建筑是乡土建筑的一种类型。傣族传统的杆栏式建筑同样是不可再生的遗产资源，然而，这些资源生命非常脆弱，由于不能得到如同“文物建筑”、“历史名城”待遇的保护，极易被淹没在城市化和旧城改造的“现代化”热潮之中。对于西双版纳的傣族而言，异化建筑就是指与傣族的传统杆栏式建筑风格不相吻合的其他外来建筑样式，主要是砖混建筑样式。以傣族传统建筑保护比较完好的傣族园为例，异化建筑同样是威胁当地传统建筑保护的最重要的因素。近年来傣族园异化建筑越演越烈，据民族事务部不完全统计，截至2008年5月31

日，景区异化 建筑面积达到 20226.74 平方米（含五寨异化面积、傣族园办公区、村委会办公楼等），接近全园总面积的 1/4，“这个数字还在急剧攀升”，目前仍有很多村民计划建盖“洋楼”。傣族园出台了《傣族园景区杆栏式建筑保护与建设管理暂行规定》（以下简称《规定》），该《规定》要求：傣族园内建盖的房屋必须是傣族传统杆栏式建筑，木框架、瓦屋面（傣式泥制瓦）结构，其中厨房、卫生间可用砖混结构，但厨房第二层必须是木瓦结构。为此，傣族园对村民实施奖励措施：对新建、改建、扩建后符合条件的，每户给予 4000 元的奖励。2004—2007 年，傣族园公司共表彰了 97 户，补助金额达 39.2 万元。[①] 目前傣族园公司正在与五个村寨商谈每户每年补助 2000 元用于维修传统建筑。为了与村民沟通，傣族园还成立了民族事务部，长期深入村寨，向农户宣传保护竹楼的重要性。

无独有偶，勐海县勐遮乡的曼刚寨也同样如此，该寨第一幢砖混楼房的主人是岩管，20 世纪 80 年代他去过五次广州卖茶叶，赚了些钱。广州郊区的别墅式住宅给他留下了深刻的印象，他决定盖一幢那样的房子。他放弃了传统竹楼的青瓦斜面顶，建了平顶房。当地一些受人尊敬的老人说，曼刚寨还没有 100 户人家，不能盖这样的房子，要等到 100 户后才能盖平顶房，多年来这已经成为当地的习惯法规范。紧接着是岩比，他同样是在全寨总户数没有达到 100 户的时候，径自建了平顶新房。到 2000 年 8 月，在曼刚寨已经有了 32 户平顶新房。[②] 到 2009 年 7 月，本人前往调查时，当地仅有一户仍然保留了青瓦斜面顶，其余的都盖

---

① http：//www. mzb. com. cn/html/report/31258 - 1. htm。

② 徐中起：《曼刚寨的傣族民居与公共事务管理》，载中挪《中国民族区域自治制度》项目组编：《中国民族区域自治法研究文集》，云南大学出版社 2003 年版，第 414 页。

了平顶新式楼房。

《乡土建筑遗产宪章》规定，乡土建筑的识别标准为：一个群体共享的建筑方式；一种和环境相呼应的可识别的地方或地区特色；风格、形式与外观的连贯性，或者对传统建筑类型的使用之间的统一；通过非正式途径传承的设计与建造传统工艺；因地制宜，对功能和社会的限制所做出的有效反应；对传统建造系统与工艺的有效应用。既然乡土建筑的重要特征是群体共享的建筑方式，那么对乡土建筑遗产的重视与成功保护取决于社区的参与和支持，以及持续的利用与维护。政府与主管部门必须意识到各个群体维持其生活传统的权力，进而借助现有的法律、行政与财政手段对其加以保护，使之传承后代。

中国乡土建筑的两个基本点在傣族杆栏式建筑中都有体现，如重视环境、风水、落位，因地制宜，就地取材，坐北朝南，落处阳光地段，除了与大自然密切关联外，还都创造了家屋之间的群体生活环境。越是原始时代，人类的群体关系越密切，表现为具有不同地域性特点的院落、格局、聚落、村庄之间的差异。我国的历史建筑保护也经历了从单个建筑保护到群体保护的历程。目前，从体制上宏观上来说，已经建成全国性的保护网络，例如，国家级的保护对象是由国务院颁布的“全国重点文物保护单位”、“国家级历史名城”，相应的地方各级政府也公布本地的“重点文物保护单位”和自己的“历史名城”，并通过法律、法规来完成保护工作。《第三次全国文物普查实施方案》要求，“在全面调查、登录各类不可移动文物的基础上，应重视乡土建筑和建筑群，大遗址和遗址群，跨省区的线形遗址和遗迹的调查登录”。我们保护包括傣族传统建筑在内的乡土建筑，不仅包括建筑本身，还包括传统营造系统、材料与构建的替换、对建筑的改造与修复规则等。

为此，当地政府制定了《云南省西双版纳傣族自治州民族传统建筑保护条例》（以下简称《条例》），已经于2008年8月1日开始实施，意在解决困扰当地旅游业发展的“异化建筑”问题。西双版纳傣族自治州人大法制委员会主任李锟此前接受记者采访时也表示，《条例》是针对西双版纳所有杆栏式民居建筑制定的，一般村寨民居仅要求他们保持传统的傣家竹楼造型，对用材没有限制。傣族园是一个特殊的区域，还需当地有关部门根据实际情况制定具体的保护措施。但他建议，可以用一种变通的办法来解决傣族园的建筑异化问题，即允许村民在保持杆栏式建筑风格的前提下，建盖钢筋混凝土或者砖混结构的房屋，再包裹木质材料，兼顾双方的需求。[①] 但这种建议同样面临着问题，村民因此而增加的建房成本由谁来承担呢？如果当地政府想促进旅游产业的长远发展，必须为傣族群众因保护传统建筑而额外支出的成本进行补偿并将其法制化，否则，西双版纳地区的民族旅游很难可持续发展。

二、传统文化产权与传承权、继承权的协调

请看下面的一个典型个案：

2008年2月20日下午，一位饱经风霜的苗歌老艺人病逝。当老艺人的徒弟得到噩耗时，觉得自己失去了一位恩师、一位好朋友而泣不成声。当晚，他就前往吊丧，追悼他好友兼恩师。此后，老艺人的长子打电话给他，要求返还从他父亲那里学去的《年歌》和《开春歌》等。徒弟问老艺人的长子懂不懂苗语记音符号，他只是用苗语记音符号记下来，如果他不懂，拿给他，他也看不懂。只有等徒弟重新把那些民歌朗读，录音后刻成光碟，再送给他，他才能听懂。如果重新口授他那些民歌，恐怕自己忙

① http：//www. mzb. com. cn/html/report/31258 - 1. htm。

着上班，没时间。但老艺人的长子就是不相信，他一直认为徒弟从他父亲那里录去很多民歌，故意不送给他。

后来，徒弟只好翻开从苗歌老艺人那里收集到的民歌文本来朗读，用电脑话筒录音，再把2005年2月28日早上的对话录音也加进去，刻好了两盘CD光碟送过去。送到S村李家时，只有苗歌老艺人70多岁的遗孀在家，其他人都做农活去了。徒弟把光盘送给老人，并嘱咐她保存好，那里刻的都是苗歌老艺人生前教过他的民歌，等孩子们回来时再转送给他们，并告诉他们是谁送来的，并谢过苗歌老艺人生前对自己的关爱，也谢过他们家以前对自己的款待，徒弟就回家了。

由于徒弟在刻光盘时没有注意把新近录的《年歌》和《开春歌》wav格式转换成mp3格式，导致那两盘CD在一般的VCD和DVD影碟机放不出来。当老艺人的长子拿到CD光盘后，只放出对话录音部分。他就认为，徒弟不肯返还他父亲的《年歌》和《开春歌》等，而一直想办法在蒙骗他，因此非常生气。他就打电话去质问徒弟为什么拿两盘空白光碟蒙他，埋怨徒弟送他的光盘里录的歌都不到他父亲教的十分之一，说徒弟故意隐瞒和保守，学了人家父亲的东西，还不愿意按照学到的原样奉还。

徒弟带着满肚子的委屈解释说，那光盘里的确刻有《年歌》和《开春歌》等，电脑是可以播放的，让他再换别的DVD影碟机试试。他拿去试不出来，所以怨气更盛了。弄得徒弟非常尴尬，他只好抽空跑去验证那些光碟到底是怎么回事，最后才发现是格式转换出了问题。

徒弟把mav格式转换成mp3格式后，再刻两盘给老艺人的长子，播放不出的问题解决了；但老艺人的长子还在抱怨，还在怪他保守，没有把他父亲的七路歌都返还给他。徒弟因此感到非常难过，他并没有学到那么多呀，但是老艺人的长子硬要他吐出那么多民歌，他那儿弄去？所以，有一次，对方催得他憋不住了，他也开始用话反击："你知道你父亲会那么多歌，当初为什么不学？他不在了，你才知道向别人要，那别人也得学到才给你呀。何况你爸爸年纪大了，很多歌词都记不起了呀。"甚至有时，徒弟觉得接他电话太费神，就干脆挂断。就这样，民歌搜集整理者的徒弟与民歌传承人的长子之间矛盾开始升级了。

并不是说，徒弟与苗歌老艺人的所有家属都有矛盾，他的次子、老幺仍然把徒弟当贵宾相待，还特别感谢徒弟能保存了父亲的声音和部分歌词，他们听了徒弟给他们的光碟，特别是听到父亲忘记了歌词儿开始骂娘那一段时，也就一叹了之："唉，爸爸老了，很多东西都忘了。"苗歌老艺人的遗孀也很感激徒弟平时对他们的关心等。

2009年清明节，苗歌老艺人的孩儿们还邀徒弟去挂亲。徒弟去了，他们仍把他当贵宾款待，但酒后老艺人的长子仍然提民歌的事，徒弟伤心地哭了。他尊重苗歌老艺人、尊重他的家属，但他觉得有些冤枉，因为他从苗歌老艺人那里学到的就那么些民歌，而他的长子老让他吐出更多的歌来，他做不到。更何况他不止从苗歌老艺人那里学歌，他可以说是几乎访遍了Y小学周围村落的名师，只是部分民歌传承人不愿传给他成路数的歌罢了。比如很多《情歌》、《恋叶歌》、《送嫁歌》、《造酒歌》、《渔歌》、《鼓歌》、《芦笙歌》等，就不是跟这位苗歌老艺人学的，是他利用节假日一村一寨地去听、去学，才一首一首地拼凑起来的。他不可能把这些民歌都送给老艺人的长子。如果老艺人的长子强迫他这样做，那明显是在敲诈他。但他的实话，老艺人的长子又听不进去的，这是令他最苦闷的事。

徒弟现在开始反思：如果那些传给他民歌的传承人一旦去世，他们的后代都来找他要回自己父亲或母亲生前的歌，那他该怎么办？继承和搜集整理前人遗留下来的民歌，是在抢救国家的文化遗产，搜集整理者有没有必要都返还给传承人的后代？如果不返还，会不会违法？如果要返还，以什么方式才恰当？会不会像自己那样，把搜集的文本重新朗读、录音、刻成光碟送过去？还是把文本也一起送过去？他觉得，这确实对搜集整理者不公，因为他自己也花了心血，整理出来的材料也是他的成果啊！①

该案例中涉及传承权与继承权的冲突，从深层次意义上讲，还涉及传统文化产权与继承权的冲突。首先，根据我国继承法的原则精神及相关规定，继承权是指当法定的条件（即一定的法律事实）具备时，继承人对被继承人留下的遗产已经拥有事实上的财产权利，即已经属于继承人并给他带来实际财产利益的继承权。这种继承权同继承人的主观意志相联系，不仅可以接受、行使，而且还可以放弃，是具有现实性、财产权的继承权。继承权的实现以被继承人死亡或宣告死亡时开始。本人认为，由于我国继承法中所规定的继承仅限于财产继承，并不包括身份继承，因而该个案中徒弟的困惑是很容易解释的，老艺人长子的要求其实是缺乏法律依据的，他有权继承父亲的财产，但没有权利继承父亲作为苗歌事实上的传承人的身份，因而其无权要求徒弟返还父亲苗歌的录音。

其次，由于苗歌作为苗族传统文化，它应归属于案件发生地的苗族社区，当地社区集体拥有这些苗歌的产权，而不是仅包括老艺人的后代，因而从这个意义上讲，老艺人的长子也无权向其徒弟主张返还其所记录的父亲生前的苗歌录音，他的这种做法不仅侵犯了当地社区其他人对苗歌所拥有的产权，也侵犯了徒弟作为传承人也应享有的传承权。

再次，徒弟对搜集整理的苗歌素材的占用是一种合法占有。

① 该案例由我的学生 W 提供，在此向他表示深深的谢意，出于对其本人及相关人员的尊重，在此隐去所有当事人的姓名，只是以此为例探讨类似的现象。

该徒弟对他自己搜集整理的文本和录音享有著作权法中规定的著作权，他同时可以在此基础上进行再创作，如果有新的作品问世，他对这些作品享有衍生作品的知识产权。如果他不能合法地拥有这些素材，以后的其他权利都将成为不可能。

三、传统文化产权与传承权的调适

非物质文化遗产的发展需要依赖世代流传，传承活动一旦停止，也就意味着文化的死亡，这种连续性使得非物质文化遗产在长期的历史流传过程中被基本固定下来。非物质文化遗产所具有的连续性就让传承人在传承的过程中有一个基本固定的传承模式。他们口传心授，在传承中打上了鲜明的民族、家族的烙印，传承人的选择和取得主要着眼于与被选择者的亲密关系与对其保密性的认可。通常，传承人以语言的教育、亲自传授等方式，使这些技能、技艺、技巧由前辈那里流传到下一代，正是这种传承才使非物质文化遗产的保存和延续有了可能。例如藏族史诗《格萨尔》是迄今为止世界上最长的一部英雄史诗，至今仍被传唱。这部史诗全面而形象地反映了藏族从原始氏族社会向封建社会转变的历史过程，是一部反映当时藏民社会状况的百科全书。我们由此了解古代藏族社会的政治、经济、文化、历史和生活等情况，及其独特的文化、心理结构、文化价值、审美取向、日常生活、民风民俗。这部史诗完全是依靠民间的传承得以流传和保留，正是因为如此，才体现出了少数民族非物质文化遗产传承人对历史传承的重要性。

传统文化中的无形部分（非物质文化遗产）的传承的实现形式大体有两种：一是自然性传承；二是社会性传承。前者是指在无社会干预性力量的前提下，完全依赖个体行为的某种自然性的传承延续。许多非物质文化遗产基本上是靠这种方式延续至今的，最典型的就是个体之间的“口传身授”，如民族民间的口传文艺、手工技艺、民俗技能等。但这种方式往往因为社会、经济、文化以及个体的变迁而受到极大的制约。比如个人、家庭、群体（尤其是少数民族）的传承都属于这种类型。后者是指在社会某些力量干预下的传承，这包括行政部门、立法机构、社会团体的各种行为干预和支持。社会性传承一般可分为两种：一种是以社会组织依法发掘研究并持有民间文学艺术作品的方式进行传承；另一种是国家对进入公有领域的民间文学艺术作品采取必要的措施进行传承，或者主动收集本国濒临失传的有价值的民间文学艺术材料，使自己成为传承人。出于保护国家重大利益的需要，国家还可以依法公开宣称自己是某项民间文学艺术的传承人，比如景泰蓝的制作和景德镇的某些国宝级的瓷器等。

传承权是传统文化中的非物质文化遗产的传承人所享有的权利，《福建省民族民间文化保护条例》第 14 条和第 15 条规定传承人和传承单位享有以下权利：开展传艺、讲学以及艺术创作、学术研究等活动并取得报酬；可以向他人有偿提供其掌握的知识和技艺以及有关的原始资料、实物、建筑物、场所；经济困难的传承人和传承单位，可以获得县级以上地方人民政府的资助。传承人和传承单位应当履行以下义务：完整地保存所掌握的知识和技艺以及有关的原始资料、实物、建筑物、场所；按照师承形式或者其他方式选择、培养新的传人；依照法律法规规定开展传播、展示等经常性活动。2007 年 3 月湘西土家族苗族自治州下发了文件《关于印发湘西土家族苗族自治州民族民间文化遗产传承人保护管理暂行办法的通知》，其中规定，县市政府应当“鼓励和支持传承人采取各种方式带徒学艺”以及“按每年 800 元—1200 元的标准发放资助费，这是我国第一部地方政府制定的非物质文化遗产传承人的规定，该规定在一定程度上保障了传承人

的利益。一般认为，传承人的传承权主要包括如下一些内容：[①]

一是复制权、公开表演及发表权。传承人有权决定自己所掌握的作品或者信息是否公开表演或发表。

二是署名权。国际上制定的《保护民间文学艺术表达，防止不正当利用及其他损害行为示范法条》规定："在一切向公众传播的印刷出版物中，均须以适当的方式注明一切来源明确的民间文学表达形式的出处。"这一条款可看做对署名权的规定，但它主要是规定了传统文化产权的署名权。我们在这里要强调的是传承人的署名权，主要是指传承人在以任何方式表演或展现传统文化时，均可以在传统文化上表现自己的传承人身份。

三是修改权。民间文学艺术本身是不断发展变化的。古老的民间文学艺术只有推陈出新、锐意改革才能跟上时代发展的步伐。作为民间文学艺术的传承人，在不违背民间文学的基本思想和内容前提下具有修改权。

四是获得报酬权。"示范法条"规定了出版、复制等以其他传统方式向公众传播民间文学艺术表达方式的财产权利。

五是国家资助权。国家有义务扶助民间文学艺术发展和利用，而作为在国家有关机关登记备案的传承人来说，他们有权从政府那里获得相应的物质补助。

六是传承权。民间文学艺术传承人有权利和义务决定将自身掌握的技艺知识向谁传授、通过什么方式传授，但是这项权利不能与国家有关的强制性法规相冲突。

每个传承人都应该完整保存其所掌握的知识、技艺及有关的原始资料、实物、建筑物、场所等，依法开展展示、传播非物质文化遗产等活动。每个传承人每年都应该按照师承形式或者其他

---

① 樊鸿雁：《民间文学艺术传承人的权利保护》，载《中国民族》2007 年第 11 期。

方式选择、培养新传承人。有条件的传承人应该讲述自己的口述史或留下书面著作。非物质文化遗产传承人拥有的传承权，是指传承人有权利将自己所掌握的知识和技能传承给自己选择的传承人。也就是说，非物质文化遗产传承人有权利和义务决定将自身掌握的技艺知识向谁传授、通过什么方式传授，但是这项权利不能与国家有关的强制性法规相冲突。

传承权兼具权利和义务双重属性。每个传承人都应该完整保存其所掌握的知识、技艺及有关的原始资料、实物、建筑物、场所等，依法开展展示、传播非物质文化遗产等活动。每个传承人每年都应该按照师承形式或者其他方式选择、培养新传承人。有条件的传承人应该讲述自己的口述史或留下书面著作。

从另一个角度来看，传承不仅是一种权利，也是传承人的义务。在传承人的身上承载的不仅是一门少数民族的技艺或知识，而是这个民族的历史发展的精华和文明。因此，当一个艺人或巧匠被认定为传承人后，其就有义务将传承的非物质文化遗产传承、发展下去，不让所拥有的技艺失传、消亡。传承人不能以一种不作为的方式或消极的方式不从事传承活动，或以积极的方式破坏传承活动，或破坏与传承有关的工具或条件。若传承人不履行传承的义务，可由非物质文化遗产的所有权群体向政府相关部门申请强制履行传承，或由政府主动形式强制传承。

此外，《国家级非物质文化遗产代表性传承人认定与管理暂行办法》（以下简称《暂行办法》）第13条规定，国家级非物质文化遗产项目代表性传承人应承担以下义务：（1）在不违反国家有关法律法规的前提下，根据文化行政部门的要求，提供完整的项目操作程序、技术规范、原材料要求、技艺要领等；（2）制定项目传承计划和具体目标任务，报文化行政部门备案；（3）采取收徒、办学等方式，开展传承工作，无保留地传授技艺，培养后继人才；（4）积极参与展览、演示、研讨、交流等活动；

（5）定期向所在地文化行政部门提交项目传承情况报告。对国家级的代表性传承人，《暂行办法》规定了更为具体的义务，这也是这些代表性传承人履行自己社会责任的最主要的方式。

除此之外，传承人的义务还包括不得向境外的组织或个人转让衍生作品的著作权。这是因为，传承人对衍生作品的著作权是建立在传统文化产权的基础之上的，传承人对衍生作品的著作权也要相应地受到一定的限制，对传统文化的利用往往会涉及该群体、民族或国家的宗教信仰、风俗习惯等传统文化产权中的精神性权利。突尼斯《文学艺术产权法》第7条明确规定：受民间文学艺术启发而创作的作品的制作、该作品之著作权的部分或全部转让、或发放独占许可证，均应取得文化部授权。传承人向境外转让其衍生作品，应慎重行事。1992年，王洛宾把几首歌的著作权转让给了台商，其中包括在新疆时记谱的作品。1994年，大陆有人制作的录音作品中出现了其中的民歌时，该台商即指控制作人侵犯其著作权。对此，许多人认为，被“卖断”了著作权的那些歌曲中，有王洛宾自己创作的内容，也有他搜集、整理或改编的内容。对于后面一类，王洛宾是否享有全部著作权、能否将其“卖断”是值得怀疑的。更有人认为王洛宾的行为是出卖国家遗产。[1] 因此，传承人对类似的行为应特别慎重，如何来具体实施自己的衍生作品著作权还需进一步探索合适的途径。

四、传统文化产权与著作衍生权的协调

我国台湾地区著作权法第二十八条规定：著作人有将其著作改作成衍生著作或编辑成著作之权利。但表演不适用之。所谓改作，依第三条第一项第十一款之定义，指以翻译、编曲、改写、

① 黄玉烨：《民间文学艺术的法律保护》，知识产权出版社2008年版，第186－187页。

拍摄影片或其他方法就原著作另为创作。而第六条规定：就原著作改作之创作为衍生著作，以独立之著作保护之。衍生著作之保护，对原著作之著作权不产生影响。这里强调原作品的著作权与衍生作品著作权的独立性。在我国，有学者称之为“多重著作权”，所谓多重著作权是指对原著作权的使用所产生的衍生性权利的总称，即原创作品著作权及其邻接权共存的现象。在现实商业活动中，有时也会出现一部原始作品甚至会经过多层次、多手段衍生出多形式的新作品，形成一个创作链。多重著作权的主要特点就在于虽然新创作的衍生作品或其他成果是在原始作品的基础上衍生的，但同原始作品一样享有独立的著作权或邻接权。我国著作权法中也暗含着对衍生作品著作权的保护，因为它是一个独立的创作，也就是一个独立的作品。

对于传统文化而言，问题就变得复杂了。现实的情况是根据传统文化创作的作品获得了著作权法的保护，而传统文化本身因为被认为是“公有领域”的财富，没有被赋予“作品”的地位，没有受到著作权法的保护，那么传统文化产权人的利益就无从谈起了。为了改变这种被动的局面，2000 年，巴拿马管理土著族群集体权利以保护和捍卫其文化特征及其传统知识的专门知识产权体制建立了一个传统文化表现形式的登记系统。在这个国家级的知识产权局内建立了一个专门办公室，负责批准申请和管理登记。在知识产权局之前的所有工作程序不需要律师服务，也不收申请费。

以前述的“杨丽萍模式”为例，她通过采风记录下云南很多民族的原生态舞蹈，从中抽象出她认为能够表现当地民族文化的元素或特质部分，然后经过编排，使之成为一个服务于基本主题的舞蹈作品。根据著作权法，杨丽萍拥有《云南映像》的著作权，并获得了巨额的利润。但当地社区为此付出了巨大的努力，做出了巨大的贡献，在现有法律的框架内，却什么都不拥有，什么都没有获得。如何来协调传统文化衍生作品作者与传统社区之间的利益关系呢？根据《2002年传统知识和文化表现形式太平洋地区框架》的规定，传统知识产权所有者有权利授权或阻止他人采用，转让和修改被保护的传统文化表现形式。一个外部的使用者必须取得同意后才能创作新的派生作品（即基于传统文化表现形式的作品）。任何派生作品的知识产权属于这一作品的作者。但是，如果这一作品被用于商业目的，产权所有者必须同传统产权所有者分享利益，承认传统文化表现形式这一来源，并且尊重传统文化表现形式的精神权利。我们认为，在确立传统文化产权制度的基础上，通过赋予少数民族或传统社区以文化产权，使他们能够从中获取相应的利益。

芬兰学者劳里·航柯先生曾指出，民间文学并不与版权法体现的思想很合拍。活生生的民间传说是不断变化的，因而不可能像文学或艺术作品那样保存。一个传说材料表演者或歌唱者，只能申请他个人表演的版权，至于材料本身，由于很难搞清原作者，直到现在谁都可以利用。然而，如果要使这些材料保留下来以免歪曲、讹误和庸俗化，就必须采取某种保护措施。日内瓦委员会裁定，版权属于保持该民俗的团体；如果这个团体已不复存在，版权就属于国家。这个国家要借助国家档案馆、博物馆和研究组织为后代保存这些材料。利用民间文学材料所得的经济收入的一部分，应交给国内有关组织，如果可能，应交给该民俗的团体。同时，他还提出在民间文学文献中心和档案馆已受到保护的和今后也应受到保护的权利至少有四种，保护民间文学政府专家第二委员会在1985年巴黎会议的工作文件中承认了这四种权利的存在。

第一，保护提供材料的人。采集者的义务是保证这些材料不致因为疏忽或故意而被滥用。采集的材料归档后，档案馆则应承担起这一义务。在研究工作中使用这一材料的学者同样要负担起这样的责任。

第二，首次使用权。一般说来，首次使用权是属于想在采集材料的基础上进行调查及准备发表文章或出书的采集者。未等采集者在适当的时间内有机会完成自己的计划，就允许他人用类似的方式使用这些材料是不道德的。

第三，采集者有权期望他放到档案馆的材料，得到妥善保管（如磁带、胶卷，应采取特别保管措施，复制副本，供人使用和借阅等）。采集者还有权期望对他的材料编出适当的索引，分门别类，从而使资料便于查找使用。

第四，档案馆有权，或者确切地说，有责任控制资料的使用和使用人员。它必须能够决定用何种方法、为何种目的和在何种条件下才能使用这些资料，换句话说，档案馆必须有自己的工作章程，根据这种章程，通知民间文学资料的使用者在使用这些精神财富中需要注意的问题。①

劳里·航柯先生的观点值得我们重视，特别是其提出的“首次使用权”的概念及其法律适用，对保护传统文化搜集整理者的合法权益非常重要，进一步说，就是促进对传统文化的挖掘整理，我们在今后的传统文化产权立法中应明确规定采集者的这项权利，也是在传统文化产权人与采集者之间寻求一个权利的平衡，对双方权益保护都有好处。

① 劳里·航柯：《民间文学的保护——为什么要保护及如何保护》，载中芬民间文学联合考察及学术交流秘书处：《中芬民间文学搜集保管学术研讨会文集》（1986），中国民间文艺出版社 1988 年版，第 27－28 页，转引自刘锡诚：《非物质文化遗产的传承与传承人》，载王文章：《中国非物质文化遗产保护论坛论文集》，文化艺术出版社 2006 年版，第 51－52 页。

第二节　传统文化产权制度的实现方式

一、传统文化产权的许可使用

（一）传统文化产权许可使用的特征

传统文化产权制度的实现方式有多种，其中比较重要的是传统文化产权的许可使用，主要是指传统文化产权人将传统文化产权中的全部或部分权能许可给他人利用的制度。从性质上看，传统文化产权的许可使用是传统文化产权人与被许可人之间的一种法律行为，可以在他们之间产生特定的权利和义务关系。作为一种具有设定权利意图的表意行为，许可使用行为根据当事人之间的意思表示而发生法律效力。在法律实践中，许可使用这一行为通常表现为许可使用合同及合同的履行过程，传统文化产权人可以根据自己的主观意志自由决定将传统文化的使用权中的一项或多项权能许可给他人使用，并且可以约定许可使用的时间范围和空间范围，同时收取一定数额的使用费。

传统文化产权许可使用并不改变传统文化产权的归属。通过传统文化产权许可使用合同，被许可人所获得的仅仅是在一定期间、在约定的范围内、以一定的方式对传统文化的使用权，传统文化产权仍然全部属于传统文化产权人，不会导致任何权利缺陷。

被许可人的权利受制于合同的约定。被许可人不能擅自行使超出约定的权利，同时也只能以约定的方式在约定的地域和期限行使传统文化产权。同时被许可人还不能擅自将自己享有的权利许可他人使用，也不能禁止传统文化产权人将同样权利以完全相同的方式，在相同的地域和期限内许可他人使用，除非被许可人享有的是专有许可权并附有从属许可的权利。

被许可人对第三人侵犯自己权益的行为一般不能以自己的名义向侵权者提起诉讼，因为被许可人并不是传统文化产权的主体，除非传统文化产权人许可的是专有使用权。

(二) 传统文化产权许可使用的种类

传统文化产权许可使用可以采取多种方式，该种许可使用系平等主体之间所达成的协议，必须遵循一般的民事合同所要求的原则，并在合同中就许可使用的方式、许可使用的权利的性质、许可使用的时间范围和地域范围、付酬的标准和办法、违约责任等事项做出详细约定。根据以上这些因素，传统文化产权的许可使用一般有如下种类：

1. 普通实施许可

按照普通实施许可合同，合同的被许可方根据许可方的授权在合同约定的时间和地域范围内，按合同约定的使用方式实施该传统文化，同时传统文化产权人保留了自己在同一地域和时间实施该传统文化以及许可第三人实施该传统文化产权的权利。

2. 独家实施许可

依照独家实施许可合同，被许可方在约定的时间和地域范围内以合同约定的使用方式享有对传统文化的排他性实施权。在合同约定的时间和地域范围内，传统文化产权人可不得再许可任何第三人以此相同的方式实施该项传统文化，但传统文化产权人可自行实施。

3. 独占实施许可

依照独占实施许可合同，传统文化产权人许可被许可方在合同约定的时间和地域范围内，以合同约定的使用方式对传统文化产权进行独占性实施，从而排斥包括传统文化产权人在内的一切人实施该项传统文化。

4. 相互交换实施许可

依照相互交换实施许可合同，许可方与被许可方就相互允许使用彼此的传统文化产权而订立的协议，也称交叉实施许可。

5．分实施许可

分实施许可合同是相对于基本的实施许可合同而言的，在传统文化实施许可合同中，如果许可方允许被许可方就同一传统文化再与第三人订立许可合同，由第三人在合同约定的期限和地域范围内实施该项传统文化，则被许可人与第三人签订的后一种实施许可合同就是分实施许可合同。分实施许可只能从属于基本的实施许可，不得有任何超越行为。

从理论上讲，我们这里所讲的许可使用也包括许可给本社区成员使用，也要收取一定的许可费用，这当然要受法律上的许可使用的限制。以彝族海菜腔为例，李氏兄妹通过文艺演出所得依靠的是本民族的海菜腔文化遗产，他们就应当向彝族海菜腔协会缴纳一定的许可使用费。同时，文化传承也应该是他们法定的义务。他们既然从事的是本民族的文化工作，就应当将本民族的海菜腔文化发扬光大，培养新人，使之后继有人。另外，李氏兄妹缴纳费用（许可使用费）的比例可以根据其对文化传承所作出的直接贡献即培养下一代海菜腔的演艺者相联系起来，如果其对文化传承的直接贡献巨大，可以考虑免除其许可使用费等。对于海菜腔文化而言，一方面要保护好作为文化传承人的个人进行文化传承的积极性，不能阻碍他们进行文化创造、文化传承，保护好他们的个人文化权利（包括获得报酬权），因为任何集体文化权利的争取与获得主要都是依靠组成这一集体的个人所做出的贡献；同时，也要把握好一个原则，即集体文化权利毕竟是个人文化权利的来源，作为权利主体的群体理所应当是非物质文化遗产的直接和最大的收益者。①

① 王军：《个人文化权利与集体文化权利的关系问题研究——以彝族海菜腔文化传承人作为范例》，载《管理观察》2009 年第 3 期。

二、传统文化产权的合理使用

（一）澳大利亚 Terry Yumbulul 案

澳大利亚联邦法院 1991 年 7 月 25 日审理了 Terry Yumbulul 诉澳大利亚联邦储备银行、原住民艺术家代理有限公司及安东尼瓦利斯案，该案就涉及了对传统文化产权的不合理使用。具体案情如下：

1988 年澳大利亚储备银行为纪念欧洲人第一次到这个国家定居而准备发行 10 元纪念钞票。该钞票的设计图案的一部分纳入了原住民艺术品，这个原住民艺术品包括一个 Terry Yumbulul 先生在 1986 年设计的晨星杆的再次转让。这个再次转让的版权是由原住民艺术家代理有限公司向银行授权的。反过来说，公司有一个由 Terry Yumbulul 独家授权的专业代理合同。现在，他辩称，该机构的代理合同是他在诱导、误导或欺骗性的情况下签署的，他对银行的著作权侵权行为已经通过一个在这个诉讼之前的一个程序得到了解决。他继续对该机构及其董事安东尼瓦利斯提起诉讼，寻求禁令、救济和赔偿。该案件的困难是在传统的土著文化和澳大利亚的法律制度有关的版权保护和土著人的艺术作品的商业性开发的互动中出现的。

事实背景

Terry Yumbulul 是一个具有相当杰出技能和声誉的原住民艺术家，他于 1950 年 9 月 11 日出生在阿纳姆地东北部海岸韦塞尔岛，是 the Warimiri clan 中的一个成员，也是领导人 David Burrumarra 的二儿子，他的母亲是 the Galpu clan 的成员。Terry Yumbulul 的职业生涯是从作为一个制作原住民传统绘画的艺术家开始的，这是他的原住民文化教育的一部分。大约在 10 年前他就开始绘画并且一直在出售他的作品，他的这些作品已经被展示在北领地博物馆，其中的一些作品已被北领地政府采购，作为来访的外国政要的官方礼品，另外他还有一些作品被展览在私人画廊。

晨星杆的两极有一个对于原住民来说具有重要纪念意义的牌，记录着在部族中间死亡的重要的人。它们是木制的，有设计与装饰画、羽毛和字符串，不同族群用他们不同的某一特定群体的识别方式小心翼翼地维持着晨星杆。传统观念中晨星杆与权力和死者的精神有关，他们死后将被带回到自己的家乡。根据一个人类学家、澳大利亚国立大学的高级讲师 Dr. Ian Keen 的描述，用极点和榕树纤维字符串作为证据，该仪式使用一组与字符串有关的晨星杆，并且它们属于不同的对象或特定的人。仪式是说一个建立友谊的群体之间的礼物交换关系是地理上的方式，对亲属来说，应该是比较遥远的。虽然其礼仪用途是作为仪式的一部分，但它是在秘密男子的一个公共住房中举行的仪式。Dr. Ian Keen 说，该杆必须在符合决策与宗教规则的情况下使用，不能专门用于博物馆公开展出。土著人常常认为这并不是不重要，因为一些这样的设计或对象揭示了非土著人并不知道的含义，这是 the Rirratjingu 部落的主要的成员，多年来一直是阿纳姆地区东北土著人领袖的男性成员 Roy Marika 所说的话。他还说，有些传统物件，如晨星杆可用于出售给一家博物馆或工艺店，并且它被视为是白人学习尊重土著人和他们的土地的象征。据他了解，Terry Yumbulul 有权利为此目的将晨星杆出售给博物馆等场所，以此来教育人民。然而，要做到这一点，他将需要确保部落人仍然是传统设计的拥有者，并且具有举行相关仪式的权利，他一向都知道自己在做什么。Mr Marika 说，大规模复制重要主题的绘画是非常敏感的，因为它需要的是能力和权利，生产和监督这些对象的生产的权利在土著人的手中。他说：“如晨星杆意味着要在一个神圣的营地由拥有授权的男子按照正确地被教导过的有关的规则生产，如果这类物体由不明白它们的含义和权力的、没有得到有权作出这些事情的儿童、妇女和男人来生产，这是不正确的。”另一名证人，来自北领地 Yirkala 的 Mandawuy Yunupingu 说，晨星杆和仪式汇集了不同地区和部族的人来执行仪式，以及关于谁已经死亡的重要人物的回忆，“仪式一向是由不同的人来到一起参加，仪式的重要组成部分涉及介绍礼仪及代表死者的晨星杆，这是一个非常重要的仪式，有助于表明需要加强族群间的相互尊重，它也有助于化解（原文如此）部族之间的任何紧张或不协调的矛盾。他进一步指出：“有权作出这样的仪式是一件非常荣幸的事情，因此滥用权利与保护的图像要非常小心，人们通常认为在 the Morning Star 仪式中晨星杆是一个非常敏感的议题。”①虽然该案的判决结果还是令人遗憾的，联邦法院拒绝给予土著社区对其神圣宗教形象的保护，多数法官认为，他们很同情部落代表人的陈述，但是创作作品的艺术家已经通过法律协议处置了他的知识产权，他们也对澳大利亚的版权法没有对土著社区要求规制源于土著文化创作的作品的复制与使用提供足够的保护而感到非常遗憾，但是，保护原住民对其传统文化的产权是法学家和法律改革者的任务，依据现有法律还无法保护原告的利益。

（二）合理使用的标准

为了公益性目标的实现，有必要对传统文化产权给予一定的限制。在传统文化产权制度中，同样要根据政治、经济、文化等诸因素来对各种利益予以选择。所谓利益选择，就是立法者从一定社会经济形态下社会生活的需要出发，以社会上占统治地位的价值观为指导，对多元的客观利益进行判断、评价、权衡和比较，选择有利于统治阶级共同需求和目的的那些利益并予以法律

① Re Terry Yumbulul v Reserve Bank of Australia; Aboriginal Artists Agency Limited and Anthony Wallis [1991] FCA 332; 21 IPR 481 (25 July 1991)。

调整。[①] 立法者在进行利益选择时，首先考虑的是公益性目标。所谓"公益性"是指多数人的利益高于个人利益，任何一个公民都应该为了全社会的共同利益而放弃个人私利。也就是说，社会成员的利益应与全社会的利益保持一种基本的平衡和协调状态，以满足整个社会和各个成员的利益。这就要求社会成员和社会在主张和行使各自的权利时，应适当地限制在一定的范围内，任何一方超过这一限度，就必然会侵犯对方的权利，从而打破两者之间的平衡和协调关系。为了实现社会公益性目标，寻求个人权利与社会公共利益之间的平衡状态，各国在私法领域普遍采用了禁止权利滥用原则，在无形财产权制度中，虽然没有明文提及权利不得滥用的原则来表述公益性目标，但都有其他类似的思想，体现在传统文化产权上就是"传统文化产权的合理使用制度"。

或许有人会说，传统文化传播的范围越广泛，不是越有利于传统文化的复兴与发展吗？人为地设定传统文化产权制度，不是阻碍了这种传播吗？我们在此明确传统社区对其传统文化享有财产权，不是限制其他人的正常使用，限制的是商业性使用与不正当性使用。多数著作权国际公约亦对此作了明确规定，从而使之成为国际规则。《伯尔尼公约》对合理使用作了总的限定，即允许以合理的目的使用他人的作品，但"必须符合公平惯例"。公约规定了六种合理使用的情形，即特殊情况下的复制，合理引用，为教学目的的使用；转载时事性作品，为报道时事新闻而使用作品，临时复制。《罗马公约》则列举了合理利用他人有邻接权的表演、录音制品及广播的四种情形，公约规定属下列情况之一的利用他人的邻接权不认为是侵权：（1）私人使用；（2）在时事报道中少量引用；（3）某广播组织为编排自己的广播节目

① 孙国华、黄金华：《论法律上的利益选择》，载《法律科学》1995年第4期。

利用自己设备暂录制；（4）仅用于教学与科学研究之目的。《日内瓦公约》鉴于有的成员国使用反不正当竞争法保护录制者权，因而明确规定“合理使用”条款，但不禁止其成员国采用这一制度。还有《唱片公约》、《卫星公约》对著作权人的专有使用作了限制。

根据吴汉东教授的分析，传统文化产权的合理使用同样具有如下一些特点：第一，使用需有法律依据，而非传统文化产权人的授权，因而，我们在制定关于传统文化产权的立法时，要在其中明确规定传统文化产权的合理使用制度。第二，使用未经传统文化产权人的授权。由于使用者无暇取得或难以取得传统文化产权人的许可，法律直接授权使用者在此情况下不必取得传统文化产权人的同意，否则必将增加使用人权利实现的成本。第三，使用不需对价。在一般情况下，这种使用不必向传统文化产权人支付报酬。第四，使用需出于正当目的。对于合理使用，使用的目的是使用者出于学习与研究、教育、科学实验、评论等非营利目的，则此类使用属于正当使用。第五，使用应有一定的数量限制。由于此类使用剥夺了传统文化产权人的获益权，如果使用的数量过多，势必会对传统文化的市场销售形成一定的冲击，因而，传统文化产权的合理使用应有一定的数量限制。第六，使用不应对传统文化的市场销售造成潜在的威胁。出于保护传统文化产权人的利益考虑，法律不允许使用者通过此类限制损害传统文化产权人的经济利益，为此，法律应从使用后果上予以恰当的限制。第七，使用时不应损害传统文化产权人的其他合法利益。在此类限制中，法律仅授予了使用者一定范围的使用权，使用者有义务尊重传统文化产权人的其他合法权利，特别是精神性权益。[①]

（三）传统文化产权的限制

所以，对传统文化产权来讲，同样存在着合理使用问题，本人认为，在设定传统文化产权制度时，应仿照我国《著作权法》第二十二条规定，对传统文化产权做出必要的限制，以保护公共利益并促进文化的传播，即对传统文化的合理使用做出如下的类似规定。在下列情况下使用传统文化，可以不经传统文化产权人许可，不向其支付报酬，但应当指明传统文化来源的社区、作品名称，并且不得侵犯传统文化产权人享有的其他权利：

1. 为个人学习、研究或者欣赏，使用传统文化；

2. 为介绍、评论某一作品或者说明某一问题，在作品中适当引用传统文化；

3. 为报道时事新闻，在报纸、期刊、广播电台、电视台等媒体中不可避免地再现或者引用传统文化；

4. 报纸、期刊、广播电台、电视台等媒体刊登或者播放其他报纸、期刊、广播电台、电视台等媒体已经使用的传统文化，但传统文化产权人声明不许刊登、播放的除外；

5. 报纸、期刊、广播电台、电视台等媒体刊登或者播放在公众场合表演的传统文化，但传统文化产权人声明不许刊登、播放的除外；

6. 为学校课堂教学或者科学研究，翻译或者少量复制传统文化，供教学或者科研人员使用，但不得出版发行；

7. 国家机关为执行公务在合理范围内使用传统文化；

8. 图书馆、档案馆、纪念馆、博物馆、美术馆等为陈列或者保存版本的需要，复制或使用传统文化；

---

① 此种表述参考了吴汉东、胡开忠：《无形财产权制度研究》（修订版），法律出版社2005年版，第113－114页。

9. 免费表演传统文化，该表演未向公众收取费用，也未向表演者支付报酬；

10. 对设置或者陈列在室外公共场所的传统文化进行临摹、绘画、摄影、录像；

11. 将已经发表的传统文化翻译成少数民族语言文字的传统文化在国内出版发行；

12. 将已经发表的传统文化改成盲文出版。

前款规定适用于对出版者、表演者、录音录像制作者、广播电台、电视台的权利的限制。

三、传统文化产权的利益分享

（一）关于利益分享的相关域外立法

1709 年，英国颁布的世界上第一部版权法（《安娜女王法》）是以“利益补偿论”作为其哲学基础的，该理论的含义是：创作作品的发起人、作品的创作者需要为作品的创作进行投资，要承担相应的经济风险，因此，应授予他们对其创作和经营的作品在一定期限内的独占权，使他们有机会收回其投资，并获得相应的利益回报。[①] 利益分享是利益补偿的一种形式，传统文化产权也同样如此，由于各种经济主体的商业性使用而使传统社区的传统文化产权受到影响，因此，基于公平原则，应与传统社区进行利益分享。

如前所述，如果某个主体想对某一传统文化进行商业性使用，就必须在事先让传统社区知情并获得他们同意的基础上，与传统社区共同分享对传统文化的商业性开发所获得的利益。对传统文化产权的利益分享，由于《保护和促进文化表现形式多样性

① 曹新明、梅术文：《民族民间传统文化保护的法哲学考察》，载《法制与社会发展》2005 年第 2 期。

公约》中没有做出具体规定，这是有其时代背景的，联合国教科文组织为了促使该公约能够尽快通过，以发挥其在保护文化多样性方面的积极作用，就在发达国家与发展中国家之间进行了妥协，没有将利益分享制度规定在公约之中，待以后制定该公约的《议定书》时再做出明确的规定，因而我们可以参照《生物多样性公约》中关于利益分享的相关规定。

生物多样性包含遗传多样性、物种多样性和生态系统多样性三个层次，新的物种不断形成，旧的物种逐渐灭绝，这是自然生物界进化发展的规律。人类的生存与发展，过去、现在和将来多依赖于自然界中各种各样的生物资源。这些生物资源是生物多样性的物质体现，是人类赖以生存的物质基础，对于传统文化的传承、繁荣、发展和创新意义重大。前述的《生物多样性公约》（即 CBD）第 15 条第 7 款要求各缔约方采取适当的立法、行政及政治措施，建立起合理、公正的机制，使那些提供基因资源的缔约方能够分享基因资源的研究与开发的成果以及基因资源的商业及其他利用所产生的利益。2002 年，CBD 又通过了《关于遗传资源的获取及公平和公正分享因利用该资源而产生的利益之波恩准则》，更进一步将事先知情同意及利益分享原则和与遗传资源相关之传统知识联结起来，赋予传统知识之使用者应获得该知识持有者之事先知情同意并应分享因使用该知识所产生利益的义务。[①] 获取和惠益分享制度，应以国家或地区范围内的全面获取和惠益分享战略为基础。该战略应以保护和可持续利用生物多样性为目的，可作为国家生物多样性战略和行动计划的一部分，而且促进公平地分享惠益。获取遗传资源过程所涉及的步骤可包括：在获取之前进行的活动、使用遗传资源进行的研制活动以及

① 周欣宜：《传统知识特殊保护制度之探讨》，载郑成思：《知识产权文丛》（第 13 卷），中国方正出版社 2006 年版，第 303 页。

对遗传资源的商业化和其他使用，包括惠益的分享。同样地，在对传统文化进行商业开发时，也应得到中国的预先知情同意并进行利益分享。

《生物多样性公约》（即 CBD）对生物资源提供国设置了很多保护性规定。例如，要求国外的研究机构在获取遗传资源的时候应当事先告知生物资源所属国，并取得其同意；以及生物资源提供国参与技术研究和开发以及利益分配等规定。这些规定对各国的专利法产生了重大影响，尤其是得到发展中国家大力支持。生物多样性公约正式确认了各国对其生物多样性资源拥有各自的主权，要求缔约国采取措施保证资源提供国参与技术利益分享。

利益分享是 CBD 的核心思想之一，即生物资源的提供者有权从生物资源的获取者处得到适当的经济补偿，分享使用这一生物资源带来的利益。由于生物资源丰富的国家多为南半球的发展中国家，而技术先进、有条件利用生物资源产生巨大收益的国家多为北半球的发达国家，这一思想实质上是南北共同分享利益。TRIPS 和 UPOV 没有提及任何关于利益分享的问题，也没有任何调整权益所有者与资源提供者间关系的条款。长期以来，对少数民族传统文化的采集和利用，譬如收集、整理、改编等，常常被误认为原始创作，而真正的民族民间文化的参与者、传承者却很难从中受益。随着市场经济的发展和国际文化贸易的增长，在对少数民族传统文化的使用中，少数民族传统文化的拥有群体和使用者之间的利益矛盾会越来越突出，迫切需要建立包括知识产权在内的法律保护制度，以鼓励少数民族传统文化的传承和创作，合理开发和利用中国的民族文化资源。[①] 如果将“利益平衡”问题进一步上升到权益人与作为资源提供者的社会公众或群体之间

① 吴烈俊：《中国民族民间文学艺术的法律保护》，载《西南民族学院学报》2003 年第 3 期。

的利益关系，所要解决的就是作为资源提供者的社会公众或群体在利用这些资源完成的知识产权中分享利益的问题，尤其是那些历经代代相传的努力，原生环境保护了相关资源的社会群体（少数民族）的利益分享问题。[①] 前述的《波恩准则》也指出，惠益分享机制可能因惠益的类型、各国的具体条件以及所涉利益相关者而有所不同。惠益分享机制应是灵活的，应由参与惠益分享的合作伙伴来决定，并因每一具体情况而异。惠益分享机制应包括在科学研究和技术开发方面进行充分合作，并包括那些从商业产品中产生的惠益，包括信托基金、合资企业以及条件优惠的使用许可。这些具体的制度措施同样可以借鉴到传统文化产权的具体实施过程中来。

（二）我国关于作为利益分享形式之一的利益补偿的相关立法

西方国家的补偿制度最早产生于近代财产的征用与征收制度。随着时代的变迁，许多西方发达国家的宪法先后抛弃了私人财产所有权不受任何限制的理念，转而倡导对私人财产所有权进行必要的限制，被征用的标的进而呈现出多样化趋势：一切具有财产价值的标的，不论是不动产还是动产，有形的还是无形的，都可以纳入征用的标的范围。然而，私人财产权作为一项基本权利一直没有动摇，对于合法公权力行为造成的损失，获得救济的宪法依据只有行政补偿条款。

行政补偿是指行政主体的合法行为使行政相对人的合法权益受到特别损失，或者行政相对人为了维护和增进国家、社会公共利益而使自己的合法利益受到损失，行政机关依法对相对人所受损失予以适当补偿的制度。它是国家调整公共利益与私人或团体利益，全局利益与局部利益之间关系的必要制度。《宪法修正案

① 唐广良：《遗传资源、传统知识及民间文学艺术表达国际保护概述》，郑成思编：《知识产权文丛》（第 8 卷），中国方正出版社 2002 年版，第 52 – 72 页。

（六）》第22条规定“国家为了公共利益的需要，可以依照法律规定对公民的私有财产实行征收或证用并给予补偿。”2004年3月22日，国务院发布的《全面推进依法行政实施纲要》第31条提出要“完善并严格执行行政赔偿和补偿制度”。此外，相关制度规定还存在于《野生动物保护法》（第14条）、《城市房地产管理法》（第19条）、《外资企业法》（第5条）、《土地管理法》、《森林法》、《城镇国有土地使用权出让和转让暂行条例》等法律法规中。但这些都不过是对行政补偿制度的原则性规定。2004年通过的《行政许可法》第8条规定：“行政许可所依据的法律、法规、规章修改或废止，或者准予行政许可所依据的客观情况发生重大变化的，为了公共利益的需要，行政机关可以依法变更或者撤回已经生效的行政许可。由此给公民、法人或者其他组织造成财产损失的，行政机关应当给予补偿。”该规定可以说是对行政补偿原则性规定的进一步具体化。

在行政补偿制度之外，还存在着一些其他的补偿制度，比较有代表性的有如下两种，即民族自治地方的补偿和生态补偿。前者是指，2001年2月28日修订的《民族区域自治法》第65条规定，国家采取措施，对输出自然资源的民族自治地方给予一定的利益补偿。第66条规定，民族自治地方为国家的生态平衡、环境保护做出贡献的，国家给予一定的利益补偿。这些规定，确认了民族自治地方获得利益补偿的权利。同时，这项以“开发者付费，受益者补偿，破坏者赔偿”为原则的制度也应适用于民族自治地方为野生动植物保护、文物保护、历史遗迹保护等方面做出贡献的情形。而生态补偿机制研究是目前世界上生态环境建设领域研究的热点和难点问题。国内学者对生态补偿概念的理解有广义和狭义之分。生态补偿从狭义的角度理解就是指：对由人类的社会经济活动给生态系统和自然资源造成的破坏以及对环境造成的污染的补偿、恢复、综合治理等一系列活动的总称。广义的生态补偿机制则还应包括对因环境保护而丧失发展机会的区域内的居民进行的资金、技术、实物上的补偿、政策上的优惠，以及为增进环境保护意识，提高环境保护水平而进行的科研、教育费用的支出。

前述的这些补偿制度都是源于相对方的合法利益受损，相关方基于法律的相关规定来对相对方的受损利益进行适当的补偿，来使其受损害的利益恢复到原初状态，进而在当事各方之间寻求可能的利益平衡。但是，由于传统文化目前仍被视为“公有领域”的东西，也就是现行法律没有相关规定来保护基于传统文化而获得的利益，因而无法通过前述这些法律规定的补偿制度来保护传统社区的文化利益。因而，我们只能在现有法律体系之外寻找其他可能的路径来保护传统社区的相关利益。

（三）传统文化产权利益分享的实现方式

长期以来，对传统文化尤其是少数民族传统文化的采集和利用，譬如收集、整理、改编等，常常被误认为原始创作，而真正的民族民间文化的参与者、传承者却很难从中受益。随着市场经济的发展和国际文化贸易的增长，在对少数民族传统文化的使用中，少数民族传统文化的拥有群体和使用者之间的利益矛盾会越来越突出，迫切需要建立包括知识产权在内的法律保护制度，以鼓励少数民族传统文化的传承和创作，合理开发和利用中国的民族文化资源。[①] 如果将“利益平衡”问题进一步上升到权利人与作为资源提供者的社会公众或群体之间的利益关系，所要解决的就是作为资源提供者的社会公众或群体在利用这些资源完成的知识产权中分享利益的问题，尤其是那些历经代代相传的努力，在原生境状态下保护了相关资源的社会群体（少数民族）的利益

① 吴烈俊：《中国民族民间文学艺术的法律保护》，载《西南民族学院学报》2003 年第 3 期。

分享问题。①

由于传统文化保护是文化多样性保护的重中之重，从一定意义上讲，对传统文化的保护就是对文化多样性的保护。文化多样性与生物多样性具有很多的相似之处，在《保护和促进文化表现形式多样性公约》的制定过程中大量地参考了《生物多样性公约》的价值理念、基本原则与具体制度。虽然联合国教科文组织为了《保护和促进文化表现形式多样性公约》尽快通过，以促进文化多样性的保护，没有在该公约中明确规定利益分享制度，但这些具体的制度措施同样可以借鉴到传统文化开发与保护的具体实施过程中来。利益分享是利益补偿的一种主要形式，并不因此排除其他的补偿形式。传统文化开发也同样如此，由于经济发展、工程建设等原因造成传统文化的原生环境被破坏或者直接导致少数民族迁离原居住地，以及对传统文化进行商业性使用或其他不正当使用，基于公平原则，应对少数民族进行利益补偿。生物多样性公约正式确认了各国对其生物多样性资源拥有各自的主权，要求缔约国采取措施保证资源提供国参与技术利益分享。

事实上，由于一个作品是“原创”还是“改编”不仅关系到作者名誉上的满足感，还影响到作者应得的收入，正如前面提到的“《乌苏里船歌》案”所表露出来的，改编者经常回避甚至忽略这一事实。我国的相关规章对如何平衡原作者和改编者之间的利益是有相关规定的，根据国家版权局 1999 年发布的《出版文字作品报酬规定》第 9 条，原创作品的版税率为 3% ~10%，演绎作品的版税率为 1% ~7%；出版者出版演绎作品，除合同另有约定或原作品已进入公有领域之外，出版者还应取得原作品著作权人的授权，并按原创作品版税标准向原作品的著作权人支

① 唐广良：《遗传资源、传统知识及民间文学艺术表达国际保护概述》，载郑成思：《知识产权文丛》（第 8 卷），中国方正出版社 2002 年版，第 52 – 72 页。

付报酬。1993年版权局发布的《录音法定许可付酬标准暂行规定》第5条规定，使用改编作品进行录音，依第三条和第四条的规定确定具体报酬后，向作品的著作权人支付70%，向原作品著作权人支付30%。原作品已超过著作权保护期或不适用著作权法的，只按上述比例向被录制作品的著作权人付酬。但是，前述两个规章中都有“已进入公有领域除外”的排除条款，按照现在的知识产权法，我国的传统文化多数都已经进入公有领域，是无法在前述两个规章的框架内进行利益分享的。相反，如果我们能够在法律上确认传统文化产权制度，那么传统社区至少要获得30%左右的预期利润，这将极大地激发传统社区保护其传统文化的积极性与热情，也是促进民族地区与传统社区加快发展的重要契机，值得国家立法部门从战略发展的角度来重视这一制度的创设与实施。

国际社会对利益分享制度之实现机制主要有两种对立之观点，即为“立法机制”和“契约机制”，前者指基于通过协商谈判将相关各方的权利和义务明确化，并纳入有关国际法中的一种利益分享解决方案。在此机制下，有关各方仍得以通过契约或协议的形式设定相应的权利义务，但不能违反立法中所确立的准则。后者指以契约的形式确定利益分享之方案，在契约中规定当事人的权利和义务，旨在通过相关主体的意思自治来实现利益分享的目的。① 发展中国家倾向于选择前者，发达国家倾向于选择后者，在利益分享的实施机制上始终无法达成一致，原因在于，如果在单个的个案中通过契约机制来确定双方的利益分享方式，那么拥有先进技术和雄厚资金的发达国家开发方必然占有谈判的优势，很可能不利于对占有资源一方的发展中国家的权益的保

① 周欣宜：《传统知识特殊保护制度之探讨》，载郑成思：《知识产权文丛》（第13卷），中国方正出版社2006年版，第307页。

护。

本人认为，无论采取哪种实现机制，在对传统文化产权进行利益补偿时应根据个案的具体情况，综合考虑不同方案的优势，在与当地受影响群体进行充分协商的基础上，进行恰当的制度设计。原因有以下几个方面：（1）我们必须尊重传统社区对本地区发展方式的选择权和参与权。《在种族或民族、宗教和语言上属于少数群体的人的权利宣言》（以下简称《少数人权利宣言》）中规定，少数人有权有效地参与文化、宗教、社会、经济事务及公共生活。在不与国家法律相违背的情况下，少数人有权有效参与全国及地区内有关其本身及居住地的决策。① 这是国际社会的共识，也代表了少数人权利保护的发展趋势，中国政府非常重视该宣言。毫无疑问，中国的少数民族也不例外，也应享有对自身事务，尤其是本地区发展方式的选择权和参与权。因而，我们只能建议一些可供选择的补偿方案，具体措施应由传统社区自己做出决定。（2）目前的利益补偿主要有股份公司和金钱补偿两种形式。考虑到中国的实际情况，传统社区的多数群众文化水平比较低，如果全面地采用股份制，他们很难真正地行使他们的股东权。现代社会的股份公司的运作是有相当的风险的，由于自身文化素质的限制，股份制的补偿方式不一定适合中国传统社区的情况。本人认为，采用金钱补偿的方式可能更合适，在这方面，我们可以参照生物多样性公约的具体制度设计。

（四）以事先知情同意为核心的程序制度

一般而言，“事先”意味着获得权利方的知情同意必须在传统文化开发进行之前，而不是“已经进行开发过程中”或“开发完成之后”，这是因为传统文化开发涉及传统社区的文化尊严，对于不适宜进行开发的传统文化，传统社区有权拒绝，所以强调

① 《在种族或民族、宗教和语言上属于少数群体的人的权利宣言》第2条。

程序上的“事先”对保护传统社区的文化尊严权，意义十分重大。“知情同意”的风险管理方式意味着第三者（专家、权威机构）判断的相对化，通过强制性的自由选择来推行某种自我负责的体制。它显然是一种分散风险的技术或机制设计，把损害发生时的责任从决定者转移到决定的被影响者、从特定的个人转移到不特定的个人的集合体（社会），并让一定范围内的每个人都承担部分责任。[①]《保护和促进文化表现形式多样性公约》也确认了文化主权概念，强调缔约国对其传统文化享有主权，相应的，如果他国对其传统文化进行商业性开发，也应获得该缔约国的事先知情同意，参与开发过程，并进行利益分享。事先知情同意是对传统文化进行开发的最重要的程序制度，也并不因此排斥其他相关的磋商、斡旋、听证等程序制度。

获取和惠益分享制度，应以国家或地区范围内的全面获取和惠益分享战略为基础。该战略应以保护和可持续利用生物多样性为目的，可作为国家生物多样性战略和行动计划的一部分，而且促进公平地分享惠益。获取遗传资源过程所涉及的步骤可包括：在获取之前进行的活动、使用遗传资源进行的研制活动以及对遗传资源的商业化和其他使用，包括惠益的分享。同样地，在对传统文化进行商业开发时，也应得到中国的预先知情同意并进行利益分享。

① 季卫东：《中国法治正处在历史的十字路口》，载《中国改革》2010 年第 1、第 2 期。

第三节 传统文化产权的管理制度

一、传统文化产权集体管理的方式

著作权集体管理组织，是指作者或其他著作权人，自己组织起来、建立一个机构、集中行使该机构成员作品的著作权，代表作者与作品的主要传播者（出版者、唱片公司、电台、电视台、电影制片公司、各种艺术表演公司、展览公司等）商谈授权使用作品并向其发放使用作品的许可证。此种组织是为权利人的利益依法设立，根据权利人授权、对权利人的著作权或者与著作权有关的权利进行集体管理的社会团体。著作权法规定的表演权、放映权、广播权、出租权、信息网络传播权、复制权等权利人自己难以有效行使的权利，可以由著作权集体管理组织进行集体管理。根据我国的《著作权集体管理条例》第二条的规定，著作权集体管理组织的职权，是指著作权集体管理组织经权利人授权，集中行使权利人的有关权利并以自己的名义进行的下列活动：与使用者订立著作权或者与著作权有关的权利许可使用合同(以下简称许可使用合同)；向使用者收取使用费；向权利人转付使用费；进行涉及著作权或者与著作权有关的权利的诉讼、仲裁等。但是，著作权集体管理组织只是著作权人授权成立的社会团体，根据该条例第十七条的规定，著作权集体管理组织会员大会（以下简称会员大会）为著作权集体管理组织的权力机构。会员大会行使下列职权：制定和修改章程；制定和修改使用费收取标准；制定和修改使用费转付办法；选举和罢免理事；审议批准理事会的工作报告和财务报告；制定内部管理制度；决定使用费转付方案和著作权集体管理组织提取管理费的比例；决定其他重大事项。

(一) 中国著作权集体管理组织的现状

中国的著作权集体管理制度起步较晚，且发展也较缓慢。从1992年成立第一家著作权集体管理组织以来，中国现有正式著作权集体管理组织一家（中国音乐著作权协会）、筹备著作权集体管理组织两家（中国音像著作权协会、中国文字作品著作权协会），分别从事音乐作品、音像制品、文字作品的著作权集体管理业务。

1. 中国音乐著作权协会发展现状

中国音乐著作权协会成立于1992年，由中国国家版权局和中国音乐家协会共同发起，是中国第一家著作权集体管理组织，其会员主要是词、曲作者和部分音像制作者和创作团体，主要管理音乐作品的表演权（包括现场表演和播放背景音乐）、广播权和录制发行权（包括制作广播电视节目、背景音乐制作、音像制品制作、网络下载等）。协会成立之初，只有少量会员，发放的许可证和收取的费用也微不足道。经过几年的发展，截止到2003年年底，协会共有会员3103名；管理各类音乐作品1400万件，其中中国大陆著作权人的音乐作品16万件，出版商授权管理的作品400万件，海外同类组织委托其管理的作品1000万件；2003年全年收取的使用费2751.4万元人民币，给会员分配2238.9万元人民币，自1993年年中起，至今累计收入9227.9万元人民币。此外，协会在上海、北京、四川、江苏等地共有地方办事处17个，主要工作是在地方发放许可证和收取使用费，但不负责分配。分配由协会总部统一进行。

2. 中国文字作品著作权协会发展现状

该协会是1999年11月向中国国家版权局提出申请，经审查批准后于2000年5月成立，但尚未经民政主管部门批准。该协会的筹备工作由中国版权保护中心和中国作家协会权益保障委员会共同负责。协会管理的权利主要包括文字作品的法定许可报酬收转权、信息网络传播权、数字化复制权等。现在协会以发展会员为主要工作，同时也借助原有的中国著作权使用报酬收转中心开展报酬的转发工作。协会现有会员2200多人，主要为中国国内各类文字作品著作权人。

3. 中国音像著作权协会发展现状

中国国家版权局2001年11月5日批准中国音像协会负责筹备音像著作权集体管理工作。其主要管理音像制品的公开表演权、广播权、出租权、信息网络传播权及经权利人特别授权的部分复制权、发行权。从2001年筹备音像著作权集体管理工作以来，已有70多家音像单位与协会签订音像著作权集体管理协议，授权协会进行音像著作权集体管理工作。

（二）传统文化产权的集体管理

在传统文化产权这一制度被我国法律确认之后，就涉及该制度的运行与实施。对于传统文化产权的运行，由于我国传统文化的数量众多，至今我们还不清楚我国到底有多少传统文化，加之很多传统社区的文化素质较低、权利意识不强、权利行使的专业性过强等原因，有必要对传统文化产权进行集体管理。但在具体的制度设计上，应与现有的著作权集体管理组织有所不同。如前所述，正如本书在传统文化产权的主体设置上所谈到的，对传统文化产权设置双重主体，其中的管理主体经国家统一授权，自动获得对传统文化的管理权，由依法成立的类似“传统文化协会”的集体管理组织对传统文化产权进行集体管理。它的职责与著作权集体管理组织的职权类似，主要包括：

1. 与使用者订立传统文化产权或者与传统文化产权相关的权利许可使用合同；

2. 向使用者收取使用费；

3. 向传统文化产权人转付使用费；

4. 进行涉及传统文化产权或者与传统文化产权有关的权利的诉讼、仲裁等。

由于传统文化的数量众多，进而无法成立类似著作权集体管理组织会员大会这样的权力机构。所以，对传统文化产权的集体管理组织的监督就显得尤为重要，这就要求“传统文化协会”在签订合同时，事先商请所在社区，通过当地的社区组织或者社区代表大会履行相关的民主决策手续，或者由有关专家与当地社区代表通过“一事一议”的方式进行民主决策，然后做出相关决定。同时还有必要将其每一个转让合同都向社会公众进行公示，接受公众的监督。

在传统文化产权集体管理制度的具体运行方面，我们可以参照喀麦隆的著作权集体管理制度，根据传统文化本身的性质，设立多种类别的传统文化产权集体管理组织。喀麦隆将其著作权集体管理组织分为四个类别：A 类是文学、戏剧艺术、音乐剧、舞蹈以及其他同类艺术；B 类是音乐艺术；C 类是视听艺术和摄影艺术；D 类是图形艺术和造型艺术。①

二、传统文化产权的强制实施许可

强制实施许可，是指在特定的条件下，由传统文化产权主管机关根据情况，将对传统文化进行特殊使用的权利授予申请获得此项权利的使用人的制度，属于“非自愿许可”的情形。在著作权领域、专利权领域和植物新品种权领域均存在着强制实施许可制度，如果获得主管部门的批准，申请人将获得其颁发的强制许可证。强制实施许可制度的功能在于借助强制许可证方式限制传统文化产权人的专有权利，确保公众接触、使用传统文化的可

---

① 克里斯托夫·瑟纳：《喀麦隆的集体管理组织》，刘板盛译，载《版权公报》2004 年第 3 期。

能性，以促进整个社会政治、经济、科学与文化的进步。强制实施许可在维系传统文化产权人获得报酬权的前提下，保证了使用人对传统文化利用的数量与方式的需要。当然，强制许可不是可以无限制地实施的，它的实施需要具备特定的条件：

第一，强制实施许可的目的是为了维护国家利益或社会公共利益，否则不能适用强制实施许可；

第二，强制实施许可针对的是可以成为传统文化产权保护对象的传统文化，对于那些具有类似宗教特性、秘密仪式特性的传统文化不得实施强制许可；

第三，强制实施许可应该在指定的期限内进行。在法律规定的期限或主管部门批准的期限内，传统文化产权人没有利用传统文化或未授权他人利用，才能实施强制许可；

第四，强制许可证面向特定的使用者，即只有申请并获得批准的人才可以实施；

第五，强制实施许可有特定的程序，其权源来自于主管机关或特定组织，而不是法律的直接授权；

第六，强制实施许可是一种营利性使用，它限制了传统文化产权人的许可权，但却维持了传统文化产权人获得报酬的权利。

传统文化产权的强制实施许可的具体制度设计，可以参考我国专利法的相关规定，具体可以分为滥用传统文化产权的强制实施许可、公共利益的强制实施许可和传统文化衍生作品的强制实施许可（也可称为“从属传统文化产权的强制实施许可”）。我国《专利法》第四十八条规定，有下列情形之一的，国务院专利行政部门根据具备实施条件的单位或者个人的申请，可以给予实施发明专利或者实用新型专利的强制许可：（一）专利权人自专利权被授予之日起满三年，且自提出专利申请之日起满四年，无正当理由未实施或者未充分实施其专利的；（二）专利权人行使专利权的行为被依法认定为垄断行为，为消除或者减少该行为对竞争产生的不利影响的。如果传统文化产权在实施过程中存在类似前述法条中规定的情形，可以认定为是滥用传统文化产权，进而实施强制许可。

《专利法》第四十九条规定，在国家出现紧急状态或者非常情况时，或者为了公共利益的目的，国务院专利行政部门可以给予实施发明专利或者实用新型专利的强制许可。《专利法》第五十条规定，为了公共健康目的，对取得专利权的药品，国务院专利行政部门可以给予制造并将其出口到符合中华人民共和国参加的有关国际条约规定的国家或者地区的强制许可。这两条规定的是专利权公共利益的强制实施许可，在传统文化产权的制度设计中，也可以进行类似的规定，这是因为传统文化中有很多传统医学或卫生学方面的知识，它有可能促进预防医学的快速发展，对公共健康将产生积极的影响，所以，对传统文化产权公共利益方面的强制实施许可非常必要。

由于当前的很多传统文化的传承都依赖优秀的传承人，特别是那些代表性传承人，他们的衍生传统文化作品应该受到著作权法的保护，这样有利于保护他们的创作热情和创新能力，但是，也要受到从属传统文化产权强制实施许可的限制，这是为了保护在这些衍生作品之上的衍生作品的创作。《专利法》第五十一条规定，一项取得专利权的发明或者实用新型此前已经取得专利权的发明或者实用新型具有显著经济意义的重大技术进步，其实施又有赖于前一发明或者实用新型的实施的，国务院专利行政部门根据后一专利权人的申请，可以给予实施前一发明或者实用新型的强制许可。在依照前款规定给予实施强制许可的情形下，国务院专利行政部门根据前一专利权人的申请，也可以给予实施后一发明或者实用新型的强制许可。从属传统文化产权强制实施许可也需要进行类似的规定，请看下面的案例：

1993 年，罗大佑出了一张专辑《情歌纪念日》，事先并未经王洛宾老先生首肯就收录了经王洛宾收集整理、编曲的多首西部民歌，王洛宾于是向南京中级人民法院起诉罗大佑侵权，不料由此引发王洛宾的作品是否原创的大讨论。罗大佑认为，虽然王洛宾对这些新疆民歌的发掘整理功不可没，但他不应该因此而拥有它们的绝对版权，如果要追究的话，真正的版权所有者应是新疆人民。讨论的结果是似乎不了了之，庭外和解成为唯一理性的选择。① 类似这样的案例引起我们对从属传统文化产权强制实施许可的思索。

在乌鲁木齐市中级人民法院审理的几起与王洛宾有关的案件中，存在要判明两首来源于同一民歌曲调的衍生作品是否拥有各自的著作权的问题。2004 年 8 月，乌鲁木齐中级人民法院经审理认为：《我的花园多美丽》一歌是原新疆军区政治部文工团国家一级作曲家阿不力克木、阿不都拉的成名曲，于 1960 年 5 月已在新疆广播电台录音并播放；此后根据该歌曲曲调改编的歌词有《赞公社》、《我的公社多美丽》和《高高的白杨》。2000 年未经著作权人许可洛宾文化公司授权天津音像公司出版发行 CD《世纪之声——达坂城的姑娘》，其中第 11 首为《高高的白杨》这首歌曲，署名为新疆民歌。作为被告的法定代表人和该案第三人，王洛宾之子王海成认为《高高的白杨》的著作权人应该是王洛宾。尽管判决已多次肯定了阿不力克木等人的著作权，但王海成却一直坚持认为《高高的白杨》是王洛宾自己根据狱友哼唱的新疆民歌改编的，并没有侵害《我的花园多美丽》的任何权利。管育鹰博士认为，如果有证据表明《高高的白杨》和《我的花园多美丽》都是来自新疆当地的传统民歌曲调，则与《十送红军》案所昭示的一样，改编者应当是各自拥有的著作权

① 怡安等：《关于“情歌纪念日”的官司》，载 http：//www. luodayou. net/article/ldy/aboutqgjnr. htm.

的，但这也更进一步证明了民间文艺衍生作品的权利人要主张独立的著作权是十分困难的，尤其是那些基本与传统民间文艺相同，独创性相对薄弱的作品。[①] 笔者认为，根据前述的“《乌苏里船歌》案”的相关理论，如果有相当的证据，这些歌曲都不是原创歌曲，其传统文化产权不能归这些艺术家所有，而是归属于新疆人民。对这些改编作品如果发生了使用方面的争议，在满足其他条件的情况下，可以进行强制实施许可。

三、促进社区成员对其传统文化产权保护的有效参与

（一）旅游业的社区参与理念

“发展旅游业的社区参与”是一种改良，是针对资本的力量和知识优势引起的对旅游目的地社会弱势群体权利的挤压所做的一种调和，在理论上，它被解释为顾及社区原住民群体利益和环境保护的一种旅游业发展方式。[②] 发展旅游业的“社区参与”这一概念最早出现在西方发达国家，是针对旅游业发展使旅游目的地尤其是相对贫穷地区受到的负面影响而提出的一个解决思路。在理论上，对旅游目的地社区居民利益的关注体现了社会公平、社会协调发展的理念以及“以人为本”的人文发展思想。社区居民和旅游者双方的参与是这类产品的基本表现形式。旅游者正是通过这种参与来获得愉悦和满足的。产品的交易是通过旅游者与社区居民的交往而实现的。没有这种双方的参与，这一产品的交易就不能成立，这种产品的效益就不能实现。

在实践中，例如，四川的九寨沟和贵州天龙屯堡等地通过当地居民的广泛参与提高了当地人的生活水平，推动了当地经济和

① 管育鹰：《知识产权视野中的民间文艺保护》，法律出版社 2006 年版，第 98 页。

② 尹德涛：《旅游社会学研究》，南开大学出版社 2006 年版。

文化的健康发展，同时也改善了当地的环境质量。而丽江古城的旅游开发恰恰是由于忽视了纳西族对旅游的参与，进而他们将自己的房屋出租给外地客商经营商品，自己到古城外的新居去居住，导致了严重的商业化和“空巢化”。旅游业的社区参与思想的如下几个方面对于少数民族传统文化产权的保障具有借鉴意义：

1. 民族旅游发展的实证研究经验表明，当少数民族群众意识到自己能够对旅游的开发施加影响时，当地的旅游开发不仅能够给他们带来眼前的经济效益，又对他们的未来发展有利时，他们就倾向于对旅游开发持积极的支持态度，那么这种旅游开发就能获得良性发展的外部环境。事实上，少数民族从民族旅游中获得的发展机会和收益越大，他们就会越支持和欢迎民族旅游。

2. 扩大少数民族群众参与民族旅游的方式。少数民族群众参与民族旅游的经济活动的方式，包括旅游产品的开发、销售、营销与服务。这包括不断增加少数民族的就业机会和商业机会；保证少数民族优先被雇佣的权利；旅游商品尽量采用本地原料进行加工；向少数民族开放为旅游者兴建的服务设施和环保设施等。还要努力增加少数民族村民在旅游发展中的股份份额，提高控制权，使居民既是旅游开发经营的股东，又是旅游经营中的劳动者，成为民族旅游中真正的主人。

如果能让少数民族根据当地实际，因地制宜地提出民族旅游业发展的措施则是其最好的参与，泸沽湖畔的落水下村自主创立的以“母屋”为基础的旅游参与和管理模式就是与当地文化特色以及基本状况相结合的例证，也使当地的民族旅游步入有序经营的轨道。

3. 加强对少数民族的技能培训。参与有关旅游知识和技能的教育培训是实现少数民族的有效参与的重要途径，可以通过从社区以外请人进来对当地居民进行环境教育、旅游服务技能、经营管理技能培训，如导游培训、农家旅馆经营管理培训等，这在很大程度上是一种有针对性的培训。

（二）少数民族有效参与的内涵

少数民族的文化发展权的重要实现路径就是少数民族有效参与公共生活，只有这样，少数民族才能真正了解当前的经济发展战略与动向，并结合自身特点与情况，自主地选择适合自己、真正对自己有利的经济发展方式。作为民族经济发展权实现的基础，我们有必要深入探讨一下少数民族的参与权。我国宪法和法律规定，每个民族不分大小，都是祖国大家庭的重要成员，都平等地参与国家和各级地方事务的管理。我们认为，参与权不仅仅是一项重要的政治权利，它也包含经济方面和文化方面的内涵。将参与权单独列为一项内容进行讨论，主要指的是少数民族公民有参与国家事务、地方事务和本民族内部事务的管理的权利。

参与权包括选举权和被选举权、监督权等参政权的相关内容，也包括参与社会生活的决策权。按照一般的看法，选举权和被选举权是公民个体所享有的重要的政治权利，而非抽象的集体（如“人民”）所能享有的权利，因此，保障少数民族公民的选举权和被选举权，是实现少数民族同胞参政的前提，也是实现少数民族作为集体的参政权的重要条件之一。我国宪法确立了公民对国家机关及其公务人员的职务行为进行监督的权利。与此相对应，少数民族公民同样享有与汉族公民同等的监督权利。对于参与社会生活的决策权，目前国际上在少数人权利保障领域受到特别的重视。1994 年《欧洲少数民族保护框架公约》第 15 条规定：“各缔约国应创造必要的条件，让属于少数民族的人有效地参与文化、社会和经济生活以及公共事务，特别是涉及自身的事务。”

《少数人权利宣言》进一步拓展了有效参与的含义：属于少数群体的人有权以与国家法律不相抵触的方式切实参加国家一级

和适当时区域一级关于其所属少数群体或其所居住区域的决定。有效参与决策的意义不仅在于可使少数人权利内容更为充实，更在于参与过程本身使少数人获得以其观点影响决策的机会。包括少数人在内的全社会都能参与到决策过程中的事实将会使民众产生信任感，而这种信任是维持和平而民主的社会所不可或缺的。参与的核心要义是要被包容，其不单是指在决策过程中提出实质建议的机会，同时也指所提建议得以产生切实影响。1990 年，欧洲安全与合作组织会议通过的《关于人类向度的哥本哈根会议文件》第 35 段指出：参与国将尊重属于少数群体的成员切实参与公共事务，包括参与保护和促进此类少数民族特征的有关事务的权利。

同时，欧洲 18 位不同专业背景和国籍的独立专家组成的小组，应欧洲安全和合作组织的要求，于 1999 年 9 月在瑞典的隆德完成了《关于少数人有效参与公共生活的隆德建议书》（以下简称《隆德建议书》）。由于该建议书中的建议和方案对世界各国具有普遍意义，因而虽然该建议书最初是欧洲安全和合作组织少数人事务高级专员工作范围内为在本组织区域内实施而编撰的，但却在全世界范围内引起很大反响。①

该建议书建立在尊重人的尊严与平等权利和非歧视这些基本的国际法准则的基础之上，承认所有人权的目的是保障所有人自由、平等、充分地发展人的个性，在参与国家和某些地方事务的政治管理方面，建议书做了四个方面的建议，其中后两个方面可以用于少数人传统生活方式的保障。分别是，区域和地方各级政府当局的结构和决策程序应当透明和易于参与，以鼓励少数民族的参与。咨询和磋商机构是政府与少数民族之间对话的必要渠

① 类似的建议书还有两个，即 1998 年 2 月通过的《关于少数民族语言权利的奥斯陆建议书》和 1996 年 10 月通过的《关于少数民族教育权利的海牙建议书》。

道。这些机构也包括设立商讨少数人住房、土地、教育、语言和文化的特别委员会。[①] 在自治方面，建议书根据不同的实际情形，既倡导非区域自治也倡导区域自治，但自治的内容比较相似，都包含教育、文化、少数人语言的使用、宗教和其他对少数人认同和保持其文化特性与传统生活方式有关的其他问题。下面通过一个实证调查材料来具体分析傣族民众对其传统建筑保护的参与方式。

西双版纳的傣族园和美国宾夕法尼亚大学民俗学与民族志研究中心博士候选人李靖，于2002年3月在傣族园五个自然村寨中进行了关于异化建筑的问卷调查。调查的目的是“旨在为更好地解决现代化进程中少数民族传统文化的保护提供一些实地考察的资料，为可能出台的干预行为提供一个基础依据”。调查的对象是M村全寨104户人家和其他4个自然村抽样30%。调查的结论是：（1）目前村民对居住在傣楼持较为满意的态度，92.9%的村民认为现在住傣楼较好。傣楼自身的特点，如宽敞、冬暖夏凉等，得到一部分村民的认可（21.9%）；而更多的村民（85.7%）对居住在傣楼的肯定态度来自于传统和习惯势力。他们认为住习惯了或者祖祖辈辈都是这样住，在观念上自然也认同居住傣楼。95.5%的村民表示，若有机会盖新房，仍然选择传统的傣楼而不是汉式住宅，只有3.9%的村民选择盖汉式住宅。（2）对于傣楼在旅游市场中的角色和价值，80%的村民能意识到汉族游客喜欢看具有民族风格的傣楼，并喜欢住在傣家。对于傣族园变成第二个“曼景兰”（位于景洪市区，以傣族风味餐闻

① 参见 Foundation on Inter - Ethnic Relations. The Lund Recommendations on the Effective Participation of National Minorities in Public Life & Explanatory Note, September 1999, ISBN 90 - 7598905 - 9.

名，其傣楼现在绝大部分已被汉式建筑取代）的假设，60%的村民认为其影响是游客不会再来了，经济收入下降。（3）关于政府应不应该干预兴建异化建筑，78.7%的村民认为政府应该干预以帮助保留傣族传统。在回答“不应该”的村民中（20.2%），79.4%的村民坚持自己拥有在自己土地上盖房自由，20.6%的村民提出了盖傣楼缺乏木料和木料购买不易等问题。（4）为了满足村民对现代化居住条件的需求并保留傣族传统杆栏式建筑，有关方面曾提出在景区外建设新的住宅小区。但调查结果表明，绝大多数的村民（87.8%）不愿离开原来的村寨。①

正如该调查的目的中所表明的，“为可能出台的干预行为提供一个基础依据”，这是一种尊重少数民族民主决策的理性做法。我们在具体决策时应采取各种积极措施、各种切合实际的做法来促进前述目的的实现。在我国，四川的九寨沟和贵州天龙屯堡等地通过当地居民的广泛参与提高了当地人的生活水平，推动了当地经济和文化的健康发展，同时也改善了当地的环境质量。而丽江古城的旅游开发恰恰是由于忽视了纳西族对旅游的参与，进而他们将自己的房屋出租给外地客商经营商品，自己到古城外的新居去居住，导致了严重的商业化和“空巢化”。西双版纳政府部门注意到了居住在傣族园的傣族群众对旅游的支持和参与是旅游开发成败的关键因素，也注意到了选择居住样式也是傣族群众的传统生活方式的一部分，也意识到这种有效参与是他们的一种权利，保持或者改变传统的居住样式是他们传统文化的重要内涵之一，也是傣族住房权这一基本人权的实现方式，通过问卷调查来

① 此份调查报告由傣族园有限公司提供给云南大学法学院的张钧博士，转引自张钧：《文化权法律保护研究——少数民族地区旅游开发中的文化保护》，载《思想战线》2005年第4期。

征求当地傣族群众的意见，采取了比较可行的措施使他们参与到政府的决策中来。

（三）传统社区对其传统文化产权保护有效参与的途径

对于如何促进少数民族的有效参与，进而保障他们的传统文化，《建议书》也提供了一些可供选择的形式，主要有：增加少数人代表并设立提高他们影响的选举制度，如少数人在立法机构中的特别代表制，如新西兰议会为毛利人保留了4个位置，毛利人选民可以在自己的选区按毛利人登记或作为一般选民登记，主要政党和毛利党在其间角逐；[①] 增加少数人利益在相关部门中得到关注的机制，如少数人在行政机构及各级法院中的职位的配备，以及在任何的咨询机构和其他高层机构中职位的配备；采取特殊措施，保障少数人以自己的语言参与行政管理或国家公务的制度；建立咨询机构，以便在政府主管部门和少数人之间建立对话渠道，在程序设置上对于直接影响特定少数民族利益的事务的决策，规定相应的咨询程序或赋予否决权。例如，挪威1988年的国家报告中即提到要建立一个萨米人议会，也就是萨米人自己通过特别程序选举注册的机构，这就意味着允许萨米人积极参与与萨米文化保护相关的活动中来。萨米人议会将代替成员由国家任命的建议性机构——挪威萨米人委员会，它的权力范围将包括所有影响萨米人的事务。[②] 后来，萨米人委员会转为萨米人议会，其权力范围和参与政府决策的程度进一步扩大。

在少数民族参与国家事务的管理方面，中国规定了一系列的制度和措施。目前比较完善的是少数民族在国家权力机构中的特

① 大卫·C. 霍克斯：《原住民：自治和政府间关系》，周子平译，载何群主编：《土著民族与小民族生存发展问题研究》，中央民族大学出版社2006年版，第57页。

② Li－Ann Thio. Managing Babel：The International Legal Protection of Minorities in the Twentieth Century，Netherlands：Martinus Nijhoff Publishers，2005，p. 237－238.

别代表制度，在全国和地方各级人民代表大会中都对少数民族代表的参政议政规定了具体的保障措施。其他制度在中国的相关立法和实践中也都有所体现，比如，自治机关以及民族自治地方检察院和法院工作人员的配备等。其他的具体制度还需要根据新形势下对参与方式的不同要求来进行完善。比如，少数民族有权按其自身意愿通过自己决定的程序充分参与制定对其可能有影响的立法或行政措施。国家在通过和执行这种措施之前，应事先征得有关少数民族的自由和知情的同意。同时，要符合安德鲁·亚克兰先生设计的公共参与真实性的基本原则：（1）包容性。公众参与的参加人要包括所有现存利益相关人和将要被某个决策影响的利益相关人，这些人包括老人、妇女、少数派以及社会活动家等难召集的社会群体。（2）透明、公开。确保提供给所有的利益相关人所有的信息，并告知他们哪些部分的信息缺失或尚不确定，告知他们通过公众参与能够产生什么样的影响，公众能影响什么、不能影响什么以及接下来的步骤将会怎样。（3）尊重允诺。对利益相关人和纳税人保持尊重，给予他们适当的优先权和资源，向他们证明即便是了解和采纳与既存观点相矛盾的意见也是尽力而为。（4）可达性。给所有人提供不同的方式，确保人们不会因语言、文化或机会等原因被排除在参与之外。（5）有责性。在参与程序结束后尽快向参与者提供一份明确的说明，告知其参与意见是否对结果产生了影响、如何影响以及产生影响的原因。确保接下来的诸如决策或执行计划的反馈路径保持顺畅。（6）代表性。公众参与的组织者必须有一种理念，即决策者提出的观点是能够被改进的，如果观点本身就是错误的，要相信其能被改正。那些参与和被咨询的人应该能够感觉到：政府会认真地对待他们的心声，有些事情是可能被改变的。（7）相互学习。鼓励公众参与的组织者和参与者彼此学习和借鉴，这意味着程序要尽量保持交互性和增量性，以便构建一个互相理解、互相尊重的关系网络。（8）有效性。从一开始就筹划如何使参与程序发挥更大功效。①

更为重要的，我们必须意识到，少数民族传统文化保护最基本的方面就是树立保护意识。如果保护少数民族传统文化的意识深入到全社会每个人的内心深处，少数民族传统文化的保护与利用才能顺利开展。这其中最重要的就是权利意识，使全社会都意识到尊重少数民族文化权利对我们未来发展的重要性，而达到该目的最好的办法就是加强人权教育，其中当然包括少数民族的文化权利。2009 年 4 月 13 日，我国制定的《国家人权行动计划(2009—2010)》中也强调了人权教育的重要性，联合国也于近期通过《人权教育宣言》来推动人权教育的进展。培养全社会的传统文化保护意识进而增强人权教育的具体措施包括：一是组织编写民族文化方面的教材，让少数民族传统文化进入中国的小学、初级中学和职业学校的课堂，使各民族成员以及其他民族成员从小就能接受系统和正规的民族文化教育。二是经常开展民族文化活动，吸引民族成员群体参与，从而自觉接受民族文化的教育与熏陶，这对于没有本民族文字的少数民族而言，意义尤为重要。人们一旦经过系统的人权教育，必定会自觉和自主地去保护、传承与发展少数民族的传统文化，并成为一种社会的公共意识。这样，少数民族传统文化的保护才能从根本上得以解决。

四、传统文化产权管理体制的创新

当前的民族村寨旅游开发的形式比较多样，各地根据本地的实际情况，采用了适合于本地的开发模式，有的是以政府为主导的开发模式，即政府进行基础设施投资和运行，如贵州的西江千

① 蔡定剑主编：《公众参与：欧洲的制度和经验》，法律出版社 2009 年版，第 20－21 页。

户苗寨和从江县的岜沙苗寨；有的是以基层传统社区为主导的开发模式，如贵州雷山县的上郎德村和云南泸沽湖畔的落水村；有的是引进投资商开发并以投资商为主导的开发模式，由于在开发之初很多地方缺乏基础设施建设的前期投入，采用这种模式的比较多，如云南西双版纳的傣族园。这些民族村寨旅游开发的模式虽然不同，但是，在利益分配问题上基本遵循两个基本原则：一是产权原则；二是“谁投资，谁受益”原则。对于前者，民族村寨是一个包含物质文化遗产和非物质文化遗产的有机统一的系统，其非物质部分往往不能界定具体属于某一个人，而是属于传统社区共同占有，具有明显的共同产权特征；少数民族村寨中的民居等物质文化遗产从现有法律上可以准确界定其所属的主体，比如在傣族园，村民可以利用自己的主楼搞傣族民俗表演和经营傣家乐餐饮服务。这些都在一定程度上体现了民族村寨旅游开发中利益分配的产权原则。对于后者，主要体现在有投资商参与的民族村寨旅游开发中对旅游门票的分配上，都是以投资商为主导的，体现了“谁投资，谁受益”原则。

贵州凯里学院的罗永常教授曾指出，就黔东南原生态民族文化民族村寨的各种文化要素而言（不论是物质形态还是非物质形态），它们的存在方式是族群性的或村寨共同体共有的，体现的是一个民族整体的情感、智慧和艺术造诣，它们存在的重要价值意义往往不是经济的，而是与宗教信仰、休闲娱乐、社交等相关并体现着对人文精神追求为主的一种价值取向。正是这种文化资源的公共性和非经济性，长期以来各种文化资源所有权并未得到明确。按照常理，作为原生态文化资源的创造者和载体，村寨（村民）本身应该是这些资源的所有者，但现阶段我国政府代表国家行使文化资源所有权的现实下，文化旅游资源的产权是很难自动落到属于弱势群体的村民头上的。[①] 但正是由于地方政府、学者以及村民对传统文化产权的上述认识，黔东南地区在多年的传统文化开发实践中探索出了一系列对传统文化产权进行利益分享的有效途径，很好地调处了政府、村民、旅游公司、投资方等多个主体在传统文化开发中的利益分配问题。

（一）郎德苗寨的"工分制"

传统文化社区各个族群利用社区内的传统管理方式来建构操作性强、效果明显的传统文化保护机制，是最具有实践价值的，最因地制宜的，特别值得在条件类似的地方推广。

20 世纪 80 年代，郎德在省文物局的推动下率先开发乡村旅游时，重新启用大集体时期我国农村普遍采用的工分制来管理资源、分配收益。20 多年来，工分制不仅在郎德沿用至今，还在附近陆续兴起的旅游村寨中不断复制而被称为乡村旅游的"巴拉河模式"。郎德人认为，所有人都为村寨的建设和保护出过力，寨子是大家的，应该家家都受益。社区最主要的旅游项目——苗族歌舞表演由村寨集体举办，所有村民（外嫁妇女及学龄前儿童除外）均可参与旅游接待并按贡献大小计工分进行分配。根据笔者的调查，基本规则是技艺越高、服饰越精美、承担角色越多者工分越高。妇女、儿童、男人，各有工分档次；有服装和没有服装的，也有区别；在活动中唱歌和没有唱歌的，亦有区分。这些都是村委会通过召开村民会议讨论制定的章程。

他们制作了不同颜色的计分票，代表不同的场次，但是票面的额度和种类是相同的，计分票分为银角票、演员票、盛装票、长衣票、芦笙票、迎客票六类，每类的分值不同。银角票有 4 分和 8 分两种；演员票有 2 分、3 分、6 分、10 分四种；盛装票有

① 罗永常：《旅游开发视角下的黔东南原生态民族文化》，载《原生态民族文化学刊》2010 年第 2 期。

2分、3分、6分三种；长衣票有2分、3分、6分三种；芦笙票只有一种，就是1分；迎客票也只有1分一种。例如，青年女子的银饰服装计8分，跳舞5分，团结舞8分，合计21分；身着普通民族服装迎接客人的，计6分，参加团结舞表演的，计5分，合计11分；值得一提的是，这些计分票不是一次性发放的，而是分阶段发放的，并配合一系列的扣分值，主要的有迎客迟到扣4分，没戴帽子扣1分等。同时对老人和儿童予以照顾，70岁以上的男性村民只要穿上苗族服装到铜鼓坪旁边站一下，计11分，同理，70岁以上的女性计12分。对于儿童，一至二年级的长衣计4分；三至四年级的长衣计6分；五至六年级的长衣计8分；银衣的计分办法与长衣相同，如果参加演出另加2分。为了挣到自己满意的钱，家家户户自己置办苗族盛装。另外，记工分只针对表演活动，吃饭、住宿等服务内容的生意，都是自己办自己的，所以，有条件的人家就搞“农家乐”，旅游部门要求进行厨艺培训，也都积极主动参与。有了钱的人们修建房屋，全部都是吊脚楼，而且在原有样式的基础上有自己的创新。①

由此可见，今天的工分制既考虑了每个人在歌舞表演中不同的贡献，同时又考虑到村民的整体利益，是村民们在不断协商中逐渐完善起来的，不同利益群体不断提出自己的诉求，在这个工分制中得到了体现。虽然烦琐了些，却始终体现着公平的本意。而且，这个工分制仅限于歌舞表演，或者说是以工分制来体现文化资源的共有，它并不涉及其他的农活，也没有改变土地承包制度。② 工分制存续的20多年间，资源共有的观念更加深入人心。人们自觉地保护他们的传统建筑和村寨的原生风貌，社区的道

---

① 麻勇斌：《贵州文化遗产保护研究》，贵州人民出版社2008年版，第170页。

② 本刊记者：《透视郎德的工分制》，载《人与生物圈》2010年第1期，第30页。

路、供水、供电、展览馆等公共设施得到较好的管理和维护。[①]

显然，这些村寨的文化遗产保护已经进入了良性的、自觉的社会化保护的阶段。不仅如此，根据本书前述的传统文化产权理论，这些苗族的传统文化是属于社区集体所有的，每个人都有权利从对传统文化进行旅游开发的收入中获得应得的份额，即使是那些没有参与到旅游中的人。因而，这些苗寨的传统文化产权分配的方式基本是合理的，只是应从旅游收入中提取一部分作为发展集体事业的基金，用于整个村寨的公益事业，使村寨的所有人都从旅游开发中受益。当然，参与到实际的传统文化开发活动中的人都付出了自己的劳动，理应再获得一份劳动报酬。

（二）西江千户苗寨的“奖励制”

西江村的旅游开发自2009年起由县里组织成立了旅游公司和景区管理局，西江村每年获得景区门票收入中的150万元作为传统建筑保护的奖励基金，为此，雷山县政府制定了《雷山县西江千户苗寨民族文化保护评级奖励办法》，其中规定：由村委会根据传统建筑保护情况（80%）、卫生状况（20%）、户数等三个因素进行评级后分配，新建房屋未满三年无资格参加分配，砖房用木料包装的给分比较少，砖房未进行包装的不给分，一般最少的2400元左右，最多的为4000元左右。此外，还有一种奖励方式，就是景区门口的迎宾仪式，基本是一种变相的利益分配，每天村里以老人为主的队伍身穿民族服装在寨门口列出两队迎接游客，普通老人每天14.5元，吹芦笙的、盛装女孩、主持人每天20元，吹笆筒的每天17元。根据笔者的调查，2010年6月18日，参加欢迎仪式的老年妇女有65人，老年男性有13人，主持人1人，吹芦笙的8人，吹笆筒的10人，盛装女孩7人，节

① 李丽：《公平PK效率：郎德苗寨在旅游大潮中的坚守（二）》，载《人与生物圈》2010年第1期，第22页。

假日有中小学生参加，按照同样的标准计算报酬。

（三）邑沙村的“集体所有制”

从江县的邑沙村传统文化开发的前期投入也是在政府的主导下完成的，但该村的管理体制是门票与演出收入分开，门票一般为12元，由县旅游局派工作人员轮流值班，收取景区门票，每年门票收入的10%归村里，其余的归属于旅游局。邑沙村的演出收入单列，演出收入为每场800元，一年演出300场次左右，演员每演出一场的报酬为10元，其余的收入归村集体所有。以2010年6月27日为例，邑沙村演出队的成员共有40多人，当天连演三场，但参加演出的不足30人。扣除每场付给演员的报酬之外，一半以上的演出收入归属于邑沙村集体所有。为了维护这种集体所有制，邑沙村还在其村规民约中规定了如下几个条款来保护其传统文化，主要包括：第二十四条规定，要加强本村旅游景点的保护，凡是破坏旅游景点设施、风景树者的罚款“三个一百二”①，情节严重交司法机关处理。第二十五条规定，要保持古朴的传统意识，凡是7岁以上的男子头式都要留发髻，并终生保持这种发式，如不留发髻，就不能享受国家给予的优惠政策待遇。第二十七条规定，村内民房的建筑必须保持邑沙村原有的建筑风格，外观必须为木质；本村的其他传统习俗要长期保持，使邑沙村成为我县发展民风民俗旅游重点景区。

（四）以家屋为本的管理体制

无独有偶，在泸沽湖畔的落水村的旅游开发中，制定了一套规范旅游从业人员行为的村规民约，同时也包含旅游收益的分配原则，这套体制是具有摩梭特色的，它的基础仍然是以家屋为本。

① 即罚款120斤米、120斤酒、120斤猪肉，意思就是罚违反村规民约者请全寨人吃饭。

落水村的旅游发展是村民的自发行为，起初经历了一段混乱时期，家屋之间为争夺游客吵架，甚至斗殴，也有载客现象，一系列的混乱现象源于无章可循。正是在这种情况下，新上任的村长格则次若将旅游体制的建设放到工作的首位。他先是成立10人组成的村民委员会，又咨询村中老人，做年轻人的工作，制定村规民约。除了家庭设立的旅馆不好统筹外，所有划船、牵马、跳舞，由集体统筹安排，每个组，由全村轮流支派，每个火塘要有人参加，收入统一按火塘分配，即每个家庭都有一份统一的收入，即使是贫穷家庭只要有人参与，都能拿到一份，并且每项收费明码标价，统一管理。另外，还制定了许多罚款条例，比如，服务于游客时，如不穿民族服装，罚款；村人在公众场合吵架，罚款；向游客多收钱，罚款……随着旅游体制与规章的落实，落水村恢复了昔日的平静和谐。但是，旅游体制的推行，靠的不仅是村长的个人威信，他背后也有一定的家族背景，格则家是村里的大户，再加上汝亨、彩塔、达巴三个大家庭属于村内的旺户，这三户又与格则家是亲戚关系，所以，村长背后是四大家族，公众事务与家族力量天然地结合在一起。①

落水村的管理体制创新有明显的特点，该体制依托于传统的摩梭文化，仍然是以家屋为基础进行传统文化的管理，摩梭文化是村落集体所有的，每个人都有权利进行划船、牵马、跳舞等活动，每个人也无权阻止他人进行同样的活动，因而出现了恶性竞争等最初的混乱局面。在格则村长的主导下，制定了规范大家行为的村规民约，也同时规定了依托传统文化进行的旅游的利益分配方式，使全体村民的传统文化产权得以顺利实现。

① 刘晖：《旅游民族学》，民族出版社2006年版，第338页。

（五）六枝管理体制

1998年10月，中国第一座生态博物馆——六枝梭嘎生态博物馆正式落成。生活在这个社区里的群众既是这一博物馆的特殊藏品，同时也是这一博物馆所保护的文化及文化遗产的创造者、所有者及载体。[①] 2005年建立了内蒙古的敖伦苏木生态博物馆。该博物馆改善了牧区的生态环境，改善了牧民的生产和生活，深深地扎根在牧民之中，在恢复自然生态、保护草原文化、保护历史遗址方面，贯彻生态博物馆理念，并和牧民融合在一起。广西从2003年年底启动民族生态博物馆建设，已相继建成了南丹县白裤瑶民族生态博物馆、三江侗族自治县侗族生态博物馆和靖西旧州壮族生态博物馆。在建的有那坡县达文村黑衣壮生态博物馆、融水苗族自治县苗族生态博物馆、灵川县灵田乡长岗岭村汉族生态博物馆和贺州市八步区莲塘镇客家围屋生态博物馆，拟建设12所民族生态博物馆。可以说，生态博物馆的理念和管理体制得到我国大部分地区的认可，其积极作用不断地得到体现。

中国的生态博物馆同样包括如下一些要素：社会发展过程中，必须重视社会和文化的紧密联系和平衡；可持续发展和承担社会职责；无形遗产活动在区域内占突出地位（研究、价值观、传统、社会关系、过程、社会形态和社区管理统治模式）；社区积极回应变化着的动态的自然；居民自下而上积极参与，表达居民共同意愿；注重区域内所发生的事情和区域发展的来龙去脉。[②] 一般认为，生态博物馆具有三个方面的功能：一是镜子效应，用于所在地居民立足现在、借鉴过去、掌握未来以及向参观

---

① 周真刚：《探寻梭嘎——中国生态博物馆之路》，载吴正彪：《黔南民族调查》（第三集），2003年未刊稿，第219－222页。

② 玛葛利塔·科古：《生态博物馆：政府的角色》，张晋平译，载《2005年中国生态博物馆国际论坛专辑》，未刊稿，第49页。

者充分展示自身文化艺术，弘扬文化多元主义和人权价值观；二是实验室作用，为外界了解和研究当地居民的过去和现在服务；三是资源保护中心，用以保存自然和人的文化遗存。类似的保护少数民族基本文化权利的措施还有本章第一节中提到的建立“民族文化保护区”或“民族文化生态保护区”。这些措施都是建立在对传统的少数民族传统文化的保护方式基础之上并对其做出了若干创新的，对少数民族基本文化权利的保障起到了积极的促进作用。

1995 年，中挪文博专家在贵州考察时，对是否要坚持国际生态博物馆的理论，还是只要坚持本土化的问题进行了激烈的争论。因为挪威和中国的文化背景不同，因此，建生态博物馆的标准和模式也不相同，中国的生态博物馆不应该是挪威式的、法国式的，或西班牙式的，应该是中国式的。为了解决这个原则问题，生态博物馆按照中挪协议，于 2000 年 8 月 9 日，中挪生态博物馆国际研讨班分别在中国六枝和挪威图顿举行，这次研讨班产生了一个重要的成果，即：“六枝原则”，其具体内容包括：（一）村民是其文化的拥有者，有权认同与解释其文化；（二）文化的含义与价值必须与人联系起来，并应予以加强；（三）生态博物馆的核心是公众参与，必须以民主方式管理；（四）当旅游和文化保护发生冲突时，应优先保护文化，不应出售文物但鼓励以传统工艺制造纪念品出售；（五）长远和历史性规划永远是最重要的，损害长久文化的短期经济行为必须被制止；（六）对文化遗产保护进行整体保护，其中传统工艺技术和物质文化资料是核心；（七）观众有义务以尊重的态度遵守一定的行为准则；（八）生态博物馆没有固定的模式，因文化及社会的不同条件而千差万别；（九）促进社区经济发展，改善居民生活。[①] 其主要

① http：//www. liuzhi. gov. cn/art/2006/10/16/art_ 146_ 1600. html。

内容有三个层面的意思：（一）强调社区居民是文化的主人，他们是文化的创造者和继承者，他们必须参与到生态博物馆的民主管理中来，有权利对自己的文化作出解释；（二）当旅游业的发展与文化保护发生冲突时，旅游业应该服从文化，短期的伤害文化的经济行为应该得到制止；（三）生态博物馆的一个重要任务应当促进社区经济发展改善社区居民的生活。贵州六枝梭嘎的生态博物馆，由挪方投入88万挪威克郎、中方配套100万元人民币建成，但开馆不久就出现了问题：政府一“断奶”，没有任何资金来源的生态博物馆即难以支撑，这是因为建馆之初订立的六枝原则没能很好地得到贯彻实施。

第四节　传统文化产权纠纷的解决

传统文化产权纠纷的解决可能有多种不同的方式，从国家正式的纠纷解决制度到民间传统的非正式的纠纷解决制度，都可以适用，毕竟该项权利的客体来自于民间，生长于民间，可能民间传统的纠纷解决方式更契合传统文化产权的本质，当然只要能科学合理地解决纠纷，对传统文化的长远发展有利，我们不在乎纠纷解决的具体方式如何。

一、司法中的纠纷解决方式

下面的这个案例是通过司法程序解决传统文化产权纠纷的典型案例，由于我国缺乏传统文化产权方面的相关立法，法院是通过合同纠纷来审理这起纠纷的，但其背后凸显出来的是因传统文化的产权而引发的利益分配问题。

1993年，云南省政府将西双版纳傣族自治州勐海县的曼短佛寺列为第四批省级重点文物保护单位。为了弘扬民族文化，加强对外交流，将佛寺、旅游融为一体进行开发建设，1994 年 10 月 26 日，在征得云南省文物处和勐海县文物行政主管部门同意后，当地的一名商人和曼短村签订了《云南省重点文物保护单位曼短佛寺部分空地开发合同》，合同中约定：曼短村将属于佛寺管辖范围内重点文物保护范围外的 6.5 亩空地交该商人开发使用 40 年，每年交纳土地使用承包费 8000 元。合同由主管单位勐海县文化局鉴证，勐海县公证处公证，该商人成立、组建了曼短旅游村管理处。后来双方又签订了两次补充协议，来协调双方的利益关系，其中包括将租金由原定的 8000 元提高到 20000 元。

但在合同执行不到两年，双方因为承租方口头承诺的条件没有兑现，特别是当初租金的约定远远低于该商人实际经营中的收益，使曼短村的村民凭着其朴素的公平正义观认为，对方利用自己的传统文化赚取了大量的收益，而村民自身却没能从中获得公平的收益。因而双方发生冲突，致使承租方的经营无法继续进行，并造成人身和财产损失，双方诉至法院。最后法院判决解除双方所签订的经济合同，并且曼短村村民集体应赔偿该商人的前期固定资产投入、违约金、医疗费以及诉讼费共计 45 万元。①

值得一提的是曼短佛寺后来的命运，在该案判决之后，曼短佛寺由另一个老板经营 3 年左右，收入还不错，约定 3 年共支付村里租金 10 万元，实际上也没有完全兑现。后来村里自己经营了一年多，收入 10 多万元。后来由于附近景遮的八角亭把游客都抢过去了，县旅游局也取消了该景点，结果到 2001 年，曼短佛寺的旅游已经处于实际上的停顿状态一直到现在。② 显而易

① 勐海县人民法院民事判决书（1996）海法经初字第 59 号。

② 曼短佛寺的后续经营情况来源于笔者 2009 年 7 月在当地所做的访谈。

见，最初承包经营的老板与村民可以说是两败俱伤，简单概括是“双输”的结果，其背后的原因值得我们深思。该案是通过司法程序进行解决的为数不多的传统文化产权纠纷之一，当地法院严格地执行现行法律的相关规定，自然没有考虑到曼短村村民的传统文化产权，他们的文化利益在现有法律的框架内无法受到保护，依据合同的约定，赔偿承包商的各种损失也是自然的了。

在本书开篇所提到的“《乌苏里船歌》案”也是通过司法程序解决传统文化产权纠纷的经典案例。在该案中，四排赫哲族民族乡政府代表当地的赫哲族群众进行诉讼，很好地维护了当地赫哲族群众的文化尊严权。但遗憾的是，同样是因为我国现有法律中没有关于传统文化产权的规定，当地赫哲族群众的经济利益没有得到很好地维护，虽然被告方因《乌苏里船歌》案获得了丰厚的经济回报，但原告方的赔偿要求被法院驳回，没有获得现行法律的支持。

二、行政手段中的纠纷解决方式

（一）协调利益分配

行政手段，是国家通过行政机构，采取带强制性的行政命令、指示、规定等措施，来调节和管理经济的手段。行政手段在现实生活中还是很常见的，比如工商局的检查，税务的查税，政府的命令，等等。行政手段的特点主要是：（1）权威性。行政手段以权威和服从为前提，行政命令接受率的高低在很大程度上取决于行政主体的权威大小。提高领导者的权威有助于提高行政手段的有效性。（2）强制性。行政强制要求人们在行动目标上必须服从统一的意志，上级发出的命令、指示、决定等，下级必须坚决服从和执行。（3）垂直性。行政指示、命令是按行政组织系统的层级纵向直线传达，强调上下级的垂直隶属关系，横向结构之间一般无约束力。（4）具体性。一定的行政命令、指示只在特定时间对特定对象起作用。（5）非经济利益性。行政主体与行政对象之间的关系不是经济利益关系，而是一种无偿的行政统辖关系，两者之间不存在经济利益利害关系的纽带。（6）封闭性。行政方法依靠行政组织和行政机构，以行政区划和行政系统的条块为基础实施，具有系统的内化约束力，因而产生封闭性。在我国的基层社会中，有很多冲突和纠纷都是政府通过行政手段来解决的，传统文化产权方面的纠纷也不例外。

在前述的西双版纳傣族园案例中，由于傣族园公司与当地村民因传统文化产权纠纷而引起矛盾升级。当地政府也通过行政手段进行积极的协调，目前，在利益分配问题上双方正在实行或拟实行如下措施：第一，翻新补助。2004 年，傣族园公司出台了《傣族园景区杆栏式建筑保护管理规定》，对盖新房或扩建时盖傣家竹楼的村民给予每平方米 12 元到 30 元不等的补助。后来在执行过程中统一为符合前述条件的，每户补助 4000 元。第二，土地补偿。从 2010 年起，傣族园公司支付给五个村寨每年每村 2 万元的土地补偿，以后每 10 年按基数递增 25%。第三，维修补助。目前傣族园公司正与五个村寨协商每户每年补助 2000 元用于竹楼的维修。第四，门票补偿费。目前傣族园公司正与五个村寨协商，由公司每年分给每户一定数量的门票，村民可以送给亲朋好友，也可以通过转让或出售获得一定的利益，相当于公司让利于村民。但这些措施相对于村民们的合理诉求还有相当的距离，村民认为傣族园公司自己也承认傣族园最大的卖点是傣家竹楼、世代生活在傣族园里的村民及其创造并保存发展的传统文化、傣族人的传统生活方式，既然景区有价值的资源都属村民所有，那么村民就应该参与门票分成。我们不得不承认，村民们的要求是完全合理的。由于传统文化产权制度在我国法律中没有得到确认，村民们的合理主张没有法律的支持，当地政府只能通过协调双方的眼前利益与长远利益，来妥善处理双方的利益纠纷。

(二) 确认习惯权利

在中国法学界，有为数不多学者对习惯权利进行过探讨。张文显教授认为："习惯权利是人们在长期的社会生活过程中形成的或从先前的社会承传下来的，或由人们约定俗成的、存在于人们的意识和社会惯常中，并表现为群体性、重复性自由行动的一种权利。"① 谢晖教授认为，习惯权利的独有特征主要是：第一，习惯权利的规范根据为民间规范。不仅要顾及人们是否给权利一个文字性的"概念"，而且也要顾及人们行动中对权利的实际拥有、行使以及在此基础上形成的有关权利观念。习惯权利在很大程度上就是这样形成的。第二，习惯权利可以是成文的，也可以是不成文的。第三，习惯权利主要是在主体交往中通过直接博弈形成的，当然也可能是赋予的。和法定权利相比较，习惯权利是权利主体在长期的行为过程中，通过相互的磨合、博弈而形成的。第四，习惯权利的保障机制往往出自主体的自觉自愿，出自人们对相关规范的自觉依赖。同样，和国家法定权利相比较，习惯权利更容易被人们所接受。② 本人认为，习惯权利是人们在长期的社会生活过程中形成的或从先前社会承传下来的，或由人们约定俗成的、存在于人们的意识和社会惯常中的对其所在地国有资源所享有的事实上的占有、使用和收益的权利。该项权利存在的一个前提就是国有资源财产权利的存在，但是由于国家对其所有的国有资源的管理不可能细致入微，以及"国不与民争利"的法律理念，这种习惯权利存在了几千年，主要包括狩猎权、捕鱼权、采集权等，这里的资源包括自然资源、生物资源、文化资源等。之所以这样界定，主要原因在于：

---

① 张文显：《法哲学范畴研究》（修订版），中国政法大学出版社 2001 年版，第 313 页。

② 谢晖：《民间规范与习惯权利》，载《现代法学》2005 年第 2 期。

1. 更接近于马克思的本意

马克思在《关于林木盗窃法的辩论》一文中指出，捡枯枝、采野果、拾麦穗，这是从古至今就为占用者们所许可的，因此就产生了孩童的习惯权利。[①] 换言之，这些习惯权利都是人的基本自由。衡量一国法律是否能保障公民的基本自由，就要看一国的法定权利是否能对合理的习惯权利予以确认。其实在现代法律中对很多合理的习惯权利都有规定，如公民有衣、食、住、行的习惯权利。法律的文明程度越高，对人的习惯权利的确认和保护的程度也越高。正所谓，在公民权利领域，“法无禁止即自由”。从马克思在文中的论述可以看出，他最初是针对人们对资源的利用权力而提出习惯权利这一概念的。

2. 以生存权为基础

之所以说马克思关于习惯权利论述的本意是确认人的基于资源的基本自由，是因为这些自由都是以人的生存权这一基本人权为基础的。生存权和发展权是首要人权，没有生存权、发展权，其他一切人权均无从谈起。这是我国在人权问题上的基本观点。马克思、恩格斯在《德意志意识形态》中指出：“我们首先应该确立一切人类生存的第一个前提，也就是一切历史的第一个前提，这个前提就是：人们为了能‘创造历史’，必须能够生活，但是为了生活，首先就需要衣、食、住以及其他东西。”[②] 这在《联合国宪章》、《世界人权宣言》、《经济、社会和文化权利国际公约》等国际法律文件中都有体现。人必须先解决好吃、喝、住、穿的问题，然后才能从事政治、科学、艺术哲学、宗教等活动。人们只有获得了生存权，才具有现实条件有效地行使其他人权。生存权的实现是其他人权实现的基本前提，对于少数民族而

① 《马克思恩格斯全集》（第1卷），人民出版社1956年版，第147页。
② 《马克思恩格斯全集》（第3卷），人民出版社1960年版，第31页。

言，生存的含义对他们来讲是非常丰富的。而本书所探讨的基于资源的习惯权利恰恰是社区居民为了满足基本的文化生活需要而行使的一种权利。

3. 有利于习惯权利的保护

正是由于生存权在所有人权中的本原地位，那么基于资源的习惯权利在所有的习惯权利中具有基础性的地位，它也正是本书研究的逻辑起点。将习惯权利分门别类地进行详细探讨，深入分析哪些习惯权利已经上升为法律权利，哪些习惯权利有上升为法律权利的必要但还没有纳入现行法律体系，哪些习惯权利不纳入现行法律或只做原则性规定更有利于对社区居民的保护，这样更加有利于对习惯权利的整体保护，使其更好地发挥社会控制手段的作用。

征汉年先生认为，习惯权利是本原的应然意义上的权利现象，法定权利则是派生的实然意义上的权利现象。习惯属于法定权利的前身，它是具有法权意味的直接社会要求，即法权习惯，它构成法定权利的直接渊源，法定权利不过是习惯权利的法律形式。这种人类法的特征，就在于它抬高人的地位，注重人的尊严，诉诸人的权利。[①] 而习惯权利要成为法定权利，应当具备两个条件：一是习惯权利必须和法律同时存在，二者并行不悖；二是习惯权利符合社会发展的趋势，有利于社会管理者（统治者）管理社会的需要，即得到统治阶级的认可。他们通常是将这些习惯权利以法律确认或官方明确的许可的形式，制定到相应的法律条文或规章制度等文件中。

再以生活在黑龙江省的赫哲族为例，《同江市实施〈民族乡行政工作条例〉和〈黑龙江民族乡条例〉办法》的第八条规定，

① 征汉年：《习惯权利的地位、内涵和特征》，载《郑州航空工业管理学院学报》2005 年第 5 期。

在民族乡行政区域内，明确赫哲族行政区划，保证赫哲族有生存和发展的余地。八岔赫哲族乡区划中的十里泡、黑鱼泡、莲花泡、腰屯大泡、曹大爷河是赫哲族养鱼基地，外村不得占用，已占用的退回赫哲族渔业村。八岔岛、雪那洪岛、男女岛、红灯岛及部分坝外草原划归八岔赫哲族村使用。街津口赫哲族乡区划内的哈渔岗、哈渔岛、二道河岗、德勒乞河以及河片未垦的草原归街津口赫哲族乡渔业村区划，具体工作由乡政府会同主管部门落实。

此外，对于赫哲族人来讲，捕捞大马哈鱼似乎成了这个民族的一个重要象征与使命，在赫哲族人的生活中占有特殊重要的地位。每年的八九月份是大马哈鱼上市的时候，要到乌苏里江去捕捞。按照当地的习惯，原则上只允许赫哲族人去捕捞，汉族或其他民族的人可以参与，但必须与赫哲族人合伙进行，即当地汉族人不能单独地参与捕捞大马哈鱼的活动，必须与当地的赫哲族人共同前往捕捞地并且以赫哲族人的名义进行捕捞，当然预先要约定好利益分配与成本、风险承担的方式，当地人称为“引户”的经营方式。这个老规矩不知是何时定下的，但却成了当地的一个重要的“规矩”，得到了大家的普遍遵守，逐渐成了一个不成文的约定。同江市的尤市长在向我们介绍 1983 年的第一次产业结构调整时，觉得很遗憾，当时没有给赫哲族人留有部分土地，把土地都分配给了当地的汉族群众。其实，“只允许赫哲族打鱼”恰恰可能是对他们权利最好的保障。一言以蔽之，这是政府对赫哲族群众习惯权利的承认。

三、习惯法中的纠纷解决方式

（一）原住民传统纠纷解决方式对传统文化产权的保护

我国台湾地区在 2002 年发生了飞鼠部落事件，可以说是传统文化产权方面的一个引人注目的事件。2002 年 3 月 11 日，位于新竹县尖石乡新乐村的泰雅族飞鼠部落里的一位青年，擅自打破数十年来对外沉默的部落共识，私自对新闻界公布飞鼠部落传统领域里神木群的位置；而此事经传播媒体大幅报道后，连日来招引大量窥视神木的外来人潮。飞鼠部落的长老经集体商议后，由于部落长老一致担忧：神木的曝光将成为一场生态灾难；未经规范的人潮将打乱部落的生活。于是，隔天，飞鼠部落发布长老会商决议并严正宣布：鸟嘴山神木群与鸳鸯谷瀑布皆位处飞鼠部落传统领域内，根据联合国少数民族宪章、陈水扁与原住民签订的条约[①]，飞鼠部落拥有完整的自然主权；在未经飞鼠部落完整规划前，飞鼠部落传统领域即日起封山。这样短短的两点宣告，却无比严肃地挑战了台湾地区社会习以为常的观念、生态及原住民政策；甚至直接严格检验台湾地区宪法对于原住民族所抱持的精神。

尖山乡神木群和瀑布一地属于国有林地，归林务局管辖；且当地有乡公所、警察局等公权力机构，封山的决定权应在政府，而非当地民间组织。然而，飞鼠部落却召开原住民族传统的部落长老会议，并在经过12位部落长老的共同决议之后，宣告封山。所有的部落长老对自己祖先、族人所生存的传统领域是非常清楚的。在深入考虑外来游客所带来的生态破坏、消费与外来资本所带来的冲击之后，飞鼠部落以行动让民众深刻了解到：如果政府无力保护神木群，只能放任外来因素破坏当地生态，若原住民再不行动，一旦生存环境受到严重伤害，要再挽回就来不及了。对飞鼠部落而言，封山其实是自救。这个原住民传统组织的宣告，让政府哑口无言；正是因为政府政策和公权力部门无力保护当地

① 陈水扁签署立约《原住民与“台湾政府”新伙伴关系》规定：一、承认台湾原住民族之自然主权；二、推动原住民自治；三、与台湾原住民族缔结土地条约；四、恢复原住民族部落及山川传统名称；五、恢复部落及民族传统领域土地；六、恢复传统自然资源之使用，促进民族自主发展；七、原住民“国会议员”回归民族代表。

神木群与生态系，这个宣告才取得了社会所认可的正当性；而原住民部落组织的角色，对当地生态与文化所采取的保育维护的态度，更使传统领域和自然主权与政府领土权力的冲突，获得广大的社会民意支持。[①] 然而，由于终究缺乏实务上的法律依据，“封山”二字，只能诉诸部落工作团队的自动巡山和柔性劝导；但也正因为如此，林务局无法强迫飞鼠部落非开放不可，毕竟该部落并非强制封山，而只是采取柔性劝导的方式，以保护神木群。[②]

在《1989 年土著和部落民族公约》中有一些规定。其第 8 条规定，首先，在对有关民族实施国家的法律和法规时，应当适当考虑他们自身的习惯和习惯法。其次，当与国家法律制度所规定的基本权利或国际上众所公认的人权不相矛盾时，这些民族应有权保留本民族的习惯和各类制度。在必要的时候，应该确立某种程序，以解决实施这一原则过程中可能出现的冲突。《1999 年联合国土著人权利宣言》（以下简称《宣言》）第 33 条规定，土著人有权根据国际上承认的人权标准促进、发展和维护其机构体制及其独特的司法习俗、传统、程序和惯例。虽然该《宣言》也不适用于我国，但其精神实质和合理内核值得我们借鉴。当地政府对这些民间习俗与习惯法有着深刻的了解，并尊重当地社区的传统文化，进而使这个纠纷得到妥善的处理。当然，此纠纷最后得到顺利解决的根本原因在于灵活运用了国家法与习惯法，解决程序上也认可了习惯法中的一些纠纷解决方式。

（二）我国对传统文化产权纠纷的习惯法解决方式

少数民族习惯法是指在少数民族长期的生产与生活过程中逐

---

① 《飞鼠部落“封山”启示录》，载《中国时报》，2002 年 3 月 17 日。

② 刘江彬、陈俊铭：《原住民族无形文化遗产之法律保护与管理》，载吴汉东主编：《知识产权年刊》（2007 年号），北京大学出版社 2008 年版，第 40 - 41 页。

渐形成的，用来分配他们之间的权利义务，并且依靠少数民族内部特定的权威和组织来保证实施的一套行为规范。这种行为规范是一种地方性知识，也是一种“准法律”[①]。所谓的“地方性知识”，不是指任何特定的、具有地方特征的知识，而是一种新型的知识观念。社会学家吉尔兹将区域化特点显著的政府政策、文化背景等特殊信息环境称为“地方性知识”。“地方性知识”是区域决策分析的首要因素，当“地方性知识”和区域决策行为发生冲突时，决策行为的区域化被迫终止。他的这种表述意在强调地方性知识的重要性以及尊重对方性知识的重要性。其实，有些习惯法本身就是少数民族传统文化的组成部分，适应的是该少数民族传统的生活方式。[②] 少数民族习惯法与国家制定法相对应，它出自各种社会组织、社会权威，是少数民族中特定社会群体共同意志的体现，以其独特的形式在实际生活中发挥着重要的作用，与国家制定法之间的关系比较微妙。

由于少数民族的文化是少数民族的存在之本，是其社会生活中最重要的组成部分之一，因而，尽管在少数民族习惯法最初形成时很少有甚至并没有明确的权利观念，但事实上，少数民族习惯法中大量存在着少数民族传统文化产权方面的相关内容。

下面是发生在2004年1—2月云南省临沧市临翔区下某乡两个自然村关于一块“仙石”的纠纷事件，这是一个依照习惯法中的规范来解决传统文化产权纠纷的案例。

2004年1月该乡下A村村民把B村境内一块传说是有“仙

---

① ［美］克利福德·吉尔兹：《地方性知识》，王海龙、张家瑄译，中央编译出版社2000年版，第266页。

② 方慧：《少数民族地区习俗与法律的调适——以云南省金平苗族瑶族傣族自治县为中心的案例研究》，中国社会科学出版社2006年版，第344页。

气”的石头抬到A村村口，以获好运。B村村民知道此事后情绪激动，很快结群成队，当夜就到A村索要“仙石”。在争吵中A村村民打伤了B村村民。于是导致两个自然村出现群众情绪激动，若处理不当就会导致两村大规模械斗。当地政府及相关部门介入此案后，首先在所有权权属上进行确认，认为“仙石”所有权确属B村。对此两村都没有争议，问题是应如何把“仙石”抬回原处，B村提出A村应举行仪式，并在A村抬回的路上要放鞭炮。这一要求A村村民不能接受，因为按照本地民间信仰，这将对A村产生不利影响。同时“仙石”本应由A村村民抬回放回原处。但当地政府担心，若A村村民在抬“仙石”回去的路上出现“仙石”损坏等问题，纠纷将更为激化。最后选择由相邻的C村村民来抬，因为C村与B村相近，且有共同利益，但在此纠纷中没有卷入，同时满足A村的要求，在抬“仙石”出A村时不放鞭炮，但A村得杀猪请客向B村道歉。①

A村和B村因为“仙石”的产权问题发生了纠纷，当地政府介入后，首先对“仙石”进行了确权，按现代国家法的观念，这块石头价值很小或者没有价值，处理这种纠纷是浪费国家行政机关的人力和物力，而“轻视”这类纠纷，那么就会引起很严重的后果。在非洲，同样存在着这样的传统的纠纷解决方式。传统社会的长者或者首领可以通过利用习惯法的执行机制，对商业利用传统文化的不利后果做出反应。这一点可以通过两种形式中的一种形式实现。第一种是被完整保存下来但未被殖民政府或者独立后政府正式承认的由首领或者长者做出非法定判决制度。第二种是国家的司法机构，这些机构确定并适用习惯法的规则。如

① 胡兴东：《西南少数民族地区多元化纠纷解决机制的构建》，载《云南社会科学》2007年第4期。

前所述，第二种机制包括依据非洲双重法律结构法令建立的普通法院和法定习惯法院。因此，如果一方受到侵害，例如未经许可使用民间文学艺术，包括出售神器，一方面可以向部落长者或者首领申诉并要求处理，另一方面也可以向具有管辖权的普通法院或者法定习惯法院申诉。①

关于能否运用习惯法来解决少数民族或者原住民传统文化产权方面的纠纷，在国际上有不同的看法。有学者担心，民间文学艺术的习惯法保护可能在民族国际内部引发远远超出保护传统文化这一问题的政治后果。在许多国家，土著居民与国家政府之间的关系存在诸多问题。习惯法对土著人或土著社区文化特性的保护是很便利的，习惯法能够决定社区成员在他们生活、文化和世界观中许多重要方面的权利与责任，可以用来解决与自然资源有关的问题，与土地、遗产、财产、精神产品有关的权利与责任，保存文化遗产与知识系统以及其他很多事项。保持习惯法对于保存许多地区的知识、文化和精神财产至关重要。习惯法可以决定民间文学艺术的分配与发展，传统知识系统如何在土著社区内予以适当的保存与管理。因此，在土著社区保持习惯法就值得引起关注了，它事关土著社区文化特性的保存。但是，土著社区对习惯法的尊重与承认也提出了许多不同的意见，超过了他们自己社区的范围。这就可能在国内宪法中引起复杂的争论，还有可能引起土地和自然资源以外的争议。这种争议还有可能影响习惯法、实践与传统知识产权的关系，影响到传统知识与民间文学艺术保护模式的选择。②

---

① ［美］保尔·库鲁克：《非洲习惯法和民间文学艺术的保护》，许超译，载 http：//www. ncac. gov. cn.

② Customary Law and Intellectual Property，http：//www. wipo. int，转引自黄玉烨：《民间文学艺术的法律保护》，知识产权出版社 2008 年版，第 146 页。

参考文献

一、著作类

1.《马克思恩格斯全集》（第1卷），人民出版社1956年版。

2.《马克思恩格斯全集》（第3卷），人民出版社1960年版。

3. 马克思：《资本论》（第一卷），中共中央马克思、恩格斯、列宁、斯大林著作编译局译，人民出版社2004年版。

4.［奥］凯尔森：《法与国家的一般理论》，中国大百科全书出版社1996年版。

5.［澳］布拉德·谢尔曼、［英］莱昂内尔·本特利：《现代知识产权法的演进：1760—1911英国的历程》，金海军译，北京大学出版社2006年版。

6.［德］柯武刚、史漫飞：《制度经济学——社会秩序与公共政策》，韩朝华译，商务印书馆2000年版。

7.［法］皮埃尔·布尔迪厄，《文化资本与社会炼金术》，包亚明译，上海人民出版社1997年版。

8.［美］克利福德·吉尔兹：《地方性知识》，王海龙、张家瑄译，中央编译出版社2000年版。

9.［美］约翰·英纳什、劳伦斯·沃克：《法律中的社会科学》，何美欢、樊志斌、黄博译，法律出版社2007年版。

10.［挪］A. 艾德、C. 克洛斯、A. 罗萨斯著，中国人权研究会组织翻译：《经济、社会和文化权益教程》（修订第2版），四川人民出版社2004年版。

11. ［英］戴维·M. 沃克主编：《牛津法律大辞典》，北京社会与科技发展研究所组织编译，光明日报出版社1989年版。

12. ［英］洛克：《政府论》（下篇），叶启芳、瞿菊农译，商务印书馆2004年版。

13. ［新］阿努拉·古纳锡克拉、［荷］塞斯·汉弥林克、［英］文卡特·耶尔：《全球化背景下的文化权利》，张毓强等译，中国传媒大学出版社2006年版。

14. 陈庆德：《资源配置与制度变迁——人类学视野中的多民族经济共生形态》，云南大学出版社2001年版。

15. 杜瑞芳：《传统医药的知识产权保护》，人民法院出版社2004年版。

16. 费孝通等：《中华民族多元一体格局》，中央民族学院出版社1989年版。

17. 高丙中、纳日碧力戈等：《现代化与民族生活方式的变迁》，天津人民出版社1997年版。

18. 关世杰等译：《世界文化报告2000》，北京大学出版社2002年版。

19. 华辛芝、陈东恩：《斯大林与民族问题》，中央民族大学出版社2002年版。

20. 黄玉烨：《民间文学艺术的法律保护》，知识产权出版社2008年版。

21. 来仪等：《西部少数民族文化资源开发走向市场》，民族出版社2007年版。

22. 李发耀：《多维视野下的传统知识保护机制实证研究》，知识产权出版社2008年版。

23. 联合国开发计划署：《2004年人类发展报告——当今多

样化世界中的文化自由》，中国财政经济出版社2004年版。

24. 林庆：《民族记忆的背影——云南少数民族非物质文化遗产研究》，云南大学出版社2007年版。

25. 刘晖：《旅游民族学》，民族出版社2006年版。

26. 麻勇斌：《贵州文化遗产保护研究》，贵州人民出版社2008年版。

27. 潘盛之：《旅游民族学》，贵州民族出版社1997年版。

28. 王军：《日本的文化财保护》，文物出版社1997年版。

29. 吴汉东、胡开忠：《无形财产权制度研究》（修订版），法律出版社2005年版。

30. 吴宗金、张晓辉主编：《中国民族法学》（第2版），法律出版社2004年版。

31. 谢彬如等：《文化艺术生态保护与民族地区社会发展》，贵州民族出版社2004年版。

32. 严永和：《论传统知识的知识产权保护》，法律出版社2006年版。

33. 艺衡、任珺、杨立青：《文化权利：回溯与解读》，社会科学文献出版社2005年版。

34. 张耕：《民间文学艺术的知识产权保护研究》，法律出版社2007年版。

35. 徐万邦、祁庆富：《中国少数民族文化通论》，中央民族大学出版社1996年版。

36. 张海洋、杨筑慧：《发展的故事——社会实践与人性回归》，中央民族大学出版社2006年版。

37. 张文显：《法哲学范畴研究》（修订版），中国政法大学出版社2001年版。

38. 朱兴文：《权利冲突论》，中国法制出版社2004年版。

39. 郑成思：《版权法》，中国人民大学出版社1997年版。

40. David W. Elliott, Law and aboriginal peoples in Canada (fifth edition), Ontario: Captus press Inc, 2005.

41. Li - Ann Thio. Managing Babel: The International Legal Protection of Minorities in the Twentieth Century, Netherlands: Martinus Nijhoff Publishers, 2005.

42. Angela R. Riley, Straight stealing: Towards an Indigenous System of Cultural Property Protection, Washington law Review 80, Wash. L. Rev. 69, 2005.

二、论文类

1. 曹新明:《非物质文化遗产保护与知识产权的对接点——兼论无形文化标志权》,载吴汉东主编:《知识产权年刊》(2007年号),北京大学出版社2008年版。

2. 曹新明、梅术文:《民族民间传统文化保护的法哲学考察》,载《法制与社会发展》,2005年第2期。

3. 大卫·C. 霍克斯:《原住民:自治和政府间关系》,周子平译,载何群主编:《土著民族与小民族生存发展问题研究》,中央民族大学出版社2006年版。

4. 樊鸿雁:《民间文学艺术传承人的权利保护》,载《中国民族》2007年第11期。

5. 方慧等:《红河州哈尼梯田的法律保护与可持续发展》,载周勇、马丽雅主编《民族、自治与发展:中国民族区域自治制度研究》,法律出版社2008年版。

6. 方慧:《少数民族地区习俗与法律的调适——以云南省金平苗族瑶族傣族自治县为中心的案例研究》,中国社会科学出版社2006年版。

7. 高芳:《民族旅游开发中文化商品化与文化真实性关系辨析——以〈云南映像〉为例》,载《保山师专学报》,2008年第

3 期。

8. 郭蓓薇：《民间文学艺术作品法律保护初探》，载《新疆社会科学》1996 年第 4 期。

9. 胡兴东：《西南少数民族地区多元化纠纷解决机制的构建》，载《云南社会科学》2007 年第 4 期。

10. 加夫里洛夫：《民间文学艺术的法律保护》，《世界知识产权组织版权月刊》，1984 年第 20 卷，第 76、第 79 页，转引自保尔·库鲁克：《非洲习惯法和民间文学艺术的保护》（许超译），国家版权局网站。

11. 金星华：《民主文化理论与实践——首届全国民族文化论坛论文集》（下册），民族出版社 2005 年版。

12. 克里斯托夫·瑟纳：《喀麦隆的集体管理组织》，刘板盛译，载《版权公报》2004 年第 3 期。

13. ［美］肯尼斯·万德威尔德：《19 世纪的新财产：现代财产权概念的发展》，载《社会经济体制比较研究》1995 年第 1 期。

14. 李自然：《试谈民族传统文化的本质、特点及其保护与发展对策》，载伍精华、杨建新：《民族理论论集》（第八次全国民族理论研讨会论文集），民族出版社 2005 年版。

15. 刘晖：《“摩梭人文化保护区”质疑——论少数民族文化旅游资源的保护与开发》，《旅游学刊》2001 年第 5 期。

16. 刘江彬、陈俊铭：《原住民族无形文化遗产之法律保护与管理》，载吴汉东主编：《知识产权年刊》（2007 年号），北京大学出版社 2008 年版。

17. 刘银良：《传统知识保护的法律问题研究》，载郑成思：《知识产权文丛》（第 13 卷），中国方正出版社 2006 年版。

18. 龙文：《社区传统资源财产权利的理论探讨与实践》，见郑成思编：《知识产权文丛》（第 13 卷），中国方正出版社

2006 年版。

19. 龙先琼：《“发展”视域下文化多样性的价值分析》，载《思想战线》2007 年第 5 期。

20. 玛葛利塔·科古：《生态博物馆：政府的角色》，张晋平译，载《2005 年中国生态博物馆国际论坛专辑》，未出版。

21. 马波：《文化多样性：发展权与知识产权》，载《贵州警官职业学院学报》2008 年第 6 期。

22. 马戎戎：《〈云南映像〉：民族文化保护的“杨丽萍模式”》，载《三联生活周刊》2004 年 4 月。

23. 马晓京：《民族旅游开发与民族传统文化保护的再认识》，毛公宁、刘万庆编：《民族政策研究文丛》（第 3 辑），民族出版社 2004 年版。

24. 梅雪芹：《关于约翰·洛克“财产”概念的一点看法》，载《世界历史》1994 年第 6 期。

25. 彭文祥：《民族性文化的审美文化分析——民族性电视文艺节目为例》，载金星华：《民族文化理论与实践——首届全国民族文化论坛论文集》（下册），民族出版社 2005 年版。

26. 奇海林、张志华：《鄂尔多斯成吉思汗陵的旅游开发》，载周勇、马丽雅主编《民族、自治与发展：中国民族区域自治制度研究》，法律出版社 2008 年版。

27. 屈学武：《简论少数民族的文化权益》，载《理论与改革》1994 年第 6 期。

28. 曲相霏：《自由主义人权主体观批判》，载徐显明：《人权研究》（第 4 卷），山东人民出版社 2004 年版。

29. 邵明艳：《由〈乌苏里船歌〉纠纷案谈民间文学艺术作品的法律保护》，《人民法院报》2005 - 10 - 11。

30. 沈洪波：《经济全球化与我国的国家文化安全问题》，载《云南社会科学》2004 年第 4 期。

31. 唐广良：《遗传资源、传统知识及民间文学艺术表达国际保护概述》，载郑成思主编《知识产权文丛》（第8卷），中国方正出版社2002年版。

32. 田联韬：《评〈乌苏里船歌〉与赫哲族民歌的著作权诉讼》，载《人民音乐》2003年第3期。

33. 王鹏：《立法为民族民间文化成果保驾护航》，载《2004年山东省群众文化学会“全省优秀论文评选”一等奖获奖论文集》，2004年。

34. 王鹤云：《民间文学艺术的版权保护制度》，载《中国知识产权报》2001年11月1日。

35. 王鹤云：《非物质文化遗产的特点及其知识产权的界定》，载吴汉东主编：《知识产权年刊》（2007年号），北京大学出版社2008年版。

36. 王鹤云：《保护民族民间文化的立法模式思索》，载郑成思：《知识产权文丛》（第8卷），中国方正出版社2002年版。

37. 王世明：《网络文化与文化主权》，载《理论探索》2004年第5期。

38. 吴烈俊：《中国民族民间文学艺术的法律保护》，载《西南民族学院学报》2003年第3期。

39. 徐万邦：《为〈乌苏里船歌〉给黄永玉讲道理》，载《大连大学学报》2006年第3期。

40. 徐中起：《曼刚寨的傣族民居与公共事务管理》，载中挪《中国民族区域自治制度》项目组编：《中国民族区域自治法研究文集》，云南大学出版社2003年版。

41. 谢晖：《民间规范与习惯权利》，载《现代法学》2005年第2期。

42. 严永和：《我国〈传统知识保护条例〉学者建议稿草案及说明》，载吴汉东：《知识产权年刊》（2007年号），北京大学出版社 2008 年版。

43. 杨勇胜：《民族民间文学艺术作品权利论》，载《河南师范大学学报》2004 年第 1 期。

44. 杨勇胜：《少数民族的传统文化产权》，载《民族论坛》2003 年第 11 期。

45. 尤小菊：《旅游开发中的文化资源产权问题研究——以广西黄姚古镇为例》，载陈理主编：《民族历史文化资源与旅游开发》，民族出版社 2007 年版。

46. 张辰：《论民间文学艺术的法律保护》，载郑成思：《知识产权文丛》（第 8 卷），中国方正出版社 2002 年版。

47. 张钧：《文化权法律保护研究——少数民族地区旅游开发中的文化保护》，载《思想战线》2005 年第 4 期。

48. 张彩虹：《我国多起民间艺术表达遭国外盗取 文化部酝酿起草文化遗产保护法》，载 2001 年 11 月 23 日中国人大新闻网。

49. 张革新：《〈乌苏里船歌案〉若干法律问题评析》，载《法学杂志》2004 年第 3 期。

50. 张革新：《民间文学艺术作品权属问题探析》，载《知识产权》2003 年第 2 期。

51. 张小勇：《遗传资源的获取和惠益分享与知识产权》，见郑成思编：《知识产权文丛》（第 13 卷），中国方正出版社 2006 年版。

52. 征汉年：《习惯权利的地位、内涵和特征》，载《郑州航空工业管理学院学报》2005 年第 5 期。

53. 中央民族大学西部发展研究中心：《中国少数民族地区水电建设移民安置补偿补助体系研究报告》，未刊稿，2008 年 11 月。

54. 周欣宜：《传统知识特殊保护制度之探讨》，载郑成思：《知识产权文丛》（第 13 卷），中国方正出版社 2006 年版。

后　记

依然记得2008年的那个炎炎夏日，我收到了中国法学会寄来的立项通知，当时的心情真的是用言语无法表达的，激动而又兴奋，更觉得自己又多了一份责任。我出生在松花江边的一个小镇上，三江平原用它那博大的胸怀养育了我，也给了我平原一样宽厚与深沉的性格，父母从小就教育我待人要宽容、心态要平和、学习要认真、生活要真诚、做事要用心，黑土地的自然环境与人文情怀让我体会到了“一方水土养一方人”的道理，也让我渐渐被黑土文化的神奇魅力所折服。在我刚刚开始攻读博士学位时，我就把自己的写作方向定位在了文化法领域，那时，我仅依稀地觉得对传统文化的保护首先是政府的责任，文化又具人权的重要内涵之一，因此，决定从基本人权的视角来研究传统文化，经过长时间的阅读与田野调查，在我的导师徐中起教授的热情建议下，将博士论文的选题定为“中国少数民族基本文化权利法律保障研究”。此后，我继续关注着传统文化法治化这一领域，我对这一问题的认识也逐渐深入，更加觉得仅有公法的保护手段对传统文化的保护是非常不足的，现实中面临的“瓶颈”问题就是缺少对传统文化的私法保护，因而决定关注这方面的相关研究，也就是本书写作的缘起。

经过近两年的刻苦努力，特别是在多位老师的悉心指导下，课题终于如期完成了，真是欢笑伴着泪水，收获伴着遗憾。遗憾的是传统文化产权研究涉及的面太广，与其相关的研究更是少有人问津，加之本人才疏学浅，对中国传统文化的基本状况、产权等方面的经济学知识又知之甚少，一直感到很难驾驭这样大的论题。况且传统文化产权又是无形财产权领域的一个重要问题，所以我只能是蜻蜓点水般地做一些粗浅的探讨，纵使尽了自己不懈的努力，但与中国法学会的要求和期望仍有很大距离。我愿以此为新的起点，以回报来日。希望本书能起到抛砖引玉的作用，亦希望今后有更多的人来关注这一问题。

对于其他学者对这一主题进行后续的研究，我有如下一些建议，希望能对诸位学者有所裨益：一是传统文化产权作为一项独立的民事权利如何与其他民事权利进行协调，如它能否进行转让、能否进行质押等问题；二是传统文化产权的实施问题，特别是双重管理主体或传统文化产权的集体管理组织的运行；三是传统文化产权纠纷的解决方式，毕竟它不同于一般的纠纷，具有文化内涵，又具有民间社会的特点，如何最大限度地发挥传统文化的效用，促进对其有效利用是纠纷解决要考虑的首要因素；四是传统文化衍生作品著作权与传统文化产权的协调问题，两项权利之间如何取得均衡是比较复杂的；五是传统文化的整体保护模式如何法治化，因为传统文化与周围环境、社区居民的生活是一个整体，这种整体性保护如何在法律上得到认可；六是采集者的“首次使用权”研究，很多传统文化的搜集、整理者为传统文化发扬光大付出了毕生的心血，如果他们的劳动没有在法律上得到认可，肯定有失公平，因而其应拥有有别于一般使用者的特别权利，以鼓励对传统文化的发掘与整理，芬兰学者称之为“首次使用权”，对于该项权利的各项权能与实际运行应进行特别的研究。

此时此刻，我脑海里浮现出云南和黑龙江的民族地区的各位朋友在我调研时对我的帮助与支持，各位父老乡亲对我的信任与期待，让我觉得肩上的担子更重了。尤其是我的学生 W，他勤奋好学，知识渊博，对传统文化的保护与传承有很深的感悟并付诸于实践，为我提供了很多传统文化产权争议方面的案例，我真诚地向他表示谢意。我还要特别感谢我的导师徐中起教授对本书提出的诸多写作建议以及为我提供的调查机会，本书中西双版纳的多个案例即来源于徐老师跟踪调查了近20年的傣族地区，也要感谢我所有的同学、朋友，他们热情地为我提供课题的资料线索并进行校正，给予我生活和学习的诸多帮助和鼓励，真是“桃花潭水深千尺，不及诸位送我情”啊。

本书的出版，首先要感谢中国法学会对本书研究计划的立项支持，给我深入探讨传统文化产权这一主题的机会，同时也得到了中央民族大学出版社的大力支持，在此一并表示感谢。